Un libro oportuno, del autor id[...] [...] sensibilizar a la iglesia con la men[...] [...]rse el sombrero ante Lee Strobel por el [...]

MAX LUCADO

Un lectura «obligada» para cualquiera que le interese saber qué hacer para que la iglesia sea funcional en términos de su misión. El libro va a dar de qué hablar a mucha gente.

TONY CAMPOLO, *Profesor de sociología, Eastern College*

El primer paso que hay que dar para alcanzar a los incrédulos es aprender a pensar como ellos. Lamentablemente, mientras más tiempo uno lleva de creyente, menos tiende a pensar como un incrédulo.

Lee Strobel es uno de los comunicadores más creativos y brillantes de la iglesia de hoy. Él comprende la mente de los incrédulos ¡porque fue un incrédulo! Un poderoso manual que cualquier iglesia puede utilizar para compartir las buenas nuevas con más eficiencia en nuestra década.

RICK WARREN, *pastor de la iglesia Saddleback*

Los cristianos actuales necesitan aprender a traducir el evangelio, sin transformarlo, para alcanzar a los Juanes y Marías Sin-iglesia de nuestra cultura post-cristiana. El animado y práctico libro de Lee Strobel es una tremenda herramienta que capacita a los creyentes haciéndolos entender mejor la mentalidad y el sentir de sus amigos seculares además de expresar mejor las verdades eternas de Cristo en conceptos que acoplen con nuestra década.

ELLEN SANTILLI VAUGHN, *coautora con Charles Colson de El cuerpo: Luz en medio de las tinieblas*

En medio de explicarle el cristianismo a alguien que busca la verdad, ¿alguna vez has deseado que apareciera sobre tu cabeza una burbuja que revelara tus pensamientos, como sucede en las páginas de las caricaturas? Si tan solo conocieras su mentalidad, podrías ser mucho más eficaz al explicar lo que tanto te interesa de maneras que tuvieran sentido para él. Ahora que está disponible *Cómo piensan esos incrédulos que tanto quiero*, todos tenemos acceso a los pensamientos de aquellos que están buscando encontrar a Dios.

HOWARD G. HENDRICKS, *Presidente Centro para el liderazgo cristiano Profesor benemérito del Seminario Teológico de Dallas*

Lee Strobel es el perfecto cirujano cerebral para entrar en la mente del «Juan Sin-iglesia» porque su mente pasó por ahí una vez. Hay mucha ayuda práctica para los Juanes y las Marías y para aquellos que quieren ayudarlos.

RUSSELL CHANDLER, *autor/orador Antiguo escritor de religión del diario The Los Angeles Times*

Sumamente práctico, divertido de leer, no amenazador, relevante, informativo, sensato, humorístico: todo esto describe el nuevo libro de Lee Strobel. Te alegrarás de haberlo leído. Asegúrate de que tu pastor lo lea también.

GARY COLLINS, *Director ejecutivo*
Asociación Norteamericana de Consejeros Cristianos

Lee Strobel sabe de qué habla. Esto lo prueban las miles de personas en busca de la verdad que se reúnen en Willow Creek Community Church.

DR. ROBERT E. COLEMAN, *Trinity Evangelical Divinity School*

El viejo adagio: *If you aim at nothing you'll probably hit it* [Si no le apuntas a nada lo más probable es que no le pegues a nada] no se aplica a Lee Strobel. Él se dirige a personas quienes, como él mismo hasta hace relativamente poco tiempo, son paganos incrédulos. Él explica lo que le pasó, cómo les pasó a otros y cómo podemos verlo hecho realidad.

D. STUART BRISCOE, *Pastor principal de Elmbrook Church*

Durante dos décadas las iglesias norteamericanas, incluso las iglesias supergrandes, han dependido demasiado del crecimiento por transferencia. El libro increíblemente perspicaz de Lee Strobel ahora ofrece las perspectivas que hemos necesitado para alcanzar a los no salvos.

C. PETER WAGNER, *Profesor de iglecrecimiento*
Seminario Teológico Fuller

Entender cómo es el norteamericano moderno, cómo piensa y cómo reacciona, es un desafío para aquellos de nosotros que estamos comprometidos a llegar a él con las buenas nuevas de Jesucristo. Durante los últimos años Lee Strobel ha buscado llegar a la mente y corazón de las personas que están fuera del ámbito del reino y ha llegado a entender quiénes son y lo que significa alcanzarles. Este libro nos ayudará a todos a aprender de alguien que se ha preocupado por mantener el evangelio puro y los métodos relevantes desde el punto de vista cultural.

JOSEPH M. STOWELL, *Presidente, Instituto Bíblico Moody*

Lee Strobel ha ayudado a las personas de la iglesia a mirar en la mente de los que están fuera de la iglesia. Cualquiera que se esté sintiendo cómodo en la iglesia debe leer este libro para entender por qué los no salvos y los incrédulos se sienten incómodos cuando llegan a una congregación de creyentes. El autor tiene una mano firmemente puesta sobre los no salvos y la otra en la iglesia, y con este libro ha construido un puente entre ambos.

ELMER L. TOWNS, *Liberty University*

Con una gran percepción, Lee Strobel ofrece perspectivas sobresalientes sobre la mentalidad de los incrédulos, las barreras para su fe y cómo relacionarse mejor con ellos. Es una herramienta excelente para el evangelismo.

BILL BRIGHT, *Cruzada Estudiantil y Profesional para Cristo*

LEE STROBEL

Cómo alcanzar
amigos y familiares
que evitan a Dios
y a la iglesia

CÓMO
PIENSAN
los incrédulos
que tanto
quiero

La misión de Editorial Vida es ser la compañía líder en satisfacer las necesidades de las personas con recursos cuyo contenido glorifique al Señor Jesucristo y promueva principios bíblicos.

CÓMO PIENSAN LOS INCRÉDULOS QUE TANTO QUIERO
Edición en español publicada por
Editorial Vida – 2006
Miami, Florida

©2006 por Lee Strobel

Originally published in the USA under the title:
Inside the Mind of Unchurched Harry and Mary
Copyright © 1993 by Lee Strobel
Published by permission of Zondervan, Grand Rapids, Michigan 49530, U.S.A.

Traducción: *Wendy Bello*
Edición: *Elizabeth Fraguela M.*
Diseño interior: *artserv*

RESERVADOS TODOS LOS DERECHOS. A MENOS QUE SE INDIQUE LO CONTRARIO, EL TEXTO BÍBLICO SE TOMÓ DE LA SANTA BIBLIA NUEVA VERSIÓN INTERNACIONAL. © 1999 POR BÍBLICA INTERNACIONAL.

Esta publicación no podrá ser reproducida, grabada o transmitida de manera completa o parcial, en ningún formato o a través de ninguna forma electrónica, fotocopia y otro medio, excepto como citas breves, sin el consentimiento previo del publicador.

ISBN: 978-0-8297-4610-5

Categoría: Ministerio cristiano / Evangelismo

IMPRESO EN ESTADOS UNIDOS DE AMÉRICA
PRINTED IN THE UNITED STATES OF AMERICA

13 14 15 16 ❖ 7 6 5 4 3 2

Contenido

*A mi madre, Lorena Strobel,
quien nunca perdió la fe en mí.*

Prefacio

Lee Strobel es un milagro de los tiempos modernos. Su vida, como la de Pablo, es un enorme trofeo de la gracia de Dios... y nadie aclara ese asunto más rápidamente que el mismo Lee.

Lee era el tipo de hombre, seguro y ensimismado, contra el que clama la iglesia tradicional. Competitivo, blasfemo, ingenioso, oportunista y totalmente pagano, Lee era el tipo de persona del cual muchos pastores advierten a las ovejas que se mantengan alejadas si quieren que su lana se mantenga blanca.

Pero Lee, al igual que tantos otros en nuestro mundo, tenía una debilidad debajo de esa apariencia protectora que lo hacía un candidato maravilloso para la conversión. Su esposa y sus hijos son un tesoro para él; es una persona perdidamente curiosa y, lo que es más importante, la verdad es su debilidad.

Una de las obras más asombrosas de Dios que yo haya presenciado jamás ha sido ver a Lee venir a la fe en Cristo y ver la transformación de sus valores, sus relaciones y ambiciones.

Hace poco estuve sentado en la congregación de Willow Creek Community Church mientras Lee presentaba en forma de sermón una de las razones más convincentes que yo haya escuchado acerca de la verdad del cristianismo. ¡El corazón se me quería salir del pecho! Yo estaba enmudecido por la manera poderosa en que Dios estaba usando a Lee pero también me abrumaba la idea de cuántos de los viejos Lee Strobel están viviendo en parcelas a una corta distancia de las iglesias de todo nuestro país. En aquel momento íntimo adoré a Dios por ser parte de una iglesia local que no solo se preocupa por los «Juanes Sin-iglesia» como les llamamos en

Willow Creek, sino que tiene una estrategia funcional para alcanzarlos. Entonces añoré que más iglesias se propusieran alcanzar a lo que andan buscando.

De eso se trata este libro: de cómo los cristianos, de manera individual, y sus iglesias penetran estratégicamente la cultura incrédula. Léelo por tu cuenta y riesgo. Lee es un comunicador peligroso... Si no me crees, sigue leyendo.

Bill Hybels
Enero de 1993

Agradecimientos

Me alegra que te hayas detenido a mirar esta página porque para mí es una parte importante del libro. Este libro nunca se habría escrito sin la ayuda y ánimo de muchos amigos, colegas y familiares.

Primero, gracias a Leslie, mi esposa, y a mis hijos Alison y Kyle por su amoroso apoyo durante el proceso de redacción y por su optimismo de que lo terminaría incluso cuando yo mismo lo dudaba.

También mi profundo agradecimiento a Mark Mittelberg, mi amigo y compañero en el ministerio quien compartió conmigo su rica reserva de experiencias evangélicas e hizo sugerencias perspicaces para mejorar el manuscrito.

También estoy endeudado con el pastor Bill Hybels y los ancianos de Willow Creek Community Church, especialmente con Russ Robinson; la Asociación Willow Creek, incluyendo a John Pearson y a Jim Mellado; y mi asistente, Laura Daughtry.

También agradezco la manera en que George Barna y George Gallup, Jr., han hecho progresar la compresión de los incrédulos por medio de su excelente investigación estadística.

Los editores de Zondervan Publishing House merecen que se reconozcan mucho por su mérito de darme codazos para que ampliara mi visión original de este proyecto. Gracias especialmente a John Raymond y a John Sloan, quienes desempeñaron papeles clave al darle forma al libro y mantener su rumbo.

1

Te presento a los Juan y María Sin-iglesia

Leslie, mi esposa, y yo estábamos celebrando en un restaurante italiano en la calle que está frente a la Universidad de Missouri. Yo estaba listo para graduarme y acababa de aceptar una propuesta de trabajo: un internado de tres meses en *The Chicago Tribune*, con la promesa de que si me desempeñaba bien, obtendría un puesto permanente de reportero.

Para un adicto al periodismo que creció devorándose los cuatro agresivos diarios de Chicago, era un sueño hecho realidad.

Ersin, mi mejor amigo, un estudiante oriundo de Turquía de familia musulmana, se unió a nuestra fiesta improvisada. En un momento durante la comida, en algún punto entre los colines y el helado napolitano, él hizo un comentario informal sobre cómo mi internado era sin dudas un gran regalo de Dios.

Su comentario me sorprendió. Hacía cuatro años que conocía a Ersin, y durante ese tiempo la religión nunca surgió como tema.

—Espera un segundo —le dije—. Déjame ver si nos entendemos, ¿me estás diciendo que alguien tan inteligente como tú: el mejor graduado del curso, un hacha en la ciencia, estudiante de la escuela de medicina y todo eso, que realmente tú crees que Dios existe? ¡Yo siempre pensé que tú estabas por encima de eso.

Yo no lo creía pero estaba claro que Ersin estaba igualmente asombrado.

—¿Qué estás tratando de decirme? —dijo—. ¿Estás diciendo que *no* existe un Dios? ¿Me estás diciendo que alguien tan inteligente como tú no cree en Dios? ¡Tienes que estar bromeando! Yo siempre asumí que todo el mundo creía en Dios.

Ambos estábamos genuinamente asombrados ante la posición del otro. En mi caso, yo no podía creer que una persona brillante como Ersin en realidad se hubiera tragado un cuento de hadas como la existencia de un Creador todopoderoso y omnisciente del universo.

¿Acaso él no había aprendido *nada* en la universidad? ¿No había explicado Darwin que la vida era meramente un accidente de la evolución? ¿No había establecido Marx que la religión era solo una herramienta que utilizaban los poderosos para oprimir a los pobres? ¿No había argumentado Freud de manera convincente que las creencias religiosas son ilusiones vacías que provienen «de los deseos más antiguos, fuertes y urgentes de la humanidad», un deseo de protección ante los peligros de la vida?[1]

A mí me parecía que la gente que pensaba simplemente no era el tipo de gente religiosa. Ah, es posible que jueguen al juego de la religión, ir a la iglesia de vez en cuando porque es lo socialmente admisible. Después de todo, ¿qué mejor lugar para conocer a posibles clientes de negocios?

Pero en lo más profundo de su ser realmente no estaban convencidos que tenían un gran Padre celestial, ¿o sí? Seamos realistas: Si *realmente* la gente cree en eso, vivirían sus vidas de manera muy diferente.

Si pudieras congelar la imagen de mi actitud hacia Dios, alrededor del año 1974, sería esa. Francamente yo pensaba que la idea de Dios era bastante ridícula. Pero por otro lado, si avanzaras en la película de mi vida y pasaras volando por un carrera de periodismo de trece años, encontrarías un cuadro improbable: el que una vez fue un reportero cínico y con corazón de piedra, ahora está predicando el evangelio en una enorme iglesia evangélica.

Un cuadro improbable pero un verdadero reflejo de lo que Dios ha hecho. Hoy mi vida está dedicada a ayudar a la gente irreligiosa, a los escépticos como fui yo una vez, a descubrir la realidad de Jesucristo que cambia vidas y altera la eternidad.

La transición de lo que yo era en aquel restaurante italiano en Columbia, Missouri, a lo que después me convertí en Willow Creek Community Church, en las afueras de Chicago, es la historia del viaje a la fe de uno de los escépticos modernos. Y, no obstante, en un sentido más amplio, es también una historia análoga al peregrinaje espiritual de muchas personas que han descubierto a Cristo por medio del ministerio de Willow Creek y otras iglesias similares.

Verás, Willow Creek es una iglesia que está preparada para los incrédulos. Desde que Bill Hybels y un grupo de amigos comenzaron el ministerio en un cine, en 1975, han concentrado sus esfuerzos en tratar de alcanzar a los no cristianos, a quienes cariñosamente apodan «el Juan Sin-iglesia» y «la María Sin-iglesia».

Entonces, ¿quiénes son Juan y María?

- Juan es el profesor de ciencia de la secundaria local que piensa que la religión es para los enclenques intelectuales.
- María es la vecina extrovertida que está perfectamente feliz sin Dios en su vida.
- Juan es el capataz en la obra de construcción que solo utiliza el nombre de Jesús como una palabrota.
- María es la empresaria que está tan ocupada lidiando con su éxito que no tiene tiempo para asuntos espirituales.
- Juan es el hombre de negocios que le huye al cristianismo porque tiene miedo de que este le ponga trabas a la manera en que él realiza su negocio.

- María es la estudiante universitaria cuyas amargas experiencias con su padre han envenenado su actitud con respecto a la idea de un Padre celestial.
- Juan es el esposo que piensa que la fe de su esposa es una pérdida de tiempo.
- María es la dentista que cree que Jesucristo es el hijo de Dios pero continúa posponiendo cualquier tipo de respuesta personal a él.
- Juan es el mecánico de autos que va a la iglesia religiosamente: todas las Navidades y todos los días de Pascua, ya sea que lo necesite o no.
- María es la contadora que lleva a sus hijos a la iglesia para que reciban alguna instrucción moral y aunque ella se queda en los cultos, en su corazón realmente es incrédula.
- Juan es el abogado que pasa sus mañanas de domingo leyendo el periódico sin prisa o jugando golf en el club, y se irrita ante la idea de que debiera sentirse culpable por hacerlo.
- María es la burócrata del gobierno que perdió el interés en Dios debido a una experiencia temprana con la iglesia que la dejó convencida de que el cristianismo es, en el mejor de los casos, aburrido e irrelevante y en el peor, un engaño para estafar a lo ingenuos.
- Aunque este libro está escrito desde una perspectiva masculina, casi todos los consejos serán útiles para llevar el evangelio a las mujeres que obvian o rechazan a Dios. Así que cuando en este libro digo «Juan», también estoy diciendo «María», ya que los principios básicos se aplican tanto a las mujeres como a los hombres.

A través de los años, desde que me convertí en cristiano, me han choteado por haber sido el incrédulo por excelencia. Aunque han habido muchos otros, es verdad que yo encajaba en el perfil del incrédulo Juan, y tal vez tú conozcas a alguien a quien le suceda lo mismo.

Quizá tengas un compañero de trabajo, un vecino en la cuadra, un amigo con el que juegas tenis o incluso un cónyuge que es escéptico o indiferente al cristianismo. Con urgencia anhelas que Dios te use para llevar el evangelio a esa persona, pero no estás seguro de qué hacer.

O quizá estás entrando al ministerio y estás ansioso por invadir tu comunidad con el mensaje de Cristo, pero temes alejar a más personas de las que alcanzarás.

O quizá ya eres líder de una iglesia y estás frustrado porque tu congregación parecer estar en el negocio de apenas revitalizar a los cristianos descarriados. Tú quieres alcanzar a personas *verdaderamente* irreligiosas y, sin embargo, no estás seguro de cómo tu iglesia y tú pueden relacionarse con ellos de manera eficaz.

Es posible que parte de tu duda al proceder provenga de tus propias incertidumbres con relación a los incrédulos Juan y María. Tal vez te preguntes si realmente los entiendes lo suficientemente bien como para saber cómo llevarlos al evangelio de manera amorosa, diplomática y poderosa. Al fin y al cabo, ya ha pasado bastante tiempo desde que tú llevabas un estilo de vida secular, si es que lo viviste alguna vez.

Puede que hayas descubierto que desde que eres cristiano, tus amigos incrédulos se han alejado mientras tú te involucraste cada vez más en la red social de la iglesia. Se dice que después de dos años de ser cristiano, la persona promedio pierde las relaciones significativas que tenía con personas fuera de la fe.[2] Al no tener conversaciones francas y frecuentes con gente incrédula, es fácil olvidar cómo piensan.

Es por eso que escribí este libro: para ayudar a fomentar tu comprensión de la gente incrédula para que tanto tus esfuerzos evangélicos personales como los de tu iglesia se vuelvan más efectivos.

Esa es mi meta porque, honestamente, amo a la gente irreligiosa. Algunos de mi mejores amigos son, en realidad, paganos con rumbo al infierno y me apasiona el querer verlos

transformados por la misma gracia asombrosa que radicalmente cambió la trayectoria de mi vida.

Estoy seguro que te sucede lo mismo con personas que tú
conoces. No creo que estés leyendo este libro porque tenga un
título capcioso o porque alguna vez hayas oído hablar de mí.
Lo estás leyendo porque anhelas ver a tus amigos y familiares
adoptados en la familia de Dios y, con optimismo, ver que el
evangelio impacte a toda tu comunidad. Oye, tenemos las
mismas metas, ¡así que asociémonos!

Yo haré mi parte sacando provecho de mis experiencias
personales y lo que he aprendido al llevar a gente irreligiosa
a Cristo. Después, tú harás tu parte al tomar lo que creas
que sea útil a tu situación, desechar el resto y luego seguir
la guía de Dios cuando te envíe a tu próxima aventura en el
evangelismo.

Permíteme reconocer por adelantado que no soy psicólogo,
ni un experto en ciencias sociales ni un investigador de la
opinión pública. Todos esos expertos pueden ofrecer una perspectiva importante acerca de por qué las personas rechazan a
Dios y a la iglesia y citaré algunos de sus descubrimientos en
este libro, pero aunque no soy un experto académico, te diré
algo: *Yo fui radicalmente rescatado de una vida de ateísmo sin
rumbo y esos años viviendo lejos de Dios dejaron en mí una
huella indeleble.*

Esta experiencia todavía está lo suficientemente fresca en
mi mente como para ayudarme a simpatizar con lo que duele
dentro de miles de personas incrédulas a quienes me he dirigido en cultos y actividades de acercamiento. Mi esperanza es
que lo que yo experimenté como incrédulo, así como lo que
he aprendido como evangelista a los escépticos, te sirva para
aguzar tu propio lado evangélico sin tener en cuenta si eres
miembros de una iglesia tradicional o contemporánea.

Déjame recalcar que no me siento orgulloso de la vida que
llevé antes de venir a Cristo. De hecho, ojalá hubiera entregado
mi vida al Señor mucho antes de los treinta años. Me habría
evitado mucho dolor a mí mismo y a otros.

Pero uno de los versículos más cargados de esperanza en las Escrituras dice: «Sabemos que Dios dispone todas las cosas para el bien de quienes lo aman, los que han sido llamados de acuerdo con su propósito».[3]

A veces, cuando leo esa promesa de Dios, pienso: *¿Podría salir algún bien de los años malos y turbulentos que pasé como Juan el incrédulo?* Y, sin embargo, ¿no sería típico de Dios responder que sí? ¿No sería típico de él crear algo positivo de esa época de mi vida reconocidamente profana y pecadora?

Dios puede hacer eso. Realmente él puede tomar mi experiencia de vivir lejos de él y usarla para ayudarte a alcanzar a personas no religiosas que ni tan siquiera se dan cuenta de que necesitan a Dios. Ese es el resultado de este libro por el cual oro: por los Juanes y las Marías incrédulos.

2

Comienza el viaje de Juan

«**E**l Juan Sin-iglesia».
Cierto, me han hecho bromas diciéndome que yo era Juan Sin-iglesia, pero en realidad ese apodo es demasiado suave para describir mi actitud en aquel entonces. Suena como si alguien estuviera trabado en la neutral espiritual. Una descripción más adecuada de mi mentalidad habría sido «Carlitos anti-iglesia» porque yo era muy negativo en cuanto a los asuntos espirituales.

Durante la mayor parte de mi vida adulta me consideré ateo. Hay que reconocer que, antes de llegar a la conclusión de que él no existía, yo nunca analicé la evidencia a favor o en contra de la existencia de Dios. Sencillamente pensaba que el concepto de una deidad todopoderosa era un absurdo a primera vista.

¿Por qué dedicar tiempo a comprobar una manera de pensar tan ilusoria? Ángeles y demonios ¡vamos! No hacía falta una gran dosis de ciencia moderna para ridiculizar la mitología de la Escuela Dominical de mi infancia.

Incluso de muchacho, yo pertenecía al tipo escéptico. Si entraba a una heladería, contaba todos los sabores solo para asegurarme que había treinta y uno tal y como decía el anuncio. Yo era el tipo de alumno de secundaria que acribillaba a los maestros con comentarios como: «Pruébemelo» y «¿Cómo lo sabe?» Así que supongo que era natural que escogiera el periodismo como profesión. Parecía la profesión perfecta para un iconoclasta a quien le gustaba escribir.

Desde temprana edad a mí me fascinaron los periódicos. Me encantaba leer *The Chicago Tribune* antes del desayuno y *The Daily News* después de la cena porque eran agresivos y dispuestos. Parecían suscribir el viejo axioma de que los periódicos existen para consolar a los afligidos y afligir a los acomodados. Yo también quería que ese fuera mi lema.

Cuando tenía once años comencé en mi ciudad natal, Arlington Heights, Illinois, un suburbio al noroeste de Chicago, un periódico de barrio que se llamaba *The Arlington Bulletin*. Durante dos años, con la ayuda de algunos amigos, produje semanalmente un boletín de cinco páginas en un mimeógrafo decrépito y publicaba de todo: desde historias de delitos locales y políticos, hasta reportajes sobre los nuevos residentes del área.

En cierto momento, Stanton Cook, entonces gerente de producción de *The Chicago Tribune*, se enteró de nuestro periódico y vino a ver mi «sala de redacción» en nuestro sótano. Cuando más adelante me entrevistó un reportero del *Tribune* para hacer un artículo, pude expresarle una firme visión de mi futuro: Quería obtener mi diploma en la facultad de periodismo de la Universidad de Missouri y luego emprender la profesión en Chicago, una de las ciudades periodísticas más tumultuosas del país.

Graduación de la iglesia

De niño, los asuntos espirituales no me preocupaban mucho. Sin duda mis padres me animaban a creer en Dios y de manera habitual me llevaban a mí, y a mis cuatro hermanos y hermanas, a una iglesia luterana. Francamente yo lo detestaba, así que de vez en cuando fingía un dolor de garganta y decía que me sentía muy mal como para ir. Por supuesto, mi mamá respondía: «Si estás muy enfermo como para ir a la iglesia, entonces también lo estás para salir a jugar hoy por la tarde». Por lo general, eso me curaba.

Lo que más recuerdo de la Escuela Dominical es el aburrimiento embrutecedor que la rodeaba. Recuerdo vagamente un revoltijo de historias acerca de hombres que usaban túnicas y andaban en camellos, gente con la cual yo no me podía identificar. Era peor cuando tenía que ir al culto de los adultos, los sermones de veinte minutos parecían interminables y se esperaba que permaneciera callado y quieto todo el tiempo. No recuerdo mucho del contenido, excepto algo de que Jesús murió en una cruz y pagó por nuestros pecados, pero nunca pude captar muy bien la relación entre ambas cosas.

Se esperaba que todos los niños de nuestra familia pasaran por el proceso de confirmación de la iglesia. Eso significaba recibir instrucción, para lo cual tenía que ir unas horas a la iglesia, todas las semanas, durante parte del séptimo y octavo grados.

Nos sentábamos en un aula austera mientras el pastor trataba de meter la teología en nuestras cabezas poco cooperativas. Cada semana se le asignaba al grupo un trozo del catecismo para que lo memorizara, como por ejemplo, uno de los Diez Mandamientos y el comentario al respecto. Por supuesto, yo nunca estudiaba la tarea hasta que entraba a la iglesia a la semana siguiente, así que me sentaba en la fila de atrás con las manos sudorosas hasta que tenía que ponerme en pie y cruzar a tientas el recital.

Al pastor parecía exasperarle la actitud de gran parte del grupo; y para ser honestos, éramos un puñado bastante exasperante. Todavía recuerdo su palabra favorita: «diligencia». Yo no estaba seguro de lo que significaba, lo único que sabía era que sin dudas no teníamos mucho de eso. Créeme, él lo dejó claro.

En octavo grado nos presentaron a la iglesia. El pastor, con anticipación, nos practicó el tipo de preguntas que nos iban a hacer y cuando nos paramos frente a la congregación, dijimos lo que nos habían enseñado a decir. Realmente no recuerdo mucho al respecto.

En cierta forma, sin embargo, fue como la graduación porque no solo nos graduamos del proceso de confirmación sino que nos graduamos de la iglesia. Al menos, yo me gradué. Ya que estaba confirmado, había terminado «el asunto religioso» y la decisión de ir o no a la iglesia era más bien mía. Básicamente, me sentí liberado de mi compromiso religioso, con excepción de la Navidad y la Pascua.

EL OTRO WOODSTOCK

Todo esto me liberó para vivir como yo quería. Mantenía la fachada de ser un muchacho típicamente americano, esto era a fines de la década de 1960, cuando la revolución sexual estaba en pleno desarrollo y yo era un participante entusiasta. Hubo momentos en los que también suministré bebidas alcohólicas a los estudiantes de secundaria del área. Algunas me las robaba de la provisión de mi papá, que él guardaba en nuestro sótano, y vendía la botella de ginebra a tres dólares y a cinco dólares la botella de whisky Early Times. Yo no tomaba, aunque más adelante en la vida realmente compensé este tiempo. Mientras estaba en la secundaria, solo lo hacía por el dinero.

Después de mi segundo, tercer y cuarto año de secundaria, me mudé de la casa en cuanto terminé la escuela y viví en una pensión o apartamento en Woodstock, Illinois, que estaba como a cuarenta kilómetros. Pasaba los veranos trabajando como reportero y fotógrafo del diario Woodstock Daily Sentinel.

Como resultado, aprendí mucho sobre periodismo, pero aprendí mucho más de la vida. Me mantenía con un salario de ochenta dólares a la semana (mi habitación en la pensión solo costaba quince dólares a la semana) y disfrutaba la libertad de vivir sin la supervisión de un adulto. Mi compañero de cuarto fabricaba vino de pasas en el closet y yo siempre estaba tratando de conocer chicas para traerlas a nuestra casa. Los veranos en Woodstock fueron bastante alocados.

Pero en cuanto a novias, había solo una a la que yo realmente amaba. Su nombre era Leslie Hirdler y nos conocimos cuando teníamos catorce años. El mismo día en que un amigo común nos presentó, Leslie regresó a casa y le dijo a su madre: «Conocí al muchacho con quien voy a casarme».

Su madre tuvo una actitud muy condescendiente: «Seguro que sí»; pero Leslie no tenía ninguna duda, ni yo tampoco.

Durante la secundaria estuvimos saliendo juntos de vez en cuando, pero después que me fui para asistir a la Universidad de Missouri, mantuvimos nuestra relación por correo. Nos convencimos de que no habría nadie más con quien pudiéramos ser felices jamás. En un año Leslie se mudó a Missouri y nos comprometimos. Decidimos casarnos en una iglesia, bueno, porque ese es el lugar donde se casa la gente, ¿no?

Además, Leslie no era tan hostil para los asuntos espirituales como yo. Supongo que uno la describiría como espiritualmente ambivalente. De jovencita, sus padres la llevaron a una iglesia metodista durante un tiempo. Después asistió ocasionalmente a una iglesia presbiteriana con su madre escocesa y ella recuerda que al acostarla cuando era pequeña su mamá le cantaba himnos suavemente.

Pero para Leslie, el tema de Dios era en gran parte una curiosidad que ella nunca se tomó el tiempo de explorar con seriedad.

LA VIDA A TODA VELOCIDAD

Al final de mi último año en la universidad, me estaba preparando para graduarme y estaba evaluando prospectos de trabajo por todo el país. Mi meta final seguía siendo trabajar en Chicago, pero no había hecho solicitudes allí debido al mercado tan reñido. Entonces, un día, un profesor me dijo: «Recibí una llamada de *The Chicago Tribune*. Quieren entrevistarte para un internado».

Yo me quedé pasmado. ¿*The Tribune* me estaba solicitando? Lo que yo no sabía en aquel momento era que Stanton Cook, el Gerente de Producción del *Tribune* que tanto se había impresionado con el *Arlington Bulletin* que yo hacía de muchacho, había sido ascendido a director del *Tribune* en los años intermedios. Él recordaba mi pasión por el periodismo y le sugirió a los editores que me dieran un vistazo.

El resultado fue que yo acepté un internado de tres meses como una especie de prueba, y luego de demostrar mi valía durante seis semanas, me ascendieron a reportero hecho y derecho de tareas generales.

Fue entonces cuando la potencia de mi vida cambió a toda velocidad. En efecto, en aquel momento yo tenía un Dios, era mi carrera. Disfrutaba tener un asiento de primera fila para la historia, cubría cualquier cosa desde asesinatos en el mundo del hampa e incendios grandes, hasta huelgas laborales y controversias políticas. Me estaba codeando con algunas de las leyendas del periodismo que había crecido leyendo.

Y mi nombre comenzó a aparecer habitualmente en la primera plana del *Tribune*. De hecho, un día tuve tres historias de primera página. Me encantaba ver mi nombre impreso y me sentaba de maravilla el ambiente feroz, la presión de las metas y la mentalidad de «consigue la historia a cualquier precio».

Se me conocía como un reportero arrojado y acertado. Sin embargo, hubo momentos en los que sobrepasaba los límites de la ética, como cuando llamaba a las víctimas y testigos de los delitos desde la sala de prensa, en el departamento de la policía, y me identificaba diciendo: «Habla Lee Strobel, de la jefatura de la policía». Técnicamente era verdad, pero realmente era una estratagema para hacer que la gente pensara que estaban hablando con un policía y no con un reportero. A fin de cuentas, la gente le contaba mucho más a la policía que lo que le contarían a un periodista.

Y cuando estaba tras una historia novedosa y necesitaba algunos documentos del Tribunal del Distrito, escondía los papeles dentro de mi abrigo y me los robaba (un delito federal), para que mis rivales no pudieran encontrarlos. Después que mi artículo estaba en la calle, volvía a poner los papeles en su archivo. Mi actitud era que estaba bien hablar sobre ética en la facultad de periodismo, pero esta no debía interponerse en el camino para conseguir una buena historia.

Con el tiempo me ascendieron para cubrir el juzgado en lo penal y durante dos años estuve sumergido en un mundo cotidiano de casos de asesinato, violación y agresión. Después me designaron la ronda más prestigiosa del tribunal federal donde cubría un tipo mejor de delincuentes, incluyendo: políticos deshonestos, jefes corruptos de sindicatos, ejecutivos inescrupulosos de negocios y timadores del crimen organizado. Ya que me intrigaban los asuntos legales y los juicios, me tomé un descanso para sacar una maestría en la facultad de derecho de Yale y regresé al *Tribune* como director de asuntos legales.

Estaba haciendo lo que yo siempre había soñado: viajar por todo el país; cubrir juicios importantes, decisiones del tribunal y tendencias legales; participar en entrevistas por radio y televisión; escribir un libro; ganar premios. Lo había logrado. Iba por la vía rápida hacia la cima de mi profesión y ni tan siquiera tenía treinta años.

EL DESARROLLO DE LA ENFERMEDAD DEL CORAZÓN

Ahora, al recordar esto, veo cómo me intoxicó el poder de la prensa. Cierto, hubo momentos en que lo usaba para bien. Recuerdo que hice un artículo para un Día de Acción de Gracias acerca de los Delgados, una familia del lado oeste de Chicago, asolada por la pobreza. Las dos hermanas más pequeñas eran demasiado pobres como para tener un abrigo y tenían un solo suéter para las dos. Durante el cortante invierno de Chicago, una se ponía el suéter en la primera mitad del camino a la escuela y la otra lo usaba el resto de la distancia.

Después que salió mi artículo, gente de gran corazón de toda la ciudad, las colmaron con regalos y dinero. Regresé a visitarlos en la víspera de Navidad y su hogar se desbordaba de regalos y el closet estaba tan lleno que parecía el departamento de abrigos de *Marshall Field's*. Fue una buena lección sobre cómo los medios pueden ayudar a las personas necesitadas.

Pero para ser honesto, lo que realmente yo disfrutaba era hacer que los pejes gordos bailaran al son del periódico. Me regodeaba cuando uno de los políticos más poderosos de Chicago me llamaba para literalmente suplicarme que no publicara una historia que dañaría sus posibilidades de reelección. «Muchas posibilidades», le decía yo. «¿Se acuerda de aquella vez en que le filtró la historia sobre el asesinato de Sam Giancana a Mike Royko en vez de a mí? Bueno, llegó la hora de la venganza».

Le espeté preguntas insidiosas al Fiscal General de Illinois cuando salió de un jurado de acusación que lo estaba investigando. Al pasar por mi lado, en el corredor, gruñó: «Tú crees que te las sabes todas, ¿verdad, Strobel?» Yo le grité: «¿Qué estas tratando de esconder, sinvergüenza?»

Recuerdo que esperé hasta el Día de Acción de Gracias para llamar a un empresario y así interrumpir su alegre fiesta diciéndole: «En el periódico de mañana voy a sacar una historia porque lo están investigando por fraude. ¿Tiene algún comentario?»

Una vez, una corporación importante envió a varios ejecutivos para convencer al *Tribune* de que renunciara a un editorial que estábamos planeando con relación a una serie de artículos que yo estaba escribiendo. «Están perdiendo el tiempo», les dije. «Nada de lo que ustedes digan va a detenernos».

Era algo embriagador. Ser periodista de las grandes ciudades puede ser un regodeoególatra y llevó al mío hasta el límite.

Sin embargo, después de un tiempo comencé a notar que me estaba volviendo cada vez más insensible con las demás personas. Recuerdo que entrevisté a una mujer afligida porque habían violado y asesinado a su hija. Mientras ella se desahogaba de su dolor, yo recuerdo pensar para mis adentros:

«¡Vaya! ¡Estas son citas fabulosas! ¡Y yo soy el único periodista que las tiene!» No me importaba la hija ni la desesperación de la madre. Yo buscaba que mi nombre apareciera en primera plana y que el jefe me diera una bonificación.

Hasta otras personas se daban cuenta de mi endurecido corazón. Una vez cubrí un juicio en el que el testigo principal era un adolescente miembro de una pandilla. Él declaró que una pandilla rival lo puso en fila, a él y a sus amigos, y luego, a quemarropa, les dispararon en la cabeza. Tres de sus amigos murieron instantáneamente; él, de alguna manera, sobrevivió. Al menos, sobrevivió lo suficiente para señalar a los asesinos en el juicio. Según el testimonio de un médico, era solo cuestión de tiempo antes que el testigo probablemente muriera a causa de sus heridas.

Antes que se acabara el juicio, el fiscal me permitió entrevistar al adolescente para una historia de fondo. Yo estaba emocionado porque sabía que iba a ser una exclusiva de primera plana. En efecto, estaba tan inflado por ganarle a la competencia con esa historia que entrevisté al testigo de una manera muy alegre y optimista.

En medio de la entrevista me llamó el fiscal a un lado y me dijo con mucho enfado: «Strobel, ¿qué le pasa? Este muchacho vio cómo le volaron los sesos a tres de sus amigos, es probable que él se muera y lo está entrevistando como si usted fuera Bob Hope o algo por el estilo?»

Sus palabras me persiguieron durante mucho tiempo. ¿Qué me *pasaba*? ¿Por qué no me importaba ese muchacho ni sus amigos asesinados? ¿Por qué no me identificaba con la mujer cuya hija habían asesinado? ¿Por qué solo me interesaba en mí mismo, mi nombre en primera plana y mi carrera?

A eso la Biblia le dice: dureza de corazón.

UNA IGLESIA PARA LOS INCRÉDULOS

En 1979 Leslie y yo vivíamos en Arlington Heights con nuestros dos hijos, Alison y Kyle. Durante esa época, Leslie se hizo muy amiga de una mujer llamada Linda Lenssen, cuya hija, Sara, era de la misma edad de Alison.

Al final resultó que Linda era cristiana y cuando su relación con Leslie se profundizó, ella comenzó a impartirle su fe. Leslie era receptiva, especialmente porque veía armonía entre las creencias que Linda profesaba y el tipo de vida que llevaba.

Pero pronto Linda se encontró ante un dilema. Ya le había explicado el evangelio a Leslie y había tratado de responder a sus preguntas y, aunque podía percibir a Dios obrando en la vida de Leslie, no sabía cuál sería el próximo paso. Sin embargo, casi por instinto, ella supo qué *no* hacer.

Sabía que corría el riesgo de hacer más daño que bien si el domingo llevaba a Leslie a su iglesia a un culto. Aunque Linda asistía a una comunión con sólidas creencias en la Biblia, ella sabía que Leslie no se sintonizaría con su enfoque tradicional.

El dialecto cristiano la desconcertaría, la música le resultaría curiosamente anticuada y el sermón estaría dirigido a cristianos lo cual probablemente la dejaría confundida. Además, lo único que la iglesia ofrecía era un servicio de adoración y todavía Leslie no estaba lista para adorar a Dios. Todavía ella estaba tratando de comprender quién era Dios.

Fue entonces cuando Linda vio un artículo en un periódico acerca de un tipo de iglesia diferente que se estaba reuniendo en el cine de Willow Creek, a menos de dos kilómetros de nuestra casa. El artículo decía que era una iglesia contemporánea que intentaba ser pertinente para las personas que estuvieran investigando la fe cristiana. Parecía un buen socio con el cual agruparse para intentar llevar a Leslie al punto de una decisión.

Un día, aunque muy nerviosa, Linda dio el paso de invitar a Leslie a Willow Creek.

—Leí un artículo acerca de un tipo nuevo de iglesia que se está reuniendo en un cine —dijo ella—. Jerry y yo estamos pensando ir para ver cómo es. ¿Quieres ir con nosotros? Mientras Leslie lo pensaba, ella aguantó la respiración.

—Bueno, no sé —contestó Leslie.

Leslie fue demasiado cortés como para no decir lo que realmente estaba pensando: «Está bien hablar de Dios contigo, pero ir a una iglesia... no estoy segura. La iglesia que yo recuerdo de niña me intimidaba. No sé cómo comportarme. Ni cómo vestirme, ni qué decir. Ni cuándo pararme o sentarme. Ni cómo buscar un versículo en la Biblia. ¿Me presionará el pastor para que tome una decisión que no estoy lista para tomar? ¿Y si esta gente es fanática de Jesús? ¿Y si es una especie de secta?»

EN SINTONÍA CON DIOS

Pero cuando llegó el domingo, la curiosidad de Leslie pudo más que ella y estuvo de acuerdo en ir. Para sorpresa suya, le encantó. Regresó a casa y con gran excitación me contó sobre la buena música, el drama conmovedor, el uso inteligente de la multimedia y el sermón que dio un hombre de nuestra edad que parecía hablar nuestro idioma.

Por supuesto, a mí no me interesaba. De hecho, recuerdo que le pregunté: «Tú no le diste a ese gente nada de nuestro dinero, ¿verdad?» A pesar de mi actitud, Leslie siguió yendo con los Lenssen todos los domingos. Encontraba que los mensajes eran muy útiles para las conversaciones que ella sostenía con Linda.

Leslie siguió haciendo preguntas, siguió buscando la verdad y, finalmente, en septiembre de 1979, se me acercó y me dijo: «Lee, he tomado una gran decisión. He decidido seguir a Jesucristo».

Tengo que admitir que fui casi tan condescendiente como su madre cuando a los catorce años Leslie le dijo que había conocido a la persona con quien se iba a casar. «Si crees que eso va a hacerte una mejor persona, me parece bien», le dije. «¡Pero no trates de involucrarme!»

La conversión de Leslie en realidad acabó desencadenando la época más turbulenta de nuestro matrimonio, como describiré en el capítulo 9. Resultó que Leslie siguió animándome a ir y yo seguía resistiéndome. A fin de cuentas, ¿para qué me hacía falta la iglesia? Yo tenía éxito en mi carrera, tenía una casa en un área residencial, esposa y dos hijos, un buen auto... ¿quién necesitaba a Dios? Además, para mí la iglesia representaba cuatro cosas: aburrida, hipócrita, buscadora de dinero e irrelevante.

Sin embargo, durante los próximos meses comencé a percibir cambios sutiles en el carácter de Leslie mientras el Espíritu Santo comenzaba a cambiarla. No estoy diciendo que de la noche a la mañana se convirtiera en la Madre Teresa, pero hubo un florecimiento claro de su personalidad.

Lo detecté en la manera en que ella se relacionaba con los niños. Lo vi en un comportamiento más amoroso para conmigo y con los demás. La vi desarrollar más confianza en sí misma y más paciencia. Esos cambios, sumados a su insistencia en que me encantaría la música, me convencieron en enero de 1980 a aventurarme a entrar a Willow Creek por primera vez.

ACEPTAR EL DESAFÍO

Leslie tenía razón, me gustó la música. En lugar de un órgano resollando viejos himnos gastados, las canciones eran una especie de rock suave impelente y yo pensé que estaban muy buenas a pesar de la letra cristiana. También me gustaron los dramas y la multimedia y el hecho de que el lugar parecía plagado de electricidad. Pero lo que más me cautivó fue el mensaje.

Lo presentó Bill Hybels, que era de mi edad y se paró frente al público sin notas y sin un púlpito. Se vestía como un empresario joven y en lugar de recriminarnos, hablaba en un sincero tono coloquial, como un amigo hablando con otro amigo.

«¿Qué dice Dios que hará falta para que una vida tenga propósito, dirección y significado en una sociedad caída?», preguntó. «¿Qué hace falta para que el corazón se transforme?»

Mi mente revivió el estado de mi propio corazón mientras recordaba las palabras punzantes del fiscal: *Strobel, ¿qué le pasa?* Hybels había captado mi atención.

Utilizó un retroproyector para dibujar un gráfico de la «percepción popular» del cristianismo y luego le hizo una crítica desde una perspectiva bíblica. Explicó que debido al amor de Cristo por nosotros, él voluntariamente murió en la cruz como nuestro sustituto para que no tuviéramos que pagar por nuestras fechorías. Por primera vez se hizo clara la relación entre la cruz y mi propia vida.

Al final hizo públicos dos desafíos. A los que estuvieran listos, los instó para que recibieran el regalo gratis del perdón de Cristo y su liderazgo en sus vidas. A los que no estaban listos los animó a que siguieran revisando las afirmaciones del cristianismo.

Me intrigó tanto el mensaje como el hecho de que él admitiera que algunas personas necesitaban pasar por un proceso de descubrimiento antes de tomar una decisión informada con respecto a Cristo. Aunque yo no creía que el evangelio fuera verdad, él me había convencido de que si era verdad, tenía tremendas implicaciones en mi vida.

Así que aquella mañana, mientras salía del cine al aire fresco, tomé una decisión. Prometí revisar la fe cristiana. Separaría la mitología de la realidad y vería qué quedaba. Al fin y al cabo, eso era lo que yo hacía todos los días como periodista: tomaría una pepita de información e investigaría si era verdad.

¿Por qué no hacerle la misma prueba al cristianismo?

3

La sorpresa
de un escéptico

Para una persona que se considera atea, emprendí mi viaje espiritual de una manera poco común.

Le pedí ayuda a Dios.

Yo me decía, ¿cuál es el inconveniente? Si tengo la razón y en el cielo no hay nadie, entonces solo habré perdido treinta segundos. Si estoy equivocado y Dios está escuchando, bueno, podría haber un gran lado positivo. Así que en la intimidad de mi habitación, el 20 de enero de 1980, yo hice una oración como esta:

Dios, ni siquiera creo que estás ahí, pero si lo estás, quiero encontrarte. Yo sí quiero saber la verdad. Así que si existes, por favor, revélate.

Lo que yo no sabía en aquel momento era que esta sencilla oración me lanzaría a una aventura de descubrimientos de casi dos años que acabaría revolucionando mi vida.

Para darle uso a mis estudios legales, que me dieron conocimientos acerca de las evidencias, y a mi experiencia periodística, que me daba habilidades para descubrir la verdad, comencé a leer libros y a entrevistar expertos. Recibí mucha influencia de Josh McDowell, cuyos libros *Más que un carpintero*[1] y *Evidencia que exige un veredicto*[2] abrieron por primera vez mis ojos antes la posibilidad de que una persona pudiera tener una fe intelectualmente justificable.

Por supuesto, también leí la Biblia. Sin embargo, por el

momento dejé a un lado el asunto de si realmente era la palabra inspirada de Dios. En cambio, consideré la Biblia como lo que es realmente: un grupo de documentos antiguos que se proponen documentar sucesos históricos.

También leí otros escritos religiosos, incluyendo el Libro del Mormón porque pensé que era importante revisar diferentes opciones espirituales. La mayoría de estas eran fáciles de descartar. Por ejemplo, el mormonismo enseguida se quedó a mitad de camino después que encontré discrepancias irreconciliables entre las afirmaciones de su fundador, Joseph Smith, y los descubrimientos de la arqueología moderna. Pero con el cristianismo, mientras más descubría, más intrigado me volvía.

Yo visualizaba este proceso como si estuviera armando un rompecabezas gigante en mi mente. Cada vez que confirmaba otra evidencia o respondía una pregunta, era como si una pieza del rompecabezas cayera en su lugar. No sabía cómo quedaría la imagen final, ese era el misterio, pero cada hecho que descubría me acercaba un poco más a la solución.

RESPUESTAS A UN ATEO

De buenas a primeras calculé que los cristianos habían cometido un error táctico. Otras religiones creen en todo tipo de dioses amorfos e invisibles y eso es difícil de definir de una manera u otra. Pero los cristianos basaban su religión en las supuestas enseñanzas y milagros de alguien que ellos alegaban que era una persona histórica real, Jesucristo, quienes, según ellos, es Dios.

Pensé que esto era un craso error porque si Jesús realmente había vivido, habría dejado algún tipo de evidencia histórica. Me imaginé que lo único que necesitaba hacer era verificar la verdad histórica acerca de Jesús y descubriría que él era un hombre bueno, quizá una persona muy moral y un maestro excelente, pero sin dudas, nada absolutamente de Dios.

Comencé haciéndome la primera pregunta que hace cualquier buen periodista: «¿Cuántos ojos hay?» En el argot popular el término «ojo» quiere decir «testigo ocular». Todo el mundo sabe cuán convincente puede ser el testimonio de testigos oculares para establecer la veracidad de un suceso. Créeme, he visto a muchos acusados ir a la cárcel por causa del testimonio de testigos oculares.

Así que yo quería saber: «¿Cuántos testigos conocieron a esta persona de nombre Jesús? ¿Cuántos escucharon sus enseñanzas? ¿Cuántos le vieron realizar milagros? ¿Cuántos en realidad lo vieron luego de que, supuestamente, resucitara?»

Me sorprendió descubrir que no solo había un testigo, sino que fueron muchos y el Nuevo Testamento contiene escritos tangibles de varios de ellos. Por ejemplo, están Mateo, Pedro, Juan y Santiago, todos fueron testigos presenciales. Está Marcos el historiador, quien cuenta el relato de primera mano de Pedro; está Lucas, un médico que escribió una biografía de Jesús basada en el testimonio de testigos presenciales y está Pablo, cuya vida se viró al revés después que dijo que había encontrado al Cristo resucitado.

Pedro fue categórico al decir que estaba contando información exacta de primera mano. «Cuando les dimos a conocer la venida de nuestro Señor Jesucristo en todo su poder, no estábamos siguiendo sutiles cuentos supersticiosos», escribió, «sino dando testimonio de su grandeza, que vimos con nuestros propios ojos».[3]

Juan dijo que estaba escribiendo acerca de «lo que hemos oído, lo que hemos visto con nuestros propios ojos, lo que hemos contemplado, lo que hemos tocado con las manos».[4]

UN TESTIMONIO CONFIABLE

Estas personas no solo fueron testigos oculares, sino que, como señaló McDowell, estaban predicándole de Jesús a personas que habían vivido en la misma época y en la misma área que Jesús. Esto es importante porque si los discípulos estaban exagerando o reescribiendo la historia, su público tan a menudo hostil lo habría sabido y los habrían expulsado. Pero en cambio, pudieron hablar de asuntos que eran del domino público para los que les escuchaban.[5]

Por ejemplo, poco después de que mataran a Jesús, Pedro habló a una multitud en la misma ciudad donde había ocurrido la crucifixión. Es probable que muchos de ellos vieran ejecutar a Jesús. Él comenzó diciendo: «Pueblo de Israel, escuchen esto: Jesús de Nazaret fue un hombre acreditado por Dios ante ustedes con milagros, señales y prodigios, los cuales realizó Dios entre ustedes por medio de él, *como bien lo saben*».[6]

En otras palabras: «¡Vamos!, ustedes saben lo que hizo Jesús. ¡Lo vieron con sus propios ojos!» Entonces señaló que, aunque el rey David estaba muerto y seguía en su tumba: «A este Jesús, Dios lo resucitó, y de ello todos nosotros somos testigos!» (Hechos 2:32).[7]

La reacción del público fue muy interesante. Ellos no dijeron: «¡No sabemos de qué estás hablando!» En cambio, se asustaron y quisieron saber qué debían hacer. En aquel día unas tres mil personas pidieron perdón y muchos otros lo hicieron luego, al parecer porque sabían que Pedro estaba diciendo la verdad.[8]

Yo tuve que preguntarme a mí mismo: «¿El cristianismo habría echado raíces tan rápido, como indiscutiblemente lo hizo, si estos discípulos anduvieron diciendo cosas que su público sabía que eran exageradas o falsas?»

LAS PIEZAS DEL ROMPECABEZAS COMENZARON A CAER EN SU LUGAR.

Una evidencia de la que los cristianos estaban tratando de convencerme, y que yo no me tragaba, era que los discípulos de Jesús deben haber creído lo que ellos predicaban de él porque diez de los once discípulos restantes sufrieron muertes terribles en lugar de retractarse de su testimonio de que Jesús era el Hijo de Dios quien había resucitado de entre los muertos. Varios fueron torturados hasta la muerte por medio de la crucifixión.

Al principio eso no me resultó convincente. A través de la historia yo podía señalar todo tipo de chiflados que estuvieron dispuestos a morir por sus creencias religiosas. Pero los discípulos eran diferentes, decía McDowell. Las personas están dispuestas a morir por sus creencias religiosas si están convencidas de que sus creencias son verdaderas, pero no morirían por sus creencias religiosas si saben que son falsas.

En otras palabras, toda la fe cristiana depende de si Jesús realmente resucitó de los muertos.[9] Sin resurrección no hay cristianismo. Los discípulos dijeron que vieron a Jesús después que él resucitó. Ellos sabían si estaban mintiendo o no; no había manera alguna que esto pudiera ser una alucinación o un error. Y si estaban mintiendo, ¿permitirían de buena gana que los mataran por algo que ellos sabían que era falso?

Como señalaba McDowell: *Nadie muere a sabiendas y de buena gana por una mentira.*[10]

Ese solo hecho tuvo una influencia poderosa en mí, y aun más cuando vi lo que les sucedió a los discípulos después de la crucifixión. La historia muestra que ellos salieron audazmente a proclamar que Jesús triunfó sobre la tumba. De repente, aquellos hombres que una vez fueron cobardes, se llenaron de valor, dispuestos a predicar hasta la muerte que Jesús era el hijo de Dios.

¿Qué los transformó? Yo no podía encontrar una explicación que tuviera más sentido que el hecho de que realmente ellos tuvieron una experiencia con el Cristo resucitado que cambió sus vidas.

UN ESCÉPTICO DEL PRIMER SIGLO

Especialmente me cayó bien el discípulo llamado Tomás porque él era tan escéptico como yo. Me imaginé que él podía haber sido un gran periodista. Tomás dijo que no creería que Jesús había vuelto a la vida a menos que pudiera examinar personalmente las heridas en las manos y en los pies de Jesús.

Según los escritos del Nuevo Testamento, Jesús sí apareció e invitó a Tomás a que comprobara la evidencia por sí mismo y Tomás vio que era verdad. Me fascinó descubrir cómo él pasó el resto de su vida. Según la tradición, hasta que lo mataron a puñaladas en India, él acabó proclamando que Jesús era el Hijo de Dios quien había resucitado de entre los muertos. Para él la evidencia había sido profundamente convincente.

Además, fue significativo leer lo que dijo Tomás luego de quedar satisfecho ante la evidencia de que Jesús había vencido la muerte. Tomás proclamó: «¡Señor mío y Dios mío!»[11]

Ahora bien, Jesús no le respondió diciendo: «¡Espera un minuto, Tomás! No empieces a adorarme. Solo debes adorar a Dios y recuerda, yo solo soy un gran maestro y un hombre muy moral». En cambio, Jesús aceptó la adoración de Tomás.

Así que no demoró mucho refutar la noción popular de que Jesús nunca dijo que él era Dios. Durante años los escépticos me habían dicho que Jesús nunca pretendió ser más que un hombre y que se daría vueltas en su tumba si supiera que la gente lo estaba adorando. Pero al leer la Biblia descubro a Jesús afirmando una y otra vez, con hechos y con palabras, quién era él realmente.

La biografía más antigua de Cristo describe cómo el sumo sacerdote le preguntó sin rodeos durante su juicio: «¿Eres el Cristo, el Hijo del Bendito?»[12] Jesús no fue ambiguo. Las dos primeras palabras que salieron de la boca de Jesús fueron: «Yo soy».[13]

El sumo sacerdote sabía lo que Jesús estaba diciendo porque declaró airadamente al tribunal: «¡Ustedes han oído la blasfemia!»[14] ¿Qué fue lo blasfemo? ¡Que Jesús decía ser Dios! Me enteré de que este fue el delito por el cual lo mataron.

Mientras más confiaba en los relatos del Nuevo Testamento acerca de los testigos oculares, seguía recordando lo que otros escépticos me habían dicho a través de los años. Afirmaban que no se podía confiar en el Nuevo Testamento porque se escribió cien años o más después que Jesús viviera. Decían que entre tanto surgieron mitos acerca de Jesús y que estos habían distorsionado la realidad de tal manera que resultaba irreconocible.

Pero mientras yo evaluaba los hechos con imparcialidad, descubrí que unos descubrimientos arqueológicos recientes han obligado a los eruditos a dar estimado cada vez más antiguos en cuanto al momento en que se escribió el Nuevo Testamento.

El Dr. William Albright, un profesor de renombre internacional de la universidad Johns Hopkins y antiguo director de la Facultad Norteamericana de Investigación Oriental en Jerusalén, dijo que está convencido de que varios de los libros del Nuevo Testamento se escribieron antes que pasaran cincuenta años después de la crucifixión y que es muy probable que haya sido entre veinte y cuarenta y cinco años después de la muerte de Jesús.[15] Esto significa que el Nuevo Testamento estaba disponible durante la vida de los testigos presenciales quienes habrían rebatido su contenido de haber sido inventado.

Lo que es más, los eruditos estudiaron la cantidad de tiempo que le tomaba a una leyenda desarrollarse en el mundo antiguo. Su conclusión: No habría habido tiempo ni remotamente suficiente entre la muerte de Jesús y los escritos del Nuevo Testamento para que la leyenda reemplazara a la verdad histórica.[16]

De hecho, más adelante supe que un credo de la iglesia primitiva que afirmaba que Jesús murió por nuestros pecados, resucitó y le apareció a muchos testigos, se remonta a unos tres a ocho años después de la muerte de Jesús. Esta declaración de fe, de la que habla el apóstol Pablo en 1 Corintios 15:3-7, se basa en relatos de primera mano y es una confirmación muy antigua del núcleo del evangelio.[17]

Pieza por pieza mi rompecabeza se seguía formando.

EL PODER DE LA PROFECÍA

Luego me fui a las profecías de la Biblia, un área con la que yo era especialmente cínico. A través de los años yo había escrito muchos artículos acerca de predicciones sobre el futuro, era una de estas historias de Año Nuevo que le tocaban a todos los reporteros principiantes y yo sabía cuán pocos pronósticos se hacían realidad. Por ejemplo, todos los años la gente en Chicago insiste en que los *Cubs* van a ganar la Serie Mundial ¡y en toda mi vida eso todavía no se ha cumplido!

Aún así, mientras más analizaba las profecías del Antiguo Testamento, más me convencía de que constituyen una evidencia histórica sorprendente para apoyar la afirmación de que Jesús es el Mesías y el Hijo de Dios.

Por ejemplo, leí Isaías 53 en el Antiguo Testamento y me resultó una descripción absolutamente increíble de la crucifixión de Jesús, sin embargo, se escribió más de 700 años antes del hecho. ¡Eso es como si yo tratara de predecir cómo les irá a los *Cubs* en el año 2693! En total hay unas cinco docenas de profecías fundamentales con relación al Mesías y mientras más las estudiaba, más difícil se me hacía encontrarles una explicación convincente.

Mi primera línea de defensa era que Jesús pudiera haber manipulado su vida intencionalmente para cumplir las profecías de manera que se le confundiera con el tan esperado Mesías. Por ejemplo, Zacarías 9:9 predijo que el Mesías entraría a Jerusalén montado en un burro. Quizá cuando Jesús se preparaba para entrar a la ciudad, le dijo a sus discípulos: «Vayan y búsquenme un burro. Quiero hacer que este crea que soy el Mesías ¡porque realmente estoy deseoso de que me torturen hasta la muerte!»

Pero este razonamiento se desmoronó cuando leí profecías acerca de sucesos que Jesús nunca pudiera haber arreglado, como el lugar de su nacimiento, el cual predijo el profeta Miqueas setecientos años antes; ni sus ancestros, la manera en que nació, cómo lo traicionaron por una cantidad específica de dinero, cómo lo mataron, cómo sus huesos permanecieron intactos (a diferencia de los dos delincuentes que crucificaron con él), cómo los soldados echaron suertes sobre su ropa, etc., etc.[18]

Mi segunda línea de defensa fue que Jesús no era la única persona hacia quien apuntaban estas profecías. Quizá varias personas en la historia encajaron en estas predicciones, pero Jesús resultó tener un mejor agente de relaciones públicas y por lo tanto a quien todo el mundo recuerda ahora es a él.

Pero la lectura de un libro de Peter Stoner, profesor emérito de ciencias en Westmont College, demolió esa objeción. Stoner trabajó con seiscientos alumnos para calcular la probabilidad matemática de que solo ocho de las profecías del Antiguo Testamento se cumplieran en cualquier persona que viviera hasta la época actual.[19] La probabilidad era una en diez elevado a la decimoséptima potencia. ¡Esa es una cifra que tiene diecisiete ceros!

Para tratar de entender ese número tan enorme, hice algunos cálculos. Imaginé que el mundo entero se cubriera con una losa blanca de 9.7 centímetros cuadrados, cada pedazo de tierra seca del planeta, y que solo la parte de atrás de una losa se pintara de rojo.

Luego me imaginé que a una persona se le permitiera vagar toda la vida por los siete continentes. Se le permitiría agacharse una sola vez y recoger solo una losa. ¿Qué probabilidades habría de que fuera la losa con el reverso pintado de rojo? ¡Serían las mismas probabilidades de que solo ocho de las profecías del Antiguo Testamento se cumplieran en una persona a través de la historia!

Eso fue lo suficientemente impresionante, pero entonces Stoner analizó cuarenta y ocho profecías. Su conclusión fue que habría una probabilidad en diez a la 157ma potencia de que se cumplieran en una persona en la historia.[20] ¡Ese número tiene 157 ceros!

Investigué un poco y aprendí que los átomos son tan pequeños que hace falta alinear un millón para igualar el ancho de un cabello humano. También entrevisté a científicos acerca de su estimado con respecto al número de átomos en todo el universo conocido.

Y aunque ese es un número increíblemente grande, llegué a la conclusión de que las probabilidades de que cuarenta y ocho profecías del Antiguo Testamento se cumplieran en una sola persona son iguales a que una persona encuentre un átomo determinado entre todos los átomos en ¡un *billón billón billón billón mil millones* de universos del tamaño de nuestro universo!

Jesús dijo que él vino a cumplir las profecías. Él dijo: «Tenía que cumplirse todo lo que está escrito acerca de mí en la ley de Moisés, en los profetas y en los salmos».[21] Estaba empezando a creer que se cumplieron, solo en Jesucristo.

Me pregunté si alguien me ofreciera un negocio con solo una posibilidad en diez a la 157ma potencia de perder, ¿cuánto yo invertiría? ¡Lo pondría todo en un ganador tan seguro como ese! Y estaba empezando a pensar: «Con esas probabilidades, quizá yo deba pensar en invertir mi vida en Cristo».

LA REALIDAD DE LA RESURRECCIÓN

Ya que esta es fundamental para el cristianismo también pasé bastante tiempo analizando la evidencia histórica de la resurrección de Jesús. Sin dudas que no era el primer escéptico en hacerlo. Muchos han hecho el mismo ejercicio y terminaron por ser cristianos.

Por ejemplo, un periodista y abogado británico llamado Frank Morison se dispuso a escribir un libro bien documentado que mostrara la resurrección como un mito. Sin embargo, luego de estudiar cuidadosamente la evidencia, se hizo cristiano y dijo que no había dudas de que la resurrección tiene «una base histórica profunda».[22] El libro que por fin él escribió acerca de su investigación espiritual me dio el análisis incisivo de un abogado acerca de los relatos de la resurrección.

Otra perspectiva legal la obtuve de Simon Greenleaf, el

brillante profesor de evidencia a quien se le acredita haber ayudado a que la facultad de derecho de Harvard alcanzara por primera vez su fama de excelencia. Greenleaf fue el autor de uno de los mejores tratados norteamericanos que se hayan escrito jamás acerca del tema de lo que constituye una evidencia legal.

De hecho, hasta el Tribunal Supremo de los Estados Unidos lo citó. La publicación *London Law Journal* [Gaceta de la ley de Londres] dijo una vez que Greenleaf sabía más acerca de las leyes de la evidencia que «todos los abogados que engalanan los tribunales de Europa».[23]

Greenleaf se burlaba de la resurrección hasta que un alumno lo desafió a que lo comprobara por sí mismo. Él aplicó metódicamente las pruebas legales en busca de la evidencia y quedó convencido de que la resurrección fue un suceso histórico verdadero. Entonces el profesor judío le entregó su vida a Cristo.[24]

En resumen, la evidencia de la resurrección de Cristo es que Jesús murió crucificado, lo apuñalaron con una lanza, los expertos dictaminaron que estaba muerto; lo envolvieron con vendas que tenían setenta y cinco libras de especias; lo pusieron en una tumba; a la entrada de esta colocaron una enorme piedra (según un relato antiguo, era tan grande que veinte hombre no podían moverla); y luego, soldados muy disciplinados velaron la tumba.

No obstante, tres días después, la tumba se encontró vacía y los testigos oculares proclamaron hasta su muerte que Jesús se les apareció.

¿Quién tenía motivos para robarse el cuerpo? Los discípulos no tenían la mínima intención de esconderlo para que los torturaran por haber mentido. A los líderes judíos y romanos les habría encantado desfilar con el cuerpo de arriba a bajo de la Calle Primera en Jerusalén, sin dudas eso hubiera acabado instantáneamente con esta religión en ciernes en la cual habían gastado tanto tiempo intentando aniquilarla.

Pero lo que pasó fue que en un período de cuarenta días,

Jesús se le apareció vivo doce veces diferentes a más de 515 personas, a escépticos como Tomás y Santiago y a veces a grupos, a veces a personas, a veces bajo techo, a veces al aire libre a pleno día. Habló con personas y hasta comió con ellas.

Varios años después, cuando el apóstol Pablo mencionó que hubo testigos presenciales de la resurrección, él señaló que muchos de ellos todavía estaban vivos, como diciéndoles a los escépticos del primer siglo: «Si no me creen a mí, vayan y compruébenlo con ellos».[25]

De hecho, si uno fuera a llamar al estrado a toda persona que realmente vio al Cristo resucitado y si fueras a repreguntar a cada uno de ellos durante solo quince minutos, y si lo hicieras a toda hora sin ningún receso, estarías escuchando testimonios de primera mano durante más de cinco días completos.

Comparado con los juicios que yo había cubierto, esto era una avalancha de evidencia. Más piezas del rompecabezas cayeron en su lugar.

EXCAVAR EN BUSCA DE LA VERDAD

Examiné la arqueología y descubrí que esta, una y otra vez, ha confirmado el relato bíblico. Hay que reconocer que algunos asuntos todavía están por resolverse. Sin embargo, un eminente arqueólogo, el Dr. Nelson Gleuck, dijo: «Puede decirse categóricamente que ningún descubrimiento arqueológico ha contradicho jamás una referencia bíblica. Se han hecho decenas de descubrimientos arqueológicos que confirman en un bosquejo claro o con detalles exactos las declaraciones históricas de la Biblia».[26]

Me fascinó especialmente la historia de Sir Ramsay, de la Universidad de Oxford en Inglaterra, uno de los arqueólogos más grandes de la historia. Era ateo, de hecho, era hijo de ateos. Pasó veinticinco años haciendo excavaciones arqueológicas para intentar desmentir el libro de Los Hechos, que escribió

Lucas el historiador quien también escribió el Evangelio que lleva su nombre.

Pero en lugar de desacreditar el relato de Lucas, los descubrimientos de Ramsay seguían apoyándolo. Finalmente, llegó a la conclusión de que Lucas ha sido uno de los historiadores más precisos que haya vivido jamás. Reafirmado por la evidencia arqueológica, Ramsay se volvió cristiano.[27]

Entonces yo dije: «Está bien, así que hay evidencias de que el Nuevo Testamento es confiable desde el punto de vista histórico. Pero, ¿qué evidencias hay de Jesús *aparte* de la Biblia?»

Me sorprendió descubrir que en la historia antigua hay más de doce escritores no cristianos que citan detalles históricos acerca de la vida de Jesús, incluyendo el hecho de que él hizo cosas asombrosas, que se le conoció como una persona virtuosa, que se le llamó el Mesías, que lo crucificaron, que el cielo se oscureció mientras estuvo colgado en la cruz, que sus discípulos dijeron que él había resucitado de entre los muertos y que lo adoraron como Dios.[28]

En efecto, esto es solo una panorámica breve de mi investigación espiritual ya que profundicé en muchos más detalles de lo que podría describirse aquí. Y no quiero sugerir que esto fue meramente un ejercicio académico anti-escéptico. Hubo mucha emoción en el proceso, como describirá el capítulo 9. Pero parecía como si en cada lugar que buscara había más confirmación de la veracidad del relato bíblico de la vida, muerte y resurrección de Jesucristo.

RESOLVER EL ROMPECABEZAS

Revisé la evidencia durante un año y nueve meses, hasta el domingo 8 de noviembre de 1981, después de regresar a casa de la iglesia. Yo estaba solo en mi habitación y llegué a la conclusión que había llegado el momento de pronunciar un veredicto.

El cristianismo no se había comprobado rotundamente.

De ser así, no habría espacio para la fe. Pero cuando valoré los hechos, llegué a la conclusión de que la evidencia histórica apoya claramente las afirmaciones de Cristo más allá de cualquier duda razonable. De hecho, basado en lo que había aprendido, ¡para seguir siendo ateo hacía falta más fe que para ser cristiano!

Así que, después de haber puesto en su lugar la última pieza a mi rompecabezas mental, en sentido figurado me eché hacia atrás para ver el cuadro que de manera sistemática había estado armando en mi mente durante casi dos años.

Era un cuadro de Jesucristo, el Hijo de Dios.

Como el antiguo escéptico Tomás, respondí declarando: «¡Mi Señor y mi Dios!»

Después entré a la cocina, donde Leslie estaba parada junto a Alison frente al fregadero. En aquel entonces nuestra hija tenía cinco años y parada en la punta de los pies y estirándose, pudo apenas tocar la llave de agua de la cocina por primera vez.

—¡Mira, papi, mira! —exclamó—. ¡Puedo tocarla, puedo tocarla!

—Cariño, ¡qué bueno! —le dije mientras le daba un abrazo. Entonces le dije a Leslie:

—Sabes, así es como me siento exactamente. Llevo mucho tiempo tratando de llegar hasta una persona y hoy por fin pude tocarlo.

Ella sabía lo que yo estaba diciendo. Con lágrimas en los ojos, nos abrazamos.

Al final resultó que Leslie y sus amigas habían estado orando por mí casi a diario a través de mi peregrinaje espiritual.

A menudo las oraciones de Leslie se habían concentrado en este versículo del Antiguo Testamento:

Les daré un nuevo corazón, y les infundiré un espíritu nuevo; les quitaré ese corazón de piedra que ahora tienen, y les pondré un corazón de carne.[29]

Gracias a Dios que ha sido fiel a esa promesa.

PUNTOS PARA LLEVAR

Esa es la historia del peregrinaje espiritual de un Juan Incrédulo. Por supuesto, no hay un camino «típico» a Cristo.
Algunas personas se motivan a buscar a Dios debido a una
crisis en sus vidas; otras debido a un vacío doloroso, pero
hay ocho amplios principios fundamentales que destilan de
mi historia y que podrían ayudarte a alcanzar a los Juanes y
Marías Incrédulos de tu vida:

- El evangelismo es muy a menudo un proceso, no un
  suceso repentino. Por lo general, el Espíritu Santo obra
  con el tiempo en la vida de una persona. Mientras que
  la conversión ocurre en un momento específico, por lo
  general hay muchas cosas que la preceden. Sin embargo,
  muchos cristianos e iglesias solo están diseñados para
  tratar el evangelismo como un suceso, una decisión que
  debe tomarse ahora mismo, en lugar de una elección
  que frecuentemente se produce luego de un período de
  descubrimiento. En realidad, presionar un compromiso
  antes de tiempo puede ser contraproducente.
- Como demostró Leslie, muchas veces las personas anti-
  iglesia están dispuesta a visitar una iglesia si las invita
  un amigo que ya ha abierto temas espirituales mediante
  conversaciones personales. Pero esto tiene un lado negativo en potencia que trataré al final del capítulo 5.
- Las mujeres pueden tener una influencia significativa
  en los hombres con respecto a los asuntos religiosos,
  como la tuvo Leslie en mí. Esto quedó cuantificado en
  un estudio de 1992 que examinó el papel de las esposas
  y las novias para alcanzar con el evangelio a los hombres británicos. «Quizá es solo con sus esposas o novias
  que las barreras están lo suficientemente abajo para que
  los hombres discutan estos asuntos personales», dijo la
  investigadora Pam Hanley.[30]
- Al tratar de alcanzar a un amigo con el evangelio, a menudo hasta los cristianos maduros necesitan asociarse

con una iglesia que ofrezca servicios o actividades periódicas que sean sensibles a los que andan buscando.

* La «apologética» o el uso de las evidencias y el razonamiento para defender la fe, tiene una importancia crucial para penetrar, en la actualidad, el escepticismo de muchas personas seculares. Esto es particularmente cierto en el caso de los no creyentes que tienen profesiones que tratan con hechos y cifras, como la ingeniería, la ciencia, el periodismo, la medicina y el derecho.

* Muchas personas irreligiosas evitan la iglesia debido a experiencias negativas que tuvieron con la iglesia siendo niños. Sin embargo, estos prejuicios pueden vencerse si una iglesia considera muy bien la manera en que la percibirán los visitantes anti-iglesia y luego moldea su ministerio consecuentemente sin alterar el evangelio.

* Una vez que una persona comienza a examinar sinceramente el cristianismo, es solo cuestión de tiempo antes de descubrir la verdad acerca de Dios. La Biblia dice: «Me buscarán y me encontrarán, cuando me busquen de todo corazón».[31] Sin embargo, es importante entender que el proceso de búsqueda en sí es una respuesta a la obra del Espíritu Santo. Fue él a quien enviaron a «convencer al mundo de su error en cuanto al pecado, a la justicia y al juicio» porque le importamos mucho a Dios.[32] Fuera de eso, ninguno de nosotros buscaría a Dios en lo absoluto.[33]

* Como Leslie descubrió, pedirle a Dios que intervenga en la vida de una persona no tiene sustitutos. Santiago dijo que la oración de un justo es poderosa y eficaz.[34]

Vemos ahora algunas actitudes específicas que pudieran estar influyendo sobre tus amigos sin-iglesia para que se alejen de Dios y de la iglesia, y algunas formas en las que tú puedes responder.

4

Cómo comprender a tus amigos sin iglesia, Parte I

¡**J**uan y María, sonrían! ¡Les están tomando una foto! Durante los últimos años los investigadores han trabajado arduamente para hacer un fotomontaje del norteamericano incrédulo promedio. Como nunca antes, su análisis demográfico ha ayudado a concentrar la atención en los 55 a 78 millones de adultos sin iglesia que viven ahora en los Estados Unidos. Por ejemplo, las encuestas muestran que los sin iglesia:

- Son comúnmente más hombres que mujeres;
- A menudo son solteros o están casados con una persona de otra formación religiosa;
- Son más propensos a vivir en un estado occidental;
- Tienen una edad promedio de 35 años, dos años más jóvenes que el norteamericano promedio.
- Tienen ingresos de $32,800 al año ($4,200 más que el norteamericano promedio).
- Tienen más educación de lo normal, un 32% lo conforman graduados universitarios.
- Casi siempre tienen alguna experiencia eclesiástica en su formación, una ligera mayoría es protestante.[1]

Aunque estas estadísticas nos dan una instantánea de

cómo son los sin iglesia Juan y María, lo que realmente importa es lo que está en sus cabezas. Antes de que comencemos a crear estrategias sobre cómo podemos, como personas y como iglesias, traerles el evangelio de manera eficaz, necesitamos entrar a sus mentes y explorar sus actitudes y motivaciones.

Por supuesto, su mentalidad puede variar significativamente según varios factores. Las opiniones acerca de Dios y la iglesia difieren entre los que nacieron durante el auge de nacimiento (del 1946 al 1964 y los que nacieron del 1965 al 1983); hombres y mujeres; sureños y occidentales; y entre negros, blancos e hispanos.

Basado en mi propia experiencia como no cristiano, mi interacción con personas sin iglesia, comentarios de pastores, psicólogos y otros que han tratado con ellos y encuestas exhaustivas que realizaron los encuestadores George Gallup, Jr., George Barna y otros, he llegado a algunas conclusiones generales que podrían ser útiles para comprenderlos.

Así que aquí presento algunas observaciones acerca de los sin iglesia. Por cuestiones de comodidad y coherencia, usaré generalmente el nombre de Juan pero, como dije antes, la mayoría de los comentarios se aplican por igual a María Sin-iglesia. Al leer, considera si hay implicaciones en la manera que tú personalmente haces amistad con personas sin iglesia y la manera en que tu iglesia está diseñada para alcanzarlas.

Observación #1: Juan rechaza la iglesia pero eso no quiere decir que rechace a Dios.

Esta es una distinción crucial. A menudo Juan Incrédulo es una persona «religiosa», de hecho, podría estar muy interesado en asuntos espirituales, pero tal vez no tenga interés en la iglesia porque la ve como una institución arcaica e intrascendente. Esto quiere decir que puede estar más decidido de lo que la gente cree a hablar de Dios y a considerar los argumentos de Cristo.

En realidad, solo alrededor del 13% de los norteamericanos son ateos o agnósticos.[2] Sin embargo, aunque la mayoría de las personas dicen que creen en Dios, la verdadera pregunta es: «¿De qué especie de deidad están hablando?» Como señalara un investigador: «Los norteamericanos parecen usar a Dios para referirse a un principio general del bien en la vida o, en ocasiones, él (o ella) es el creador que hizo estallar el *Big Bang* pero que no interviene en los asuntos humanos».[3]

Aun así, muchos sin iglesia muestran el deseo de interactuar con su Creador. En 1992, la revista *Newsweek* presentó un tema de portada llamado «*Talking to God*» [Hablar con Dios] en el cual se señalaba con cierto asombro: «Esta semana, si crees en modo alguno en las encuestas, seremos más los que oraremos que los que iremos al trabajo, haremos ejercicios o tendremos relaciones sexuales».[4]

El artículo citaba una nueva investigación que decía que el 91% de las mujeres norteamericanas y el 85% de los hombres oran, pero quizá lo más asombroso fue descubrir que ¡uno de cada cinco ateos o agnósticos ora diariamente![5] El artículo no especificaba quién se suponía que fuera el destinatario de esas oraciones.

Muchas personas sin iglesia se consideran cristianas. De hecho, la mayoría de los sin iglesia, el 52%, dicen que han hecho un compromiso personal con Jesucristo que es importante en su vida.[6]

Sin embargo, no se sienten obligados a ir a la iglesia. Prácticamente los sin iglesia, de manera unánime, creen que pueden ser buenos cristianos aparte de cualquier institución religiosa, al parecer de acuerdo al cliché de «yo adoro mejor a Dios caminando en el bosque que dentro de un edificio».[7] Increíblemente, dos tercios de la gente que asiste a las iglesias están de acuerdo con eso,[8] a pesar de la exhortación bíblica: «No dejemos de congregarnos, como acostumbran hacerlo algunos».[9]

Así que para muchas personas sin iglesia, su lema parece ser: «Yo creo en Dios; simplemente no creo en la iglesia»; o como resume su actitud John Stott: «Hostiles para con la iglesia, amistosos con Jesucristo».[10]

Muchos de ellos piensan que la iglesia no es necesaria, que es intrascendente e incapaz de ayudarlos a encontrar significado en la vida. Lamentablemente, hablan a partir de una experiencia personal ya que la investigación muestra que la mayoría de las personas sin iglesia solían asistir habitualmente a la iglesia. «Por consiguiente, la mayoría de los adultos sin iglesia han tomado una decisión consciente de no asistir a la iglesia», concluye Barna. «Es raro el adulto que evita la iglesia local debido a una falta de experiencia con dicha conducta religiosa».[11]

Las razones para la deserción de Juan Sin-iglesia varían, pero un abrumador 91% de los no cristianos cree que la iglesia no es muy sensible a sus necesidades.[12] Y ante los ojos de nuestra sociedad egoísta y orientada hacia el consumidor, eso es el colmo del pecado.

Así que hacer a Juan entrar de nuevo a la iglesia significa que para empezar la iglesia tendrá que vencer las objeciones que lo alejaron de allí, sin comprometer el evangelio. De eso se trata gran parte de este libro.

No obstante, es alentador que haya una vasta reserva de interés religioso en este país. Mi esposa Leslie se acordó de eso cuando hace algunos años comenzó a invitar a las mujeres del vecindario a un estudio bíblico en nuestra casa. Ella esperaba que algunas se mostraran indiferentes pero, para sorpresa suya, todo el mundo quería venir. Todas expresaron curiosidad para aprender más de la Biblia.

Como concluyera *Newsweek*: «En la Norteamérica supuestamente desarraigada, materialista y egoísta, también hay sed de una experiencia personal con Dios».[13]

Observación #2: Juan anda a la deriva moralmente, pero en el fondo quiere un ancla.

Yo sé cómo es llevar una vida de relativismo moral, donde cada día tomo nuevas decisiones éticas basadas en los intereses personales y la conveniencia. Escribir mis propias reglas me liberó para satisfacer mis deseos sin que nadie me estuviera mirando por encima del hombro. Honestamente, es una manera estimulante de vivir, durante un tiempo.

Sin duda alguna Norteamérica ha vivido así durante bastante tiempo. Esa fue la conclusión a la que llegaron James Patterson y Peter Kim después de realizar un estudio nacional en el que les pidieron a las personas que fueran crudamente honestas con respecto a su *verdadera* manera de vivir.

El primer capítulo de su libro revelador *The Day America Told The Truth* [El día que Norteamérica dijo la verdad] dice: «En la década de 1950 e incluso a comienzos de la década de 1960, había algo más cercano a un consenso moral en los Estados Unidos... En la década de 1990 no hay consenso moral en lo absoluto. Todo el mundo está inventando su propio código moral, sus propios Diez Mandamientos».[14]

¿Recuerdas los Diez Mandamientos originales, los que Moisés recibió de Dios? Bueno, solo el 13% de los norteamericanos dice que aun cree en todos ellos.[15]

En cambio, estos son algunos de los mandamientos actuales, incluyendo el porcentaje de norteamericanos que los siguen: Robaré a aquellos que realmente no se afectarán (74%); diré mentira cuando me convenga (64%); todas las semanas desperdiciaré el equivalente de un día completo de trabajo (50%); le seré infiel a mi cónyuge (53%); mentiré en mi declaración de impuestos (30%); estoy dispuesto a que mi pareja corra el riesgo de adquirir una enfermedad (31%).[16]

¡Qué acusación tan mordaz! La proliferación de la ética situacional de los últimos años ha hundido al país en un atolladero moral. El sesenta y nueve por ciento de los norteamericanos se adhieren a la actitud de que no hay norma moral absoluta sino que la ética debe fluctuar según la situación.[17] Y, por supuesto, lo que generalmente causa la fluctuación es nuestro propio programa egoísta.

Es así como viven muchos Juanes. Sin embargo, varios de ellos están comenzando a llegar a la conclusión de que la anarquía moral no es para nada lo que una vez describió Hugh Hefner.

Después de todo hace falta energía moral para tomar decisiones éticas cada día sin tener una línea de partida y para seguirle la pista a un lío de decisiones contradictorias. A menudo
hay un sentimiento de culpa a la deriva e inevitablemente uno
se hace daño a sí mismo y a otros. Aunque en aquel entonces yo lo habría negado, creo que habría acogido a alguien
que me trazara límites razonables dentro de los cuales vivir.
Hay evidencia de que otros se sienten de la misma manera.
Si observas las iglesias más exitosas al atraer a las personas
irreligiosas, descubrirás que no son las liberales con actitudes
indulgentes sino las que se aferran a las normas morales bien
definidas de la Biblia. Un estudio interesante descubrió que
muchos de los nacidos después de la Segunda Guerra Mundial
«no les falta interés en la religión pero son indiferentes a las
iglesias que no sobresalen a la cultura circundante».[18]

Gary Collins y Timothy Clinton estudiaron a los nacidos en
la posguerra y llegaron a la conclusión de que millones de ellos
«sienten que están sin rumbo, sin ningún valor absoluto ni
creencias a las cuales anclar su vida. Muchos se sienten vacíos
por dentro, sin normas firmes del bien y el mal y sin pautas
válidas para criar los hijos, mantener un matrimonio, edificar
profesiones, hacer negocios o encontrar a Dios. Quizá ahora
más que nunca en la historia de los nacidos en la posguerra,
esta gente sin esencia está buscando verdad, identidad y algo
en qué creer que les dé a sus vidas un verdadero centro».[19]

Al haber tantos Juanes Sin-iglesia que buscan secretamen-
te el rumbo moral en sus vidas, la puerta está abierta para
que los cristianos compartan las pautas que la Biblia da para
la vida. Es importante que consideremos muy bien cómo se
articula ese plan y este es el próximo punto que explicaré.

Observación #3: Juan se resiste a la regla pero responde a las razones.

A Juan Sin-iglesia no le gusta que le digan lo que tiene que
hacer. Él retrocede cuando la gente le dice que debe vivir de
cierta forma porque la Biblia así lo dice. Al fin y al cabo, to-

davía él no está convencido de que la Biblia sea realmente la revelación de Dios. Además, ha ocurrido una erosión en toda la sociedad en cuanto al respeto a la autoridad y Juan piensa que está mejor calificado que nadie para decidir cuáles reglas debe cumplir.

Sin embargo, al mismo tiempo, por lo general Juan es abierto al razonamiento. Como cristianos, cuando le presentamos las ideas subyacentes tras los límites morales que Dios nos ha establecido, y cuando él entiende los beneficios de acatar los mandamientos de Dios, es mucho más receptivo para seguirlos.

Por ejemplo, hace poco conocí a un empresario que me confesó que estaba viviendo con su novia. Ahora bien, realmente la Biblia no carece de versículos que yo pudiera haberle leído para señalarle que se desvió de las leyes de Dios. Lo que resultó más efectivo fue que yo le explicara el daño emocional, psicológico, físico y relacional que ocasiona tener relaciones íntimas sin la seguridad del matrimonio.

Después de describirle el lado desventajoso de su conducta, le cité pasajes de las Escrituras en contra de las relaciones sexuales extramatrimoniales y dije: «¿Te das cuenta? Dios dijo que las relaciones sexuales sin casarse están fuera de los límites, no para frustrarte ni para echar a perder tu diversión de manera arbitraria, sino porque te ama tanto que quiere evitarse estas consecuencias negativas».

Luego le describí los beneficios de vivir a la manera de Dios, y Juan Sin-iglesia siempre está listo para escuchar cuando el tema es cómo él puede beneficiarse.

Así que, en su mayoría, Juan Sin-iglesia no reacciona bien cuando alguien le predica un mandamiento sobre: «Así dice el Señor». Él quiere ver la sabiduría si cambia su forma de vivir, lo cual da una oportunidad magnífica a los cristianos para explicar cómo las pautas de Dios para nuestras vidas son razonables, prácticas y justas y cómo las motiva su gran preocupación por nosotros.

También es importante que recordemos esto. A veces el

estilo de vida inmoral de Juan nos ofende tanto que nos volvemos sentenciosos y condenadores, diciéndonos a nosotros mismos: «Espero que obtenga lo que se merece». Eso establece una mentalidad poco saludable de nosotros-versus-ellos.

Pero cuando recordamos que Dios quiere que Juan lleve un estilo de vida que cumpla con sus leyes morales porque él ama a Juan profundamente y quiere protegerlo de los daños, se suaviza nuestra actitud hacia Juan. Y créeme, Juan percibe la diferencia cuando nos relacionamos con él.

Observación #4: Juan no entiende el cristianismo, pero también ignora lo que este afirma creer.

A veces caemos presa del concepto equivocado de que Juan Sin-iglesia ya analizó la fe cristiana, consideró en serio sus principios y basado en la razón llegó a la conclusión de que sencillamente no es verdad.

Creemos que su estilo de vida es una opción deliberada que él ha tomado luego de analizar y rechazar cuidadosamente la opción cristiana. Como resultado, cuando comenzamos a hablarle, asumimos erróneamente que está más avanzado en procesar el cristianismo de lo que realmente está.

La verdad es que, en muchos ejemplos, Juan es un analfabeto en materia de cristianismo. Aunque posiblemente tenga una Biblia, lo más probable es que nunca haya hecho un esfuerzo honesto de leerla y entenderla. Él no sabe distinguir a Moisés de Pablo, ni a Abraham de Pedro. Está lleno de informaciones erróneas como por ejemplo, que la Biblia dice que la tierra tiene 10,000 años o que las Escrituras están repleta de contradicciones.

La mayoría de los norteamericanos ni tan siquiera pueden decir el nombre de los cuatro Evangelios; seis de cada diez no saben quién dio el Sermón del Monte.[20] Cuando a los no-cristianos se les preguntó si sabían por qué los cristianos celebran la Pascua, el 46% dio una respuesta equivocada.[21]

Su visión de la teología cristiana a menudo es distorsionada y errática, quizá una mezcolanza de la Nueva Era injertada en viejas lecciones de la Escuela Dominical. ¡Son increíbles las invenciones teológicas que la gente puede invocar!

Cuando hablo con personas sin iglesia, a menudo me asombra la naturaleza elemental de los asuntos que plantean. Yo estoy todo listo para debatir diez razones por las cuales los relatos de la resurrección de Cristo son confiables históricamente y ellos me preguntan: «¿Y quién era ese Jesús?»

La clave es: *no asumas nada.* Cuando hables con los Juanes Sin-iglesia siempre permíteles darte su versión de qué se trata el cristianismo. Toma tiempo para calibrar su nivel de conocimiento. Estáte atento a cualquier información errónea. Pídele que defina las palabras que utiliza ya que para ti y para él «pecado» y «gracia» pueden tener significados completamente diferentes. Después de investigar amablemente la base de su conocimiento, estarás mejor capacitado para comenzar a hablar con él acerca de Cristo en un nivel adecuado. Tal vez hasta descubras que él ya está de acuerdo con algunas doctrinas cristianas básicas de las cuales tú has tratado de convencerle que son ciertas.

Pero es importante comprender algo más acerca de Juan: En muchos casos él ni tan siquiera tiene una idea clara de lo que sí cree. Un estudio mostró que el 51% de los norteamericanos ¡no tienen filosofía de la vida![22]

Muchas veces he visto que Juan nunca ha pensado detenidamente en su sistema de creencias como para ser capaz de expresarlo o defenderlo. A veces parece que estuviera inventando sus creencias mientras me las dice. Escucha lo que dice este residente de Denver, de 24 años, acerca de su filosofía de la vida:

> En una clase de psicología una vez me preguntaron cuál es el significado de la vida. Era un examen que debía durar cuatro horas y yo lo terminé en quince minutos. (Risas.) El profesor había presentado la pregunta: «¿Qué es la vida?» Bueno, yo estaba ahí sentado, miré un poco a mi alrededor y lo dije con otras palabras: «La vida es

todo». Lo entregué y saqué sobresaliente. Piénsalo para que veas, la gente hablando de la composición química de una mesa o de un árbol... la vida es todo. Todo lo que conocemos es vida.

Para mí hay unidad, supongo, con la naturaleza (no quiero parecer una persona alternativa al decir esto), pero todo vuelve a la naturaleza. Cuando esquío tengo la sensación que en ese momento soy uno con quienquiera que haya creado esa montaña específica.[23]

No es exactamente una filosofía de la vida completamente integrada y bien desarrollada. Sin embargo, a menudo ese es el tipo de respuesta que recibo, con diferentes grados de complejidad, cuando le pregunto a Juan por sus creencias.

De hecho, uno de los enfoques evangélicos más efectivo que he aprendido es pedirle a Juan que describa lo que él cree acerca de Dios y luego dejarle hablar. Y hablar. Y hablar. Escucho con interés y pido detalles y lo insto a que profundice más y le pido que defina las palabras que está utilizando.

Mira, él nunca ha expresado con palabras, con ninguna profundidad, lo que él cree y al describir su visión de Dios y de la vida, hasta para él mismo comienza a sonar endeble y lleno de clichés. Puede que por primera vez se dé cuenta que no sabe tanto como pensaba.

Entonces le pregunto cuál es su fuente de verdad. En otras palabras, ¿de dónde sacó su punto de vista? A veces fue un amigo que le habló de la reencarnación o vio en la televisión un programa sobre técnicas de meditación, o leyó un libro de Shirley McLain o un artículo sobre el Islam.

Luego le pido que evalúe la veracidad de esa fuente de verdad. Si él va a sujetar su eternidad de esta fuente de información acerca de Dios, entonces debe asegurarse de que sea confiable. A menudo, solo hacer la pregunta correcta puede ayudar a Juan a reconocer que su teología personal descansa en un cimiento débil.

Finalmente lo ayudo a ver el firme cimiento sobre el que se

basa el cristianismo. Tenemos una fuente de verdad que puede defenderse históricamente, documentada desde el punto de vista arqueológico, que se basa en relatos de testigos presenciales, respaldada por escritos independientes y cuya naturaleza sobrenatural se estableció mediante profecías cumplidas y por millones de vidas transformadas.

Por lo general, Juan es mucho más receptivo para hablar acerca de las bases del cristianismo después que ha comprendido que sus propias creencias personales no están tan bien desarrolladas o apoyadas como él solía pretender.

Observación #5: Juan tiene preguntas genuinas acerca de asuntos espirituales pero, no espera recibir respuestas de los cristianos.

Era judío, comediante de profesión y me abordó después que yo participara en un panel de discusión acerca de la credibilidad del cristianismo. En un tono un tanto acusatorio y agresivo comenzó a aporrearme con desafíos sobre la resurrección de Cristo.

Mientras íbamos y veníamos con preguntas, respuestas y afirmaciones categóricas, nuestro encuentro se fue acalorando. Nuestras voces se hicieron más fuertes y un grupo se reunió a nuestro alrededor. De hecho, un agente del FBI fuera de servicio trató de separarnos porque pensó que íbamos a meternos en una pelea.

Media hora más tarde, el comediante me dió su mano en un gesto amistoso.

—Gracias por estar dispuesto a discutir conmigo —me dijo—. Realmente aprecio que usted haya defendido lo que cree.

—¿Qué quiere decir? —le pregunté.

—He ido a muchos sacerdotes, pastores y ministros y cuando presento un argumento en contra de la resurrección, sencillamente se sonríen y dicen: «¡Tienes razón! Es un buen argumento», y se van. No defendieron lo que creen y eso me enojaba. Si iban a enseñarlo, ¿por qué no lo defendían? Empecé a preguntarme si alguien creía lo suficiente en esto del cristianismo como para discutirlo.

Me disculpé por haberme exaltado tanto durante nuestro debate, pero él dijo:

—No, eso es lo que yo necesitaba. *Necesitaba* discutir sobre esto.

Y dijo que ahora estaría dispuesto a buscar respuesta más calmadamente.

Juan Sin-iglesia tiene muchas preguntas acerca del cristianismo y estas merecen respuestas. Cualquiera que sea la naturaleza de su investigación, incluso si parece frívola o elemental, debe considerarse válida si está dificultando su peregrinaje espiritual.

Pero, lamentablemente, muchos Juanes miran a las iglesias y se imaginan que en la entrada hay un letrero que dice: *No se permiten preguntas.* Como vociferó el pastor de una iglesia fundamentalista de Texas precisamente antes del llamado al altar: «¡No tienes preguntas que hacer; lo que tienes que hacer es tomar una decisión!»

La iglesia debiera ser un lugar donde las preguntas sean bienvenidas e incluso donde se estimulen. Cuando Juan Sin-iglesia percibe que se respetarán sus objeciones y que se les darán respuestas basadas en la razón, está mucho más dispuesto a darle una oportunidad a la iglesia.

Ed Dobson lo ha demostrado en Grand Rapids, Michigan, donde su iglesia decidió mantener los cultos tradicionales de los domingos pero añadir un culto los sábados por la noche para la gente que ande buscando. Desde el comienzo, una característica importante de esos servicios ha sido que Ed, usando ropa informal y sentado en una banqueta, responde a cualquier pregunta escrita que formulen los asistentes. Las preguntas van desde: «Soy homosexual. ¿Eso está bien?» a «¿Nos castiga Dios con pruebas y tribulaciones?»

Cada semana su servicio de alcance en la iglesia Calvary Church, que se anuncia en vallas por toda la ciudad, atrae a cientos de personas que evitarían la «iglesia normal». Este tipo de alcance es efectivo porque Juan Sin-iglesia se imagina un letrero afuera que dice: *Sus preguntas son bienvenidas.*

De la misma manera, cuando estás interactuando con Juan Sin-iglesia a nivel personal, la manera en que respondes a sus preguntas es sumamente importante. Muchas veces, la primera pregunta que él hace es una especie de «globo de prueba». Él quiere ver si te vas a reír de él, si lo vas a menospreciar por su ignorancia, si vas a desechar su pregunta por ser trivial o si la vas a tomar en serio.

Así que las preguntas iniciales no son las que ocupan el primer lugar en su mente, son solo aquellas que se siente más seguro de expresar. Si tú le das validez a su derecho de plantear asuntos y respondes con sinceridad, él estará más dispuesto a profundizar más y a preguntar sobre los temas que realmente están obstaculizando su peregrinaje espiritual.

Ha habido ocasiones en las que he estado hablando con Juan Sin-iglesia y a modo de introducción él ha dicho: «No te vayas a reír de mi próxima pregunta». Esa es su manera de decir: «Voy a hacerme vulnerable ahora y preguntar algo que podría hacerme parecer tonto. Así que déjamelo pasar». A menos que lo hagas sentir cómodo, nunca llegará a las preguntas que realmente le están causando dificultades.

Una manera en la que yo hago legítimo el proceso de investigación es asegurarle a Juan desde el comienzo: «Estás haciendo exactamente lo que Dios quiere que hagas. Él honra a aquellos que con sinceridad lo investigan. La Biblia dice en Hebreos 11:6 que Dios "recompensa a quienes lo buscan". Así que debes tener confianza; estás haciendo lo correcto al hacer cualquier pregunta que tengas en tu mente».

Observación #6: Juan no pregunta sencillamente: «¿El cristianismo es verdad?» A menudo su pregunta es: «¿Funciona el cristianismo?»

Estuve conversando con un líder cristiano de una gran universidad del centro del país y él me contaba cómo sus alumnos habían cambiado en las últimas décadas. «En este tiempo los muchachos no preguntan: "¿Qué es verdad?" Eso era lo que preguntaban en los años 60. Ahora preguntan: "¿Qué me puede ayudar a tratar mi dolor?" Pareciera que cada muchacho que enseño proviene de una familia disfuncional y está tratando de procesar el dolor».

Con el tiempo, ha evolucionado la naturaleza de las preguntas de Juan. Para muchos, especialmente para la generación más joven, la verdad no es un problema porque ellos están convencidos de que todos los puntos de vistas religiosos son igualmente válidos. Es la conocida frase: «Tú tienes tu verdad y yo tengo la mía».

Necesitamos ayudar a Juan a entender la verdad absoluta e invariable de Cristo, pero también debemos explicarle que prácticamente Cristo está disponible a ayudarlo a sanar sus heridas y a lidiar con la vida cotidiana. Necesitamos comunicar que el cristianismo no es solo para el mañana de su eternidad sino también para el hoy de su vida.

Esto lo he comentado extensamente con Martin Robinson, un astuto observador del ámbito religioso británico. Hace poco él hizo esta observación con respecto a Gran Bretaña, aunque sin dudas también se aplica al mundo occidental:

En una época la pregunta más importante de nuestra sociedad era: «¿Esto es cierto?» Esa es la pregunta para la cual está diseñada la mayoría de la apologética cristiana. «¿Es verdad que Jesús resucitó de entre los muertos?» «¿Es precisa la Biblia?», etc. Sin embargo, el impacto del secularismo es tal que ya muchos no hacen esa pregunta en el campo de la moral y la fe. Se asume que ya que toda la fe y la ética están con firmeza en el campo de la opinión y ya que todas las opiniones son igualmente válidas, lo único que realmente importa es si funcionan o no: «¿Funciona?» es la pregunta que surge una y otra vez. No importa si la fórmula sugerida se deriva del hinduismo, del budismo, de las ciencias ocultas o del cristianismo; la pregunta fundamental es: «¿Funciona?»[24]

Gary Collins y Timothy Clinton hicieron un comentario similar con relación a los nacidos a fines de los sesenta y principios de los setenta, la generación que le siguió a la nacida en la posguerra en los Estados Unidos:

Aprendieron a esperar que sus necesidades fueran satisfechas, que se les proveería trabajo, que habría dinero disponible y que los problemas se solucionarían. El resultado es una generación de adultos jóvenes que quiere y espera todo de inmediato. Hay que vivir la vida en el presente. Hay muy poca conciencia de una filosofía que dice que debemos hacer planes de largo alcance o trabajar duro para que mañana las cosas sean mejores. Esta es una generación del «ahora» que tiene poco interés en cualquier religión que hable de sacrificios, del cielo o de un «feliz más allá». Quieren oír de una fe que funcione ahora y que produzca resultados inmediatos.[25]

Entonces nuestro desafío es ayudar a esta nueva generación de Juanes Sin-iglesia a entender que el cristianismo sí funciona, es decir, que el Dios de la Biblia nos ofrece sabiduría sobrenatural y ayuda en nuestras luchas, dificultades y recuperación de nuestras heridas pasadas.

Pero necesitamos comunicar que la *razón* por la cual funciona es porque es *verdad*. Debido a que Cristo, en un momento de la historia, tuvo poder para vencer la tumba, nosotros tenemos acceso a ese mismo tipo de poder sobrenatural para hacer frente a las dificultades que enfrentamos día tras día. Y porque la Biblia es la revelación de Dios a su pueblo, esta contiene un tipo de ayuda práctica y eficaz que los simples filósofos humanos no pueden igualar.

En otras palabras, hay causa y efecto: la «causa» es que el cristianismo es verdad y que hay evidencia histórica bien fundada para apoyarlo; el «efecto» o resultado es que el cristianismo funciona y que hay millones de cristianos que darían fe de eso.

Algunas personas se confunden en este aspecto. Creen que

si hay algo que parece funcionar, entonces debe basarse en la verdad. Por ejemplo, una prominente adoradora de la naturaleza, del norte de California, dice que ella no quiere darle a un venado mientras maneja por la noche así que:

> Al sentarse en su carro se imagina que una luz azul gira alrededor de su auto tres veces a favor de las manecillas del reloj, entonces ella salmodia en silencio: «Tres veces alrededor, tres veces por todas partes/Un mundo adentro, un mundo afuera». Luego añade una oración silenciosa a Artemisa, la diosa de la caza para «que proteja a los venados y les diga que voy en camino. Me imagino que esto es un sistema psíquico de alarma». Anne cree de todo corazón en esta práctica. «¡Funciona!», dice ella. «Tengo una amiga que ha golpeado a doce venados en cinco años. Yo nunca he golpeado a uno».[26]

¿Ves cómo el pensamiento confuso puede llevar a conclusiones falsas? Llegar a la conclusión de que un sistema de creencias es válido, basado en no chocar con unos pocos venados, pone la lógica de cabeza. En lo que respecta al cristianismo, no decimos que sea verdad porque funciona; decimos que el cristianismo es verdad y por lo tanto funciona.[27]

Así que los cristianos necesitan seguir reuniendo evidencias arqueológicas, proféticas y demás, de que Jesús es el unigénito Hijo de Dios, pero no debemos detenernos ahí. Debemos estar listos para dar el próximo paso y decirle a Juan que ya que eso es verdad, hay implicaciones significativas para su vida actual, para su matrimonio, para sus amistades, su profesión, su recuperación del dolor pasado, etc.

Observación #7: Juan no solo quiere saber algo, él quiere experimentarlo.

Cuando Rex era un joven adolescente, comenzó a preguntar: «¿Existe o no existe un Dios? ¿Y qué es lo primordial, el plan de juego o el propósito de la vida?» Leyó libros y habló con sus amigos y con adultos en búsqueda de respuestas, no obstante, seguía insatisfecho. Después que falló su exploración intelectual, buscó la verdad por medio de experiencias.

Para él eso significó de 100 a 150 tirillas de LSD, comenzando en 1966 cuando tenía quince años. «Y yo diría que aquellas experiencias han tenido una profunda influencia en cuanto a mi visión del mundo», dijo él.

Hoy Rex es un ateo y dice que solo toma sus decisiones morales «sobre la base del principio del placer».[28]

Para muchos Juanes Sin-iglesia que están en un peregrinaje espiritual, la experiencia, no la evidencia, es su medio de descubrimiento. Para Rex, fueron experiencias con la droga y lo llevaron a un territorio oscuro. Sin embargo, muchos otros están en una búsqueda constructiva y positiva de una experiencia personal con Dios.

«Queremos, como generación, pasar de las discusiones filosóficas sobre las religiones a la experiencia verdadera de Dios en nuestras vidas», dijo Doug Murren, experto en la generación de la posguerra. «El corazón de la gente nacida en la posguerra, como cualquier corazón humano, siempre ha clamado por una experiencia personal con Dios».[29]

De hecho, una de cada cuatro personas sin iglesia dicen que ya han tenido una «perspectiva o despertar religioso particularmente poderoso».[30]

El objetivo del evangelismo debiera ser llevar a Juan Sin-iglesia a un encuentro personal *con* Dios, no solo a meramente transmitir información *acerca* de Dios. Realmente Juan quiere conocer a este Jesucristo del que estamos hablando; quiere percibir el consuelo y el poder del Espíritu Santo.

Murren condena abiertamente la esterilidad de muchos cultos de iglesias en los que no se percibe la presencia de Dios y en gran medida atribuye el crecimiento de las comuniones pentecostales y carismáticas al hecho de que «su teología es amiga de las experiencias espirituales».[31]

Yo lo veo de esta manera: *Si* el cristianismo es verdad, *si* Jesús es real y *si* él sí se sacrificó por nuestro pecados, entonces, ¿cómo esperarías tú que fueran los cultos en las iglesias?

No esperarías que fueran acartonados, viejos y ceremoniosos; ¡esperarías que fueran sinceros, estimulantes y animosos!

Si Cristo está vivo, su iglesia no debe estar muerta. Debemos ir allí con la expectativa de realmente encontrarnos con Dios.

Así que si mantenemos nuestros cultos sintonizados con Dios, animando al Espíritu Santo en oración para que esté activo y nos empeñamos en relacionarnos con Dios de maneras creativas, somos más propensos a crear un ambiente propicio para la búsqueda de Juan de una experiencia personal con él.

Observación #8: Juan no quiere ser el proyecto de alguien, le gustaría ser el amigo de alguien.

¿Alguna vez has tenido una «amistad» con compromisos? En otras palabras, sientes que la persona seguirá siendo tu amiga solo si sigues haciéndole favores, si juegas golf con él una vez a la semana o si le das consejos profesionales gratis. Estas relaciones son intrínsecamente inseguras y, con el tiempo, inevitablemente sale el resentimiento a la superficie.

Es así como se siente Juan Sin-iglesia cuando nuestra conducta sugiere que la razón principal por la cual somos su amigo es porque queremos convertirlo. Quizá no lo llamemos después que rechazó la invitación que le hicimos para asistir a un desayuno de los hombres en la iglesia. O quizá escucha que cuando nos reunimos con nuestros amigos cristianos para hablar de nuestros esfuerzos de evangelismo, revelamos detalles privados de su vida personal.

Después de un rato, Juan se siente como si fuera un estudio. Al fin y al cabo, si esto fuera una amistad *verdadera*, basada en la afinidad y en los intereses mutuos, la preocupación del uno por el otro y en guardar las confidencias, no dependería de si tenemos éxito llevándolo a Cristo.

Esto puede ser un lado negativo del evangelismo relacional a menos que el cristiano decida desde el principio que su amistad con Juan será auténtica e incondicional. Es decir, la actitud del cristiano debe ser interesarse genuinamente por Juan como amigo, aparte de su progreso espiritual.

Verás, Juan tiene sed de amistades íntimas. Él anhela con desesperación tener un confidente que se interese en él. De hecho, hay una diferencia entre Juan y María Sin-iglesia: *Es Juan quien más desesperadamente busca relaciones significativas y quien está menos capacitado para encontrarlas.*

«Las mujeres hacen amistades con más facilidad que los hombres», dijo David W. Smith en su libro *Men Without Friends* [Hombres sin amigos]. «Ellas establecen y sostienen relaciones a niveles más cualitativos que los hombres».[32] Daniel Levinson, investigador de ciencias sociales, lo dice sin ambages: «Los hombres norteamericanos rara vez experimentan una amistad íntima con un hombre o con una mujer».[33]

Smith describe varios factores que impiden que los hombres formen y sostengan relaciones con otros hombres, incluyendo el hecho de que siendo jóvenes a la mayoría se les animó para que suprimieran sus emociones, que fueran competitivos, que se guardaran sus necesidades y deseos personales y que admiraran modelos de conducta que fueran independientes e impersonales.[34]

El hecho de que en nuestra cultura acelerada no permanecemos suficiente tiempo en un mismo lugar como para echar raíces relacionales profundas, aumenta estas dificultades. El norteamericano promedio se muda catorce veces en su vida y cada década se muda cerca de la mitad de la población de la ciudad promedio.[35]

Como resultado, los hombres se mueren por tener comunión con otros. Así que dos de los pasos de evangelismo más persuasivos que podemos dar son:

- Demostrar el amor incondicional de Cristo en nuestra relación con Juan;
- Hacerle saber las relaciones ricas y profundas que pueden existir entre dos hombres que tienen a Dios en común.

La Biblia tiene numerosos ejemplos de amistades íntimas

entre hombres. Jesús realizó su ministerio en comunidad con doce hombres y tuvo una relación aun más estrecha con Juan, Pedro y Santiago. David y Jonatán tenían «una amistad entrañable».[36] Pablo estaba tan unido a Timoteo que le llamaba «mi verdadero hijo».[37] La Biblia define a un amigo verdadero como la persona que es «más fiel que un hermano».[38]

Alguien dijo una vez que la profundidad de una amistad la determina la profundidad de lo que tienen en común. Si el lazo común es un interés en el tenis, es muy probable que tengan una relación superficial. Lo que yo he descubierto en mi propia vida es que cuando el lazo común es Jesucristo, hay potencia para una amistad profunda y duradera en la que se está unido en el alma.

Lamentablemente, como observaba Smith, la iglesia moderna a menudo es «un lugar donde los cristianos viven solos juntos».[39] En lugar de ser lugares de verdadera comunidad, demasiado a menudo son lugares de conflicto o superficialidad, donde se quebranta el mandamiento bíblico para los cristianos de llevar «los unos las cargas de los otros» y así «cumplir «la ley de Cristo».[40]

Esto es importante: *Corremos el riesgo de repeler a Juan Sin-iglesia a menos que él vea en nuestras iglesias el tipo de comunidad auténtica, de responsabilidad honesta, de perdón que se ofrece libremente y del cuidado mutuo que exigen las Escrituras.* Ese es un desafío que debe tratarse, modelarse y enseñarse a todos los niveles de liderazgo de cada iglesia.

Al fin y al cabo, esos elementos son fundamentales para lo que significa ser cristiano. Los líderes de la iglesia harían bien en considerar la analogía que hace, en la que iguala la vida cristiana a un crucigrama:

«Hasta que tanto las líneas verticales como las horizontales no estén terminadas, el crucigrama está incompleto. Conocer al Señor Jesús implica no solo una dimensión vertical con el Dios viviente sino también relaciones horizontales dentro de la familia de Dios. El resultado es una simetría hermosa. Al permanecer en Cristo, yo soy capaz de amar a los demás creyentes. Al amarlos, yo permanezco más profundamente en el amor del Padre. Al permanecer más profundamente, yo amo más profundamente y así continúa».[41]

A nivel práctico, la introducción de los grupos pequeños en la iglesia puede crear grandes oportunidades para que los cristianos profundicen más unos con otros. Cuando Juan vea que sus amigos cristianos se benefician al tener comunión unos con otros, él se sentirá atraído hacia la iglesia.

La actitud de Juan se suaviza considerablemente cuando él no ve la iglesia como una institución sino como una comunidad compasiva donde sus anhelos relacionales pueden satisfacerse.

Sin embargo, la otra cara de la moneda también es verdad. Como veremos en el próximo capítulo donde ofreceré algunas observaciones adicionales, la opinión de Juan acerca de la iglesia disminuye cuando él apenas la ve como otra institución imponente e impersonal de la sociedad.

5

Cómo comprender a tus amigos sin iglesia, Parte II

Los norteamericanos están hartos.

Están cansados de políticos que no cumplen las promesas, de empresarios que hacen trampas, de evangelistas que explotan, de periodistas que tergiversan, de líderes militares que gastan el dinero de los impuestos y de líderes sindicales que siguen exigiendo más.

Muchos norteamericanos tienen dudas con respecto a las mismas instituciones y liderazgo que solían engendrar una lealtad automática en sus abuelos. De hecho, el número de personas que expresan mucha confianza en varias instituciones —incluyendo el Congreso, el poder ejecutivo, las escuelas, el ejército, los medios de comunicación y el trabajo organizado— disminuyó considerablemente entre 1973 y 1989.

Pero el mayor deterioro ha estado en las actitudes hacia la religión organizada. El número de norteamericanos que expresa mucha confianza en las instituciones religiosas bajó al 55% durante estos años. En 1989, aproximadamente una de cada cinco personas confesaba tener confianza suficiente en la religión organizada.[1]

«Los norteamericanos creen, en sentido general, que nuestros actuales líderes políticos, religiosos y de negocios nos han fallado lamentable y completamente», señalaron James

Patterson y Peter Kim en *The Day America Told the Truth* [El día que Norteamérica dijo la verdad].[2]

O como lamentara Church Lady [personaje de la serie televisiva que se menciona a continuación] en *Saturday Night Live*:

«Estamos viviendo tiempos de prueba: ¡todo el mundo está probándolo todo y quedando atrapado!»

Pero no todo está perdido. Considera esta idea:

Observación #9: Quizá Juan desconfíe de la autoridad, pero es receptivo al liderazgo bíblico auténtico.

Verás, los mismos fallos que han hecho que los norteamericanos pierdan todo el interés en las instituciones nacionales más importantes: el engaño, la avaricia, la arrogancia, la autopromoción y el abuso de poder, también son la antítesis del liderazgo bíblico y cuando Juan Sin-iglesia ve que el liderazgo de una iglesia vive los valores contrarios, hay muchas posibilidades de que él no los mida con la misma vara de desdén.

Es muy probable que él responda de manera positiva a aquellos que sean responsables y abiertos en sus relaciones financieras; que lleven un estilo de vida moderado; que tengan una conducta humilde; que sean modestos con respecto a sus logros y que utilicen su influencia para servir a las personas necesitadas.

En otras palabras, líderes que sigan el ejemplo de Cristo. Jesús fue el líder por excelencia, él mostró una humildad constante. Dijo que «no había venido a ser servido, sino a servir»[3] y vivió acorde a ese principio al lavar los pies de los discípulos e incluso al ir a la cruz a pagar por nuestros pecados.

«El cultivo del amor y de su temperamento, la honestidad, es esencial para el líder que se parece a Jesús porque estas son características que no se encuentran a menudo entre los mal llamados líderes que no se parecen a Cristo», dijo el experto en liderazgo John Haggai. Él dijo que los líderes deben «seguir el ejemplo de Cristo en las relaciones personales al evitar el elitismo, la intolerancia, la distinción de clases y la auto-promoción».[4]

Por regla general, Juan prefiere los líderes prácticos y directos, aquellos que no insisten en tener «Doctor» o «Reverendo» delante de sus nombres, que no tienen un espacio personalizado para estacionarse en un lugar excelente y que los domingos no se distinguen de los demás cuando se ponen una toga. Para muchos Juanes, especialmente los nacidos en la posguerra y los de la década del sesenta, esos atavíos huelen a elitismo y en algunos casos, a arrogancia.

Y por cierto, Juan no solo está escudriñando a los ministros «profesionales». Si estás sirviendo como líder laico en tu iglesia, él también tiene sus ojos puestos en ti. Él quiere ver si tú eres diferente de esos líderes altivos de otros sectores de la sociedad. Si no lo eres, le estarás dando una excusa más para mantenerse alejado de la iglesia.

Pero los líderes bíblicos, aquellos que dirigen porque tiene deseos de servir, no solo atraerán a Juan, es posible que hasta lo inspiren.

Observación #10: Juan ya no es leal a las denominaciones sino que lo atraen los lugares donde se satisfagan sus necesidades.

Desde que yo me casé he tenido un Toyota, un Nissan, un Chrysler, un Chevy, un Mazda, un Oldsmobile, un Volkswagen y, lamento decirlo, esa vergüenza estética, el Pacer de American Motors. (Sí, el mismo modelo que manejaban Wayne y Garth en *El mundo de Wayne*.)

Cuando se trata de autos, no me interesa tanto la marca o el modelo como me preocupa tener un vehículo que satisfaga mis necesidades a un precio que yo pueda pagar. Incluso, cuando el gobierno nos estaba amonestando a todos para que compráramos autos norteamericanos, yo me sentí tentado a comprar un modelo japonés porque me convenía más.

Madison Avenue lleva años diciendo que en esta cultura dominada por el consumidor, ya se acabó la época de lealtad a las marcas. Ahora la lealtad a la denominación también está flaqueando.

Entre las veinte razones de la disminución de la lealtad a la denominación que cita el asesor de iglesias Lyle Schafler se encuentran:

- El brusco incremento de matrimonios entre personas de religión diferente desde 1945;
- El aumento del ecumenismo que ha hecho que las denominaciones parezcan arcaicas;
- El despojo de las viejas lealtades según las personas se han vuelto de movilidad social ascendente;
- La decisión de alguno líderes denominacionales de hacer declaraciones públicas que han alienado a los miembros;
- Las fusiones denominacionales desde 1950 y el hecho de no engendrar nuevas lealtades;
- La proliferación de organizaciones paraeclesiásticas que «atrapan la lealtad de los miembros de denominaciones que tal vez no ofrezcan algo igualmente atractivo».
- El surgimiento de iglesias independientes de gran notoriedad que ofrecen programas de alta calidad.[5]

Hoy, Juan Sin-iglesia es un comprador de comparación, incluso en el área espiritual. El hecho que fuera confirmado como luterano todavía puede ejercer cierta influencia en la iglesia que él pruebe, primero cuando esté listo para regresar, pero en primer lugar en su mente hay asuntos de calidad, creatividad y relevancia con respecto a las necesidades que él siente. Si los encuentra en algún otro lugar, es ahí adonde probablemente él irá.

Incluso está dispuesto a saltar de una denominación a otra y regresar de semana en semana para sacar provecho a programas específicos que le ofrecen ayuda práctica para su vida diaria. El diez por ciento de los adultos en la actualidad está saltando así de una iglesia a otra; para el año 2000, una de cada cuatro personas puede estar dividiendo así su lealtad y sus donativos.[6]

Últimamente he observado una creciente hostilidad entre las personas sin-iglesia con respecto a la idea de las denominaciones. Parecen ver la existencia de estas como una ilustración de la tendencia a la división dentro de la iglesia más amplia. Algunos ven el concepto de unas lejanas oficinas centrales que ejercen control sobre una congregación local como una analogía del Congreso mandando en las ciudades, ¡y tú sabes cómo la gente ve al Congreso en estos tiempos!

Yo trato de mantenerme fuera de temas denominacionales cuanto estoy tratando con una persona sin-iglesia. En lugar que él compare las posiciones doctrinales de varias denominaciones, como quieren hacer algunos Juanes, lo insto a determinar lo que la Biblia enseña y que luego escoja una iglesia cuyas creencias sean consecuentes con eso. Eso tiende a mantenerlo al hilo con la idea principal en lugar de quedarse empantanado con matices doctrinales menos significativos.

Estas son algunas de las implicaciones que tienen las iglesias denominaciones al alcanzar a Juan Sin-iglesia:

• No cuentes con una apelación a sus latentes vínculos denominacionales para traerlo de vuelta a la iglesia. Él responderá mucho mejor a una invitación a un programa o actividad específico que satisfaga sus necesidades.

• En ciertos casos las iglesias deben considerar eliminar de su nombre su afiliación denominacional. Por ejemplo, mientras que el nombre *bautista* pudiera ser una atracción en el Sur, donde el 45% de los residentes tienen una impresión muy favorable de esa denominación, es un elemento disuasivo en los estados de las Montañas Rocosas donde solo el 6% tiene una actitud positiva hacia este.

La iglesia luterana solo tiene un 8% de «muy favorable» en el Sur, pero un 21% en la región central. El nombre presbiteriano no tiene buena puntuación entre los solteros o los jóvenes; al título metodista le va mejor en zonas predominantemente negras que entre los hispanos.[7]

Algunas iglesias denominacionales han comenzado a utilizar «iglesia comunitaria» en sus nombres, algo que por lo general Juan recibe bien ya que este sugiere participación local y vínculos comunitarios.

- Las denominaciones deben guardarse de la dependencia tradicionales de ministerio y en su lugar, dar libertad a los miembros para que promuevan vanguardistas diseñados para las necesidades específicas de Juan. A las personas con iniciativa empresarial se les debieran dar recursos y autonomía suficiente para que inicien nuevas congregaciones en las que puedan experimentar con diferentes paradigmas para alcanzar a Juan.
- Debe animarse a las iglesias locales para que entiendan a Juan Sin-iglesia en su propia puerta para que puedan responder rápida y certeramente a sus necesidades en lugar de depender de señales de la jerarquía denominacional.
- A las congregaciones tradicionales hay que darles un empujón para que sean más «amistosas con los visitantes» en su adoración y para que periódicamente desarrollen actividades adecuadas de alcance y cultos especiales a los que sus miembros puedan traer a sus amigos sin-iglesia.
- Borrar la línea entre el laicado y los ministros «profesionales» sería un desarrollo positivo para Juan a quien el «elitismo» lo irrita y por lo general cree en la participación a nivel de la base en las organizaciones.
- Los valores que atraen a Juan Sin-iglesia, como por ejemplo: la excelencia, la creatividad, la autenticidad, la relevancia, la participación significativa del laicado y un liderazgo servidor, debieran modelarse y posibilitarse desde los niveles superiores de la estructura denominacional.
- La actitud: «Así es como lo hemos hecho siempre», necesita convertirse en: «¿Qué podemos mejorar para satis-

facer más necesidades y alcanzar a más personas con el evangelio?»

Observación #11: Juan no es muy dado a ser miembro, pero tiene sed de una causa con la cual se pueda relacionar.

Era el año 1983, y Steve Jobs, el enérgico visionario de Apple Computers, necesitaba un ejecutivo de talla internacional que se ocupara a diario de llevar las riendas de su floreciente compañía.

En una pregunta que ha pasado a la historia de los negocios, él miró directamente a los ojos a John Scully, el ejecutivo de Pepsi-Cola y le preguntó: «¿Quieres pasar el resto de tu vida vendiendo agua azucarada o quieres tener la oportunidad de cambiar el mundo?» Scully firmó para cambiar el mundo.[8]

Hay millones de Juan Sin-iglesia que también quieren cambiar el mundo. Quieren dejar una huella. Quieren marcar una diferencia. Se sintieron inspirados cuando John Kennedy dijo: «No preguntes lo que tu país puede hacer por ti; pregunta qué puedes hacer tú por tu país». Sus espíritus resonaron cuando Martin Luther King, Jr., declaró: «Tengo un sueño».

Eso es cierto, especialmente en el caso de los nacidos en la posguerra, muchos de los cuales estuvieron involucrados en los movimientos antibelicistas y de integración racial de la década de 1960. Desde entonces, a pesar de las largas temporadas de desilusión, su veta idealista permanece intacta en su mayor parte.

Tienen sed de una causa en la que puedan creer. Cuando los encuestadores les preguntaron a los norteamericanos si estarían dispuestos a dar dos semanas al año para abordar algunos de los problemas más serios del país, casi seis de cada diez dijeron: «Anótame».[9]

«Los años noventa estarán marcados por cruzadas morales muy personalizadas», predijeron James Patterson y Peter Kim, señalando el movimiento del medio ambiente como el primer ejemplo. «Muchos de nosotros ansiamos hacer lo correcto pero sentimos que no hay una vía de expresión por medio de nuestras instituciones».[10]

Un número significativo de Juanes Sin-iglesia regresaría a la iglesia si creyeran que esta es una institución por medio de la cual puede lograrse un cambio social importante. De hecho, cuando a la gente sin-iglesia se le preguntó que les atraería más, la segunda respuesta más común (después de una mejor predicación) fue que la iglesia se involucrara más en su comunidad.

«Las personas mencionaron el activismo social como una función clave de la iglesia: ayudar a los pobres y a los nece-sitados, ofrecer educación, atacar los prejuicios y la opresión, proporcionar ayuda financiera y material a las víctimas de de-sastres, etc.», dijo George Barna, quien realizara el estudio.[11]

La encuesta de George Gallup descubrió que casi una de cada cinco personas sin-iglesia decían que irían a una iglesia que «tomara en serio trabajar por una sociedad mejor».[12]

En efecto, esto encaja bien con la misión de la iglesia. Jesús les enseñó a sus seguidores que proveyeran para los necesi-tados, que defendieran a los pisoteados y que se enfrentaran a la opresión y Juan está diciendo que ese es un plan que podría atraerlo a la iglesia. Aunque las motivaciones de Juan podrían estar manipuladas, su objetivo principal al ayudar a otros puede provenir de un deseo egoísta de sentirse bien consigo mismo, al menos estar dispuesto a participar. Y si lo hace, este tipo de acción social proporciona una manera de comunicarle los valores bíblicos y el evangelio.

Cuando una iglesia patrocina proyectos de acción social, como renovar las casas de los pobres o dar comida a los ham-brientos el Día de Acción de Gracias, crea una oportunidad ex-celente para invitar al tipo adecuado de amigo sin-iglesia. Tra-bajar codo a codo para marcar una diferencia en las vidas de la gente que sufre, proporciona un ambiente maravilloso para hablar de lo que realmente tiene importancia en la vida.

Aunque Juan puede estar dispuesto a inscribirse para una

causa, sin embargo, es menos probable que se inscriba en una institución. Existe una aversión, insisto que es entre los más jóvenes, a unirse formalmente a cualquier cosa.

«Nosotros, los nacidos en la posguerra no venimos a la iglesia para hacernos miembros», dijo un pastor que también nació en esa época. «Vinimos a experimentar algo. Sí, incluso a recibir algo».[13]

En cuanto a los nacidos en la década del 1960: «Han aprendido a vivir con el cambio y con interminables ofertas. Son renuentes a hacer compromisos firmes por miedo a pasar algo por alto o a cometer un error».[14]

Para algunas personas sin-iglesia, la idea de ser miembro de la iglesia les resulta negativa. En sus momentos cínicos, Juan se pregunta: *¿Para qué quieren mi nombre en alguna lista por aquí, para así alardear de cuántos miembros tienen?* Además, la mayoría de las iglesias no son como American Express donde «los miembros tienen privilegios». Así que la actitud se vuelve: ¿Por qué voy a unirme?

Las iglesias deben esperar un galanteo largo y lento de parte de Juan Sin-iglesia, seguido de dificultades para consumar la relación. Él puede servir en una iglesia, dar a una iglesia y participar en una iglesia muchos antes de estar dispuesto a hacer un compromiso formal con Dios o con la iglesia en sí.

Los líderes de la iglesia se pueden ajustar a este fenómeno abriendo tantas oportunidades de participación como sea posible para personas que no sean miembros formales. Una vez que Juan pase la puerta, déjale involucrarse en aspectos adecuados tanto como él quiera mientras avance hasta hacer el compromiso más importante de todos, que es con Cristo.

Observación #12: Aunque Juan no sea sensible espiritualmente, él quiere que sus hijos tengan una instrucción moral de calidad.

Un día nuestro teléfono sonó y mi hija Alison contestó. La escuché facilitar cortésmente los horarios de nuestros servicios de alcance del fin de semana y luego colgó.

—¿Quién era? —pregunté.

—El señor Johnson —me contestó.

¡Yo me quedé pasmado! Cuando yo era periodista conocí a Bill Johnson (este no es su verdadero nombre). Aunque le había hablado de mi fe y había tratado varias veces de interesarlo en ir a la iglesia conmigo, él siempre encontraba excusas para no ir, pero a través de los años habíamos mantenido una relación. De hecho, a veces Alison cuidaba a su hija.

—¿Por qué estaba preguntando por los cultos de la iglesia? —pregunté yo.

—Dijo que creía que ya era hora de que Meghan, su hija, recibiera alguna instrucción religiosa —me dijo Alison—. Así que este fin de semana van a ir de visita.

Esta era la ilustración más reciente de algo que yo nunca había comprendido bien. Aparte del nivel de interés espiritual de Juan Sin-iglesia, a pesar de su propia insatisfacción con la iglesia, lo que muchas veces lo trae de regreso es la sensación de que sus hijos necesitan cierta instrucción religiosa.

Cuando los investigadores entrevistaron a quinientas personas entre las edades de treinta y tres y cuarenta y dos años, que habían sido confirmados como presbiterianos durante la década de 1950 y 1960, descubrieron que cerca de la mitad ahora eran gente sin-iglesia. No obstante, aunque ellos mismos habían dejado la iglesia, «todavía creen que la iglesia desempeña un rol válido para promover un "código moral" para la sociedad y les gustaría que sus hijos tuvieran alguna educación religiosa».[15]

En otro estudio, el 55% de los hombres sin-iglesia nacidos en la posguerra dijeron que definitivamente no tienen planes de unirse a una iglesia en los próximos cinco años, pero el 73% de ellos dijo que quieren que sus hijos reciban instrucción religiosa.[16] Otro censo descubrió que el 48% de los padres sin-iglesia ya tienen a sus hijos matriculados para recibir instrucción religiosa.[17]

No estoy seguro exactamente de qué impulsa este fenómeno aparentemente contradictorio. Quizá algunos padres solo piensan: «Si yo tuve que pasar por la confirmación cuando era niño, entonces mis hijos también deben hacerlo». O quizá los padres han sufrido las secuelas de los errores que cometieron durante los años de droga y sexo en la década del sesenta y quieren evitarles a sus hijos el mismo dolor al darles alguna orientación moral. Quizá piensan que alguna información religiosa les ayudará a vacunar a sus hijos contra el SIDA y otros peligros modernos de la vida disoluta.

En cualquier caso, esta tendencia ofrece dos oportunidades excelentes. Primero es una oportunidad para alcanzar a esos jóvenes con el evangelio, ya que los hijos son más abiertos que sus padres a los asuntos espirituales. De hecho, aproximadamente dos tercios de todos los compromisos con Cristo los hacen personas con menos de dieciocho años.[18]

Y segundo, es una oportunidad de impactar a sus padres. Esto puede ser una manera particularmente buena de hacer avances en la categoría de graduados universitarios que es tan difícil de alcanzar. Los estudios han mostrado que los padres con títulos universitarios son más propensos a buscar instrucción religiosa para sus hijos que aquellos con menos educación.[19]

Si Juan y María Sin-iglesia ven un programa de jóvenes que es relevante, dinámico y que lo dirige gente que tiene una fe auténtica, es muy probable que exploren qué programas para adultos proporciona la iglesia.

Conozco a dos padres que vienen a nuestra iglesia solo porque su hijo de seis años disfruta mucho el ministerio juvenil. «Alrededor del miércoles o el jueves, él empieza a preguntar si vamos a la iglesia el domingo», contó la madre. «No para hasta que le digo que sí». Mientras que él está con niños de su misma edad, los padres están en el servicio de adultos y están comenzando a crecer espiritualmente.

Sin embargo, el desafío es proporcionar el tipo de programa infantil de calidad que los padres de hoy esperan. *Plaza Sésame* y *Disney World* han puesto niveles altos en las mentes de los consumidores de la actualidad.

De hecho, esto es desalentador: solo uno de cada tres de los adultos que asisten a la iglesia consideran excelente el ministerio infantil de su iglesia.[20] Si la gente de la iglesia no está convencida con su programa, es muy probable que Juan y María tampoco lo estén.

Cualquier iglesia que tenga la intención de alcanzar a Juan y María Sin-iglesia, debiera evaluar honestamente su programa para jóvenes, examinándolo por el modelo de la mentalidad sin-iglesia. El factor fundamental es quién está dirigiendo el ministerio. Si la iglesia se apoya en el método anticuado de equipar su Escuela Dominical con el pastor intimidando a los miembros para que hagan su trabajo y así no haya un relajo con los muchachos, el programa nunca prosperará.

Sin embargo, cuando la iglesia ayuda a la gente a descubrir sus dones espirituales, a desentrañar aquello que los apasiona y a determinar su tipo de temperamento y luego canaliza a esa gente al ministerio infantil que Dios diseñó con ese objetivo, ¡cuidado! Lo único que la iglesia tiene que hacer es darles libertad suficiente para crear su propio mundo para los niños.

Una advertencia: Los niños sin-iglesia son bastante diferentes a los que han crecido en hogares cristianos. Un programa juvenil debe ser sensible a la vergüenza y confusión que estos muchachos sienten cuando no entienden la subcultura o la jerga cristiana.

En otras palabras, así como los servicios de alcance para los adultos hay que ajustarlos para Juan y María Sin-iglesia, la Escuela Dominical necesita modernizarse para los pequeños Gustavo y Susana Sin-iglesia.

Observación #13: Juan y María están confundidos en cuanto al rol de su género, pero no saben que la Biblia puede aclararles lo que significa ser un hombre y una mujer.

Las tendencias recientes de la sociedad han desconcertado a Juan Sin-iglesia en cuanto a qué es la masculinidad. ¿Sus modelos a imitar deben ser Phil Donahue y Alan Alda o Sylvester Stallone y Arnold Schwarzenegger? Se siente acorralado entre el movimiento feminista que lo insta a ser más sensible y el movimiento masculino que le aconseja que vuelva a sus raíces primitivas.

Para descifrarlo todo, algunos empresarios se están yendo a retiros para hombres en el campo, en los cuales...

> Se visten como aspirantes a salvajes y se encorvan sobre rocas humeantes en «saunas» improvisadas. Golpean tambores de cuero de cabra a un compás irregular, gimen como becerros engordados listos para el matadero.
>
> Estos hombres, se nos cuenta, llevan vidas de callada desesperación. Cada día se dan cabezazos con una sociedad poco amistosa que les ha arrancado su masculinidad. Al derramar sus corazones, y cubos de sudor, los unos a los otros, salen de las saunas con su hombría restaurada.
>
> Por lo menos, ese es el plan.[21]

Lamentablemente, uno de los últimos lugares que Juan considera para buscar una perspectiva acerca de su hombría es la iglesia y, sin embargo, es ahí exactamente donde pueden encontrarse las verdaderas respuestas. El modelo que Juan está buscando es Jesucristo, quien encarna el ideal masculino. Como dice Bill McCartney, el entrenador de fútbol americano de la Universidad de Colorado: «Un hombre masculino es un hombre piadoso».[22]

Cuando las iglesias comiencen a hablar de la Biblia en términos relevantes y prácticos acerca de los papeles del género, tocarán una fibra sensible en Juan. En una iglesia orientada hacia los que andan buscando, cuatro de los diez sermones más populares de 1991 trataron acerca de aclarar asuntos masculinos y femeninos. Después de un mensaje titulado: «¿Qué es un hombre?», una de cada cinco personas se detuvieron para comprar una grabación instantánea en casete para escuchar el sermón nuevamente o dárselo a otra persona.[23]

En 1980, en la iglesia Cherry Hills Community cerca de

Denver, el pastor ejecutivo, Bob Belts, comenzó a reunirse con seis hombres los martes en la mañana para debatir la masculinidad bíblica. En 1992, más de 300 atiborraban las reuniones a las 7:00 a.m. para hablar acerca del tema. «Simplemente no tenemos espacio para nadie más en el salón», dijo Belts.[24]

Las iglesias interesadas en atraer a Juan deben considerar qué programas, incluyendo los debates en grupos y los estudios bíblicos por temas, podrían comenzar para ayudarle a aclarar lo que significa ser un hombre de la actualidad. Además, cada cristiano debe estar alerta en sus relaciones con hombres sin-iglesia en busca de oportunidades para señalarles a Jesús como el ejemplo supremo de una hombría bien balanceada.

Mientras tanto, María Sin-iglesia está luchando con su identidad sexual. A menudo está haciendo un agotador acto de malabares para tratar de equilibrar su matrimonio, su familia y su profesión. Las feministas le gritan en un oído: «Puedes tenerlo todo», mientras que sus amigos de la iglesia le susurran con desdén en el otro: «El lugar de una madre es la casa con sus hijos».

Al igual que Juan, María no piensa en buscar respuestas en la iglesia. Su imagen mental de un típico ministerio de mujeres es que «no es la gente de su tipo». Probablemente estará más diseñado para asuntos de economía doméstica que para temas profesionales, y ella saldría sintiéndose más culpable que nunca por trabajar fuera de casa.

Además, ella pudiera creer que las iglesias siempre han sido una institución gobernada por los hombres en la que las mujeres quedan fuera de los puestos claves en los que se toman decisiones. Para ella, eso solo muestra cuán desconectadas están.

María necesita ver iglesias que traten sus necesidades y que se relacionen con su mundo. Por ejemplo, los ministerios especialmente diseñados para las mujeres que trabajan se están volviendo cada vez más populares. Pero al igual que es importante ayudar a María a entender lo que significa ser una mujer, es importante que ella vea iglesias donde las mujeres tienen acceso al liderazgo y a la influencia.

Como escribiera el apóstol Pablo: «Ya no hay judío ni griego, esclavo ni libre, hombre ni mujer, sino que todos ustedes son uno solo en Cristo Jesús».[25] Por supuesto, si ese fuera el *único* versículo que Pablo escribió sobre el tema de las mujeres, no habría ninguna controversia. Tal como es, las iglesias están divididas en cuanto al papel adecuado de las mujeres en el liderazgo y la enseñanza.

Es importante destacar que nuestro esfuerzo por hacer que la iglesia sea más atractiva para María Sin-iglesia nunca debe hacernos desdeñar o quebrantar imperativos bíblicos. Sin embargo, estoy convencido de que una lectura justa y equilibrada de las Escrituras revela que las mujeres pueden enseñar, dirigir y participar en cada aspecto del ministerio. Para un análisis excelente de la enseñanza bíblica sobre el tema, yo sugeriría el libro del Dr. Gilbert Bilezikian, *Beyond Sex Roles* [Más allá de los roles del género].[26]

Así que no es sobre la base de la conveniencia que yo creo que las iglesias deben abrir sus rangos de liderazgo a las mujeres, es sobre la base de la autoridad bíblica. Y mientras María Sin-iglesia descifra lo que significa ser una mujer de la década de 1990, estará más dispuesta a buscar ayuda en una iglesia que apoye su acceso a una completa participación.

Observación #14: Juan está orgulloso de tolerar creencias diferentes pero piensa que los cristianos son de mentalidad cerrada.

Quizá la declaración más controversial que hizo Jesucristo fue esta: «Yo soy el camino, la verdad y la vida. Nadie llega al Padre sino por mí».[27] Es esa afirmación de la exclusividad de Cristo lo que irrita a Juan Sin-iglesia.

Juan está dispuesto a dejar que los cristianos adoren a su Dios, que los musulmanes adoren a Alá y que los hindúes adoren a su proliferación de dioses. Pero cuando los cristianos afirman que su camino es el único camino al cielo, Juan le llama intolerancia.

Al fin y al cabo, ¿no hay muchos caminos que llevan a Dios? ¿No enseñan todas las religiones la hermandad universal del hombre? ¿Cómo pueden ser los cristianos tan arrogantes, al punto de creer que ellos tienen la razón y que todos los demás están equivocados?

Cuando la revista *New Age Journal* [Gaceta de la Nueva Era] publicó un artículo sobre cómo los padres les hablan a sus hijos de Dios, este presentó historias paralelas de familias judías, católicas, neopaganas y budistas.[28] No hubo juicios de valor acerca de cuál creencia tenía la razón o no. Sin dudas, esa es la manera de nuestros tiempos: todas las opiniones acerca de Dios son igualmente válidas porque toda creencia es una tajada de la misma realidad.

Lo que le molesta a Juan es que los cristianos se nieguen a jugar usando las mismas reglas. Las encuestas han mostrado que solo un pequeño porcentaje de la gente sin-iglesia piensa que las iglesias toleran a las personas con ideas diferentes.[29]

Algunas de las nociones de Juan con respecto al valor similar de las distintas religiones provienen de una mala interpretación de la Constitución de los Estados Unidos, la cual garantiza que todo sistema religioso tiene libertad de expresión e igual protección dentro de la ley.

«Aunque el concepto de la tolerancia religiosa judicial no dice nada en lo absoluto con respecto a la validez de las afirmaciones sobre la verdad, muchos han inferido la implicación de que igual tolerancia significa igual validez», dijo R.C. Sproul. «Por ende, cuando los cristianos... dicen que tienen la exclusividad, sus afirmaciones a menudo son recibidas con shock o enojo ante una postura de mentalidad tan cerrada».[30]

A menudo, Juan Sin-iglesia reacciona ante Cristo de la misma manera en que lo hizo un joven hindú cuando le hablé de Jesús en un viaje a India en 1987. Después de escuchar decir que Jesús es Dios, contestó:

—No hay problema.

—¿No hay problema? —dije sorprendido—. ¿Estás diciendo que aceptas el hecho de que Jesucristo es el Hijo de Dios?

—Claro —contestó.

Yo estaba asombrado de que hubiera estado de acuerdo con mi premisa tan fácilmente, pero luego añadió:

—En el hinduismo tenemos millones de dioses. Nos alegrará añadir a Jesús como uno más.

Cuando aseguré que Jesús es el *único* Hijo de Dios fue que se indignó. Y lo mismo sucede con muchos Juanes Sin-iglesia. Jesús les parece bien siempre y cuando sea solo una opción entre muchas.

Los cristianos deben ser cuidadosos con respecto a la manera en que le explican a Juan su afirmación de la exclusividad de Cristo. El peligro, por supuesto, es parecer presumido o superior. De hecho, como dijera alguien una vez: los cristianos no deben ser arrogantes, solo somos mendigos diciéndoles a otros mendigos dónde encontrar comida.

A veces, para mitigar las objeciones de Juan, yo utilizo una analogía entre dos clubes de campo. El primer club solo deja entrar a personas que se han ganado la membresía. Deben haber logrado algo, obtenido alguna sabiduría superior o cumplido con una lista de exigencias y requisitos antes de que se les pueda tener en cuenta para su admisión. A pesar de sus esfuerzos, muchas personas simplemente no conseguirán su objetivo y se les rechazará.

Así son todas las otras religiones, porque todas están basadas en el sistema de que la gente haga algo para ganarse el favor de Dios.

Pero el segundo club de campo dice: «Cualquiera que quiera entrar puede hacerlo. Hombres, mujeres, negros, blancos, viejos, jóvenes: cualquiera que busque la entrada puede obtenerla mediante el arrepentimiento y la fe en Cristo. No rechazaremos a nadie que pida entrar, pero dejamos a su elección si quiere unirse o no».

Eso es lo que dice el cristianismo. Entonces, ¿cuál sistema

de creencias es arrogante y exclusivo? Nuestra puerta está abierta a todo el que quiera entrar.

Entonces, procuro que Juan considere la lógica de la exclusividad de Cristo. En otras palabras, no tendría sentido que Dios fuera a una parte del mundo y le dijera a la gente cómo agradarlo y que luego fuera a otro lugar y les dijera a las personas algo contradictorio y que todavía fuera a otra parte y contara una historia diferente. Dios no es esquizofrénico. No tiene ninguna lógica decir que las religiones con creencias acerca de Dios que se contradicen puedan estar todas en lo cierto a la misma vez.

Después de eso, yo hablo de las credenciales de Cristo, que son diferentes a las de cualquier otro líder religioso. Hablo de cómo él validó lo que decía mediante numerosos milagros, el cumplimiento de las profecías contra toda posibilidad y su resurrección: todas vistas y contadas por testigos presenciales. Esas credenciales hacen que sus afirmaciones sean creíbles.

A estas alturas, a menudo Juan está dispuesto a quitar su objeción de que los cristianos tienen una mentalidad cerrada, al menos por un tiempo, hasta que pueda examinar las afirmaciones de Cristo en detalle.

Observación #15: Hay muchas posibilidades de que Juan pruebe la iglesia si un amigo lo invitó, pero en realidad puede que esto le haga más daño que bien.

Las estadísticas son abrumadoras.

Una encuesta nacional que realizó Barna Research descubrió que una de cada cuatro personas sin-iglesia asistiría gustosa a la iglesia si un amigo le hiciera una invitación.[31]

Esto significa que un domingo cualquiera por la mañana, de 14 a 20 millones de adultos están en casa porque nadie dio el sencillo paso de pedirles que asistieran al servicio de una iglesia. ¡Veinte millones de personas equivaldría a unir la población de Nueva York, Los Ángeles, Chicago, Houston, Filadelfia, Detroit, San Diego y San Francisco!

¿Puedes imaginar lo que sucedería si tomáramos en serio el

evangelismo e invitáramos a todas esas personas a la iglesia un domingo? ¡Los bancos estarían repletos!

Ese es el poder de la fuerza relacional. Mira, cuando un cristiano establece una amistad auténtica con Juan Sin-iglesia, él está desarrollando credibilidad con él. Es sencillamente razonable que Juan esté dispuesto a probar la iglesia si el amigo en quien confía lo animara. Eso es particularmente cierto si la vida del amigo refleja una transformación que puede atribuírsele a Cristo. Como le gusta señalar a mi colega Mark Mittelberg, un antiguo vendedor de equipos electrónicos: «Los amigos le compran a los amigos».

Y, no obstante, lamentablemente esta estadística tiene un lado negativo. Una de cada cuatro personas sin-iglesia probaría la iglesia, pero *¿qué encontrarán cuando lleguen allí?*

Recuerda, la mayoría de las personas sin-iglesia solían asistir a la iglesia de manera regular.[32] Dejaron de ir por alguna razón. A menudo la razón fue que los cultos eran aburridos, predecibles e irrelevantes y sentían que la iglesia siempre estaba tras su dinero.

Entonces, ¿qué sucede cuando Juan Sin-iglesia regresa y encuentra que las cosas han cambiado muy poco o nada? El peligro está en que pronto se hastiará de nuevo y se marchará una vez más y la próxima vez va a ser más difícil convencerlo de darle una oportunidad más a la iglesia.

Es preocupante que eso es lo que está empezando a suceder. Hace unos años, los titulares en los medios de comunicaciones cristianos estaba alborozados:

- *Los nacidos en la posguerra redescubren la iglesia*
- *Una generación se entusiasma con la religión*
- *Los de la posguerra regresan*[33]

Los sociólogos especulaban que estaban repitiendo un patrón que se había visto en el pasado: Después que llegan a cierta etapa de responsabilidad en la vida, un aumento del conservadurismo y la crianza de los hijos, comienzan a pensar en regresar a la iglesia que dejaron años antes.

Pero las estadísticas más recientes muestran que los nacidos en la posguerra tal vez llegaron a la puerta de la iglesia, le dieron un vistazo a lo que sucede allí y, ahora, una vez más, se están marchando por la puerta trasera.

En marzo de 1992, la publicación periódica *Ministry Currents* [Corrientes ministeriales] informó por primera vez que el número de personas nacidas en la posguerra que estaba asistiendo a la iglesia bajó del 50% en 1991 al 40% en 1992, un descenso que se le atribuye a que un número creciente de adultos considera que la iglesia local «no tiene relevancia en sus vidas cotidianas».[34]

«Este descenso no puede explicarse mediante un error de muestra, dado el número de nacidos en la posguerra que se entrevistaron», dijo George Barna, cuya firma realizó el estudio. «Ya que los nacidos en la posguerra son parte del grupo líder de adultos que incriminan a la iglesia como que tiende a ser irrelevante, debe tomarse en serio esta posibilidad de una retirada generacional de la iglesia».[35]

Ya sea que esta tendencia continúe o no, debe ser un llamado de alerta para la iglesia. Ha llegado el momento de forjar una asociación renovada entre la iglesia y sus miembros.

Cada cristiano necesita volver a dedicarse a sí mismo a orar y ayunar por Juan y María Sin-iglesia, edificando con ellos relaciones auténticas, compartiendo con ellos el evangelio, respondiendo a sus preguntas e invitándolos a la iglesia.

Al mismo tiempo, las iglesias necesitan ayudar a sus miembros creando servicios o actividades de alcance que los relacionen significativamente con la mentalidad sin-iglesia.

El no trabajar juntos para cumplir con la Gran Comisión sería un error costoso y, no obstante, cuando la iglesia y sus miembros trabajen estratégicamente en conjunto, el rendimiento de nuestra inversión en la oración, nuestros esfuerzos y los riesgos corridos serán increíblemente ricos.

6

Conocer a Juan en su mismo medio

E
ra una hermosa tarde de domingo en las montañas de Santa Ana, California, cuando Susan Small y Laura, su hija de cinco años, caminaron hasta un estanque para observar a los renacuajos recorrer el agua turbia.

De repente, un puma salió de entre los arbustos y se abalanzó sobre Laura, la tiró al suelo y agarrando su cabeza con la boca, la arrastró hacia la densa maleza. Desaparecieron antes de que la señora Small pudiera gritar:

—¡El puma agarró a mi hija!

A casi un kilómetro de distancia, un excursionista de nombre Greg Ysais escuchó el grito y vino corriendo. Sin pensarlo dos veces, se hundió en la maleza en busca de la niña e inmediatamente se encontró cara a cara con el puma que gruñía mientras tenía a la pequeña Laura agarrada por el cuello.

Greg tenía que pensar con rapidez. Arrancó una rama pequeña de un árbol caído y avanzó hacia el animal gritando y tratando de pincharle el ojo. El puma rugió e intentó darle un zarpazo. Durante varios minutos de tensión se quedaron inmóviles mirándose uno al otro. ¿Destrozaría a Laura el puma enfurecido? ¿Arremetería contra Greg?

Lentamente, el animal dejó de apretar tan fuertemente a la niña y su cuerpo desmadejado cayó al suelo. Parecía que el puma iba a atacar a Greg pero él seguía rechazándolo con la rama. Finalmente, el animal dio la vuelta y huyó hacia la maleza y la señora Small corrió a recoger a su hija que estaba herida pero viva. Gregory Ysais, un técnico de electrónica de treinta y seis años, era un héroe. En una reacción casi por reflejo, tomó la heroica decisión de salvar a esa niña. Y la agradecida respuesta de la señora Small era comprensible: «Nunca olvidaremos lo que Gregory Ysais hizo por nosotros», dijo ella.[1]

¿Qué cualidades comparte Greg Ysais con otros héroes cuyas historias leemos en los periódicos: los que rescatan bebés de edificios en llamas, los que rescatan a automovilistas de carros destrozados y se aventuran a las aguas profundas para salvar a nadadores en apuros?

Todos son personas ordinarias que llegaron ante un momento crucial y tomaron la extraordinaria decisión de salvar a alguien cuya vida estaba en peligro. Y muy a menudo eso implicaba ponerse ellos mismos en peligro.

De la misma manera, como un seguidor de Jesucristo que cree en la Biblia, sé que todos los días, a mi alrededor, hay una batalla literal de vida o muerte. Tú también lo sientes, ¿verdad? Sabes que algunas personas en tu barrio, en tu oficina e incluso en tu familia están en peligro de enfrentar la muerte eterna y probablemente no se dan cuenta que necesitan que los recaten.

Casi todos los días llegamos a momentos cruciales de evangelismo. Decidimos si ayudar a rescatar del peligro a estas personas o si seguir de largo. Tomamos decisiones de momento, si aventurarnos heroicamente en sus vidas y llevarlos a un lugar de seguridad espiritual o si meramente esperar a que otra persona lo haga.

Constantemente Jesús enfrentaba ese mismo tipo de momentos cruciales. Para ilustrar cinco de ellos le daremos un vistazo a una escena de su vida, esto nos dará ideas sobre cómo alcanzar a los Juanes y Marías Sin-iglesia de nuestras vidas.

Jesús se enteró de que los fariseos sabían que él estaba

haciendo y bautizando más discípulos que Juan (aunque en realidad no era Jesús quien bautizaba sino sus discípulos). Por eso se fue de Judea y volvió otra vez a Galilea. Como tenía que pasar por Samaria, llegó a un pueblo samaritano llamado Sicar, cerca del terreno que Jacob le había dado a su hijo José. Allí estaba el pozo de Jacob. Jesús, fatigado del camino, se sentó junto al pozo. Era cerca del mediodía.[2]

Este episodio ocurre al principio del ministerio de Jesús. Ya él estaba llamando la atención de los líderes religiosos y como todavía no quería chocar con ellos, se fue a Galilea.

¿Notaste que el escritor dice que Jesús «tenía que pasar por Samaria»? Si lo buscas en un mapa, pudieras decir: «Bueno, claro, si alguien iba a viajar de Judea a Galilea, es probable que tomara un atajo por Samaria. Al fin y al cabo, Samaria está metida entre ambas». Pero a veces la ruta más lógica no es el camino más transitado.

De hecho, esa no era la ruta que normalmente tomaban los judíos. Por lo general, un judío devoto que viajara hacia Galilea, bordeaba Samaria cruzando el río Jordán para seguir el camino más largo. La razón era sencilla: En Samaria vivían los samaritanos y entre los judíos y los samaritanos había hostilidad cultural, étnica, religiosa y política.

Incluso en la actualidad, las personas evitan pasar por barrios que habitan personas que no son iguales a ellos. Algunos blancos dudan pasar por zonas predominantemente negras; hay negros que escogen rutas que bordean enclaves blancos. Evitan la interacción porque no se sienten cómodos entre personas diferentes.

Pero Jesús decidió *pasar* por Samaria. De hecho, la Biblia destaca que él «tenía» que tomar esa ruta, no por motivos prácticos, sino por motivos espirituales. Él llegó a un momento crucial y tomó la decisión divina que iba a derrumbar las barreras del prejuicio y la desconfianza. Algunos hasta ven la ruta de Jesús como una protesta contra la negativa obstinada de los fariseos de mezclarse con personas que no fueran de su misma fe. Así que la decisión de Jesús demuestra la primera idea:

• **Rescatar a las personas en peligro espiritual a menudo requiere que nos aventuremos estratégicamente en su medio ambiente.**

Eso puede ser incómodo para los cristianos. Preferimos distanciarnos de los ambientes desagradables donde viven Juan y María Sin-iglesia. Recuerdo ver secuencias de nuestras tropas haciendo trincheras en las arenas de Kuwait antes de la Guerra del Golfo. Yo pensé: *Así son los cristianos a veces.* Muchas personas que se vuelven cristianas se alegran tanto de escapar de la fealdad del mundo que excavan trincheras figurativas para amontonarse juntos a salvo.

Tenemos que reconocerlo: Es mucho más agradable andar con cristianos que con los no creyentes. Adoramos al mismo Dios, tenemos los mismos valores y hablamos el mismo idioma. No nos ampollamos los oídos con malas palabras ni nos sometemos a los peligros del fumador secundario. Así que nos acercamos más y más hacia la gente que es como nosotros.

Pero Jesús mantuvo el equilibrio en su vida. Él tuvo lo que se llama un «macro-ministerio», una misión abarcadora de Dios para alcanzar al mundo y a menudo él también se involucró en el «micro-ministerio», que significa llegar a conocer y hacerse amigo de los perdidos, uno a la vez. Sin embargo, a veces, a nosotros nos resulta difícil mantener el equilibrio.

Yo sé que de vez en cuando pierdo el equilibrio. Tuve un amigo de la escuela que hace unos años regresó al área de Chicago y nos reunimos un par de veces. Aunque él parecía un tanto receptivo a los temas espirituales, estaba claro que yo tendría que reconstruir nuestra amistad antes de ganarme el derecho de profundizar en un tema tan personal como Dios.

Pero yo estaba tan ocupado en mi «macro-ministerio» en la iglesia, haciendo todo tipo de actividades útiles para fomentar la causa de Cristo a gran escala, que nunca llegué a invertir tiempo en el «micro-ministerio» de nuestra amistad.

Entonces, un día él me llamó: «Mi compañía me vuelve a transferir a la costa Oeste», me dijo. «Me voy enseguida».

Yo perdí una oportunidad por no ser tan persistente como Jesús aventurándome resueltamente al ambiente de los no creyentes y fomentar relaciones con ellos.

En efecto, hay muchas maneras de entrar estratégicamente en el mundo de Juan y María Sin-iglesia. Podemos comprar habitualmente en las mismas tiendas, restaurantes y gasolineras —en lugar de siempre estar cambiando a lugares nuevos— de manera que podamos llegar a conocer a los vendedores, los meseros y meseras y los dependientes. Aunque nuestra iglesia tiene un lugar para comprar el almuerzo, sigo comiendo regularmente en una cafetería pequeña porque me he estado relacionando con los dueños.

Podemos participar en las ligas de softball del distrito, en lugar de segregarnos en las ligas de las iglesias. Podemos hacernos activos en organizaciones cívicas y escolares para continuar desarrollando relaciones sociales con gente que no asiste a la iglesia.

Una estrategia eficaz es trabajar específicamente en mantener la relación de algunos de los amigos que tenías antes de ser un cristiano comprometido y que no asisten a la iglesia. He mantenido relaciones con varios periodistas con quienes solía trabajar y asiduamente procuro aventurarme en su territorio para mantener nuestra relación con la esperanza de influir en ellos para llevarlos a Cristo.

Pero si tus amistades no cristianas se han apagado porque tus nuevas relaciones en la iglesia te mantienen demasiado ocupado, te sugiero algo: vuelve a visitar tu ambiente y reestablece la relación con uno o dos de tus amigos anteriores. Llama a la persona con la que solías ir a los bares y dile: «Sabes, te he extrañado. Vamos a reunirnos, excepto que esta vez almorzaremos juntos».

Por supuesto, tienes que cuidarte de situaciones en las que

tuvieras la tentación de volver a la conducta que caracterizaba tus días antes de ser cristiano. Pero lo que hace que este método sea tan eficiente es que los viejos amigos, incluso los viejos conocidos que no eran amigos íntimos, son increíblemente receptivos a reestablecer la relación.

Recuerdo a un amigo de la universidad que desapareció de mi vida cuando tomamos rumbos diferentes después de graduarnos. Sin embargo, lo llamé hace poco y después de unos minutos ya estábamos hablando como viejos amigos. Aunque él vive en otra parte del país, desde entonces hemos hecho el esfuerzo de reunirnos algunas veces y él ha dado pasos impresionantes en su peregrinaje espiritual.

Este enfoque tiene algunas ventajas concretas. Ya que solían ser amigos, saben que tendrán alguna afinidad entre sí y esta relación renovada abrirá todo tipo de oportunidades naturales para conversar, a largo plazo, sobre los cambios que has experimentado en tu vida desde que conociste a Cristo. Al fin y al cabo, ¿cuál va a ser el tema fundamental de la conversación? Será lo que ha estado sucediendo en la vida de cada uno. ¡Qué gran oportunidad para hablar del impacto que Cristo ha tenido en ti!

Hace un tiempo yo me aventuré a mi viejo ambiente en el tribunal federal de Chicago donde solía trabajar como reportero y me encontré con un viejo reportero malhumorado a quien conocí antes de ser cristiano.

Me tendió la mano y dijo calurosamente:

—Entonces, Strobel, ¿cómo #### estás, hijo de ####? ¡Hace muchísimo tiempo que no te veo! ¿Qué ### has estado haciendo últimamente? ¿Sigues en el #*$% *Tribune*?

—Bueno, he tenido muchísimos cambios en mi vida. De hecho, ahora trabajo en una iglesia.

El cigarro casi se le cayó de la boca.

—¡Mentira!

—Bueno —me reí—, pues es verdad.

Eso abrió la puerta a una conversación espiritual y estoy

orando para que nuestra renovada relación me dé oportunidades futuras de hablarle de Cristo.

Entonces, ¿dónde está tu Samaria? ¿Qué elección estratégica puedes hacer para entrar en el enclave de un incrédulo y relacionarte con él o con ella con el objetivo final de hacer negocios para el reino?

Por supuesto, hay riesgos. Siempre hay un riesgo cuando haces algo heroico y el riesgo aquí es tu reputación como cristiano. Si te ven andando con gente que se sabe que llevan vidas que no honran a Dios, ¿qué pensarán tus amigos de ti?

Una vez iba caminando por la calle con un periodista amigo mío y estábamos sumidos en una profunda conversación espiritual cuando pasamos por una taberna sucia y llena de humo. «Vamos a entrar aquí, hablemos más de esto», me dijo halándome por el brazo. Al sentarme a una pequeña mesa para hablar de Dios me pregunté qué pensaría alguien de mi iglesia si pasara por allí y me viera.

Entonces recordé que Jesús fue «amigo de los recaudadores de impuestos y de los pecadores» e interactuaba tanto con ellos que lo acusaron erróneamente de ser un glotón y un borracho.[3] Él no llegó a arreglos con el mundo pero sí entró al mundo para estar junto a los que sufren espiritualmente. Al fin y al cabo, ¿cómo puedes rescatar a otras personas si no te acercas a ellas?

Ahora sigamos pasando la escena de la vida de Jesús cuando llega a su segundo momento crucial:

> *En eso llegó a sacar agua una mujer de Samaria, y Jesús le dijo: —Dame un poco de agua.*
>
> *Pero como los judíos no usan nada en común con los samaritanos, la mujer le respondió: —¿Cómo se te ocurre pedirme agua, si tú eres judío y yo soy samaritana?* [4]

Jesús se encontró con una mujer en el pozo y tuvo algunas opciones. Una hubiera sido saciar su sed de manera sobrenatural. Si Jesús pudo alimentar a las multitudes con solo unos pocos peces y unas barras de pan, no hay duda alguna que podía haber saciado milagrosamente su propia necesidad de agua. O podía hacer el esfuerzo de iniciar una conversación que lo llevaría a un territorio espiritual. Jesús escogió establecer una relación con la mujer, así que nuestra segunda idea dice:

- **A menudo, antes de podernos acostumbrar a rescatar a alguien del peligro espiritual, tenemos que establecer un puente relacional que nos lleve hacia ellos.**

Eso fue lo que hizo Jesús enseguida. Aunque parezca que pedir un vaso de agua no fuera un medio muy eficaz para alcanzar a la mujer, esas pocas palabras, en esa cultura, pegaban fuerte. Solo por iniciar una conversación con una mujer samaritana, Jesús estaba derribando enormes barreras sociales porque normalmente un judío ni tan siquiera bebería del balde de agua de un samaritano.

En lugar de evitarla, Jesús utilizó seis palabras bien escogidas para demostrar que la aceptaba. Él abrió una puerta relacional al comunicarle que ella le importaba y que tenía dignidad como persona. Por la reacción de ella puedes ver que su enfoque fue pertinente; ella estaba sorprendida de que Jesús siquiera le hubiera hablado.

En muchas ocasiones nos encontramos con este tipo de momento crucial en el evangelismo y elegimos si vamos a relacionarnos con una persona que se muere de hambre espiritual. Cuando salimos a caminar por la cuadra podemos detenernos para conocer al vecino nuevo que está lavando su carro, o podemos seguir de largo. Podemos escoger quedarnos unos minutos y conocer al dependiente de la lavandería o podemos salir corriendo para la casa. Podemos invitar a un colega de negocios a almorzar o podemos comer con cristianos. ¿Cuántas veces le pasamos de largo a las oportunidades de relacionarnos con los incrédulos?

Después de todo, construir un puente relacional con otra persona no es muy difícil, especialmente cuando conoces la clave: *escuchar a otra persona.* Es mostrar un interés genuino en la vida de Juan Sin-iglesia. Es hacerle preguntas. Es averiguar acerca de su mundo. Es expresar curiosidad auténtica por la situación de su vida.

Cuando hagas eso, muchas veces descubrirás algunos intereses comunes que puedes utilizar para profundizar la relación y al mismo tiempo, estarás haciendo lo que Jesús hizo con la mujer en el pozo: afirmar el valor de Juan y su dignidad con solo tomarte el tiempo para relacionarte con él.

¿Hay alguien en tu mundo con quien pudieras elegir construir un puente relacional? Tal vez sea la persona que acaba de unirse a tu compañía y se siente como un extraño. O el cajero del gimnasio cuando pasas a hacer ejercicios los miércoles por la noche. O el compañero de aula en las clases de maestría que estás tomando los fines de semana. O el mecánico del taller que siempre parece estar arreglando tu auto.

En cuando a Jesús, deliberadamente estableció una breve amistad con la mujer en el pozo, pero no se contentó con solo involucrarse en una pequeña conversación. Sigamos pasando la escena:

Si supieras lo que Dios puede dar, y conocieras al que te está pidiendo agua —contestó Jesús—, tú le habrías pedido a él, y él te habría dado agua que da vida.

—-Señor, ni siquiera tienes con qué sacar agua, y el pozo es muy hondo; ¿de dónde, pues, vas a sacar esa agua que da vida? ¿Acaso eres tú superior a nuestro padre Jacob, que nos dejó este pozo, del cual bebieron él, sus hijos y su ganado?

—Todo el que beba de esta agua volverá a tener sed —respondió Jesús—, pero el que beba del agua que yo le daré, no volverá a tener sed jamás, sino que dentro de él esa agua se convertirá en un manantial del que brotará vida eterna.

—Señor, dame de esa agua para que no vuelva a tener sed ni siga viniendo aquí a sacarla.[5]

Según la escena continúa, las Escrituras dicen:

—Sé que viene el Mesías, al que llaman el Cristo —respondió la mujer—. Cuando él venga nos explicará todas las cosas.
Ése soy yo, el que habla contigo —le dijo Jesús.[6]

Jesús acababa de llegar a un tercer momento crucial y en fracciones de segundo tomó otra decisión espiritual que fue una decisión muy importante. Él decidió que cambiaría la conversación de la rutina a lo espiritual porque sabía:

* **Que para rescatar con éxito a alguien, en algún momento tenemos que señalar claramente el camino a la seguridad.**

Amigos, es imperativo que nos metamos en una discusión espiritual y que con el tiempo les mostremos a Juan o a María Sin-iglesia que Cristo es la única esperanza para el rescate. Jesús deliberadamente eligió dirigir su conversación al territorio espiritual y podemos aprender de la manera en que él lo hizo.

Por ejemplo, él no soltó un discurso enlatado ni recitó una presentación memorizada. Tampoco se lanzó en una diatriba ni la condenó. Ni tan siquiera comenzó a citar las Escrituras inmediatamente. En cambio, aprovechó las circunstancias en las que se encontraban, estaban hablando del agua, y usó el «agua viva» como una analogía de Dios.

Despertó su curiosidad. Reveló su mensaje lentamente y a un ritmo que ella pudiera captar. Diseñó su presentación: quién era ella, cómo era y lo que sabía.

Este es el punto crucial en el que la mayoría de nosotros nos equivocamos, ¿verdad? No estamos seguros de cómo convertir de manera natural una conversación cotidiana en asuntos espirituales. E insisto, ¿sabes la clave? *Es escuchar* porque cuando realmente escuchamos y llegamos a conocer a otra persona, encontramos oportunidades naturales para maniobrar con la conversación y llevarla a temas espirituales.

Por ejemplo, cuando te enteras que María Sin-iglesia tiene unos hijos que la están volviendo loca, puedes ir al seguro y decirle: «Te entiendo, mis hijos a veces también me sacan de quicio». O puedes tomar una decisión de fracciones de segundo y decirle: «Mis hijos también me dan mucho trabajo, pero me sorprendió descubrir que la Biblia tiene muy buenos consejos para criar hijos. Realmente me han ayudado». Eso abre la puerta a un debate espiritual y quizá puedas darle seguimiento prestándole un libro cristiano acerca de la crianza de los hijos.

O si descubres que Juan Sin-iglesia sufre por tener la autoestima baja, puedes hacer una decisión en cuestión de segundos y decir: «A veces yo también me siento así, pero ¿sabes?, hace poco encontré algo que cambió por completo mi actitud hacia mí mismo. Avísame, si alguna vez quieres saber algo al respecto». Es posible que hayas despertado su curiosidad y cuando él esté listo para pedirte que le expliques, puedes decirle cuánto tu autoestima ha subido desde que aprendiste cuánto le importas a Dios.

Bill Hybels ha sugerido una manera natural en la que los ejecutivos pueden promover las conversaciones en territorio espiritual. Una pregunta común entre la gente de negocios es: «¿Cómo va tu año?» Por lo general, la respuesta es algo así: «Bastante bien, ¿y el tuyo?» Pero la respuesta podría ser: «Mi vida de negocios va bien, mi familia es maravillosa y mi vida espiritual es estupenda. ¿De cuál quieres hablar?»

La persona puede responder: «Bueno, cuéntame de tu vida de negocios». Incluso así, se envió una señal que podría preparar el escenario para una conversación futura.

Amigos, a cada instante estamos tomando decisiones ya sea para ir a lo seguro o para llevar la conversación a temas espirituales y, sin embargo, muchas veces nos echamos para atrás. Recuerdo una conversación, hace algunos años, con un comerciante retirado.

Él dijo: «La semana pasada visité a una vecina en el hospital. Ella vivía en la misma zona de casas móviles que yo. No era cristiana, y mientras hablaba con ella, fácilmente pude haber traído a colación los asuntos espirituales. Es decir, la oportunidad se presentó varias veces, pero yo me fui al seguro. Cuando llegué a casa estaba tan enojado conmigo mismo que decidí regresar en un par de días y correr el riesgo. Pero entonces recibí una llamada, ella había muerto».

En su rostro él tenía una mirada como si tuviera un dolor físico cuando me dijo: «Sigue diciéndole a la gente: *cuando lleguen esas decisiones de fracciones de segundos, respira profundo, confía en Dios y toma la ruta espiritual*».

Solo Dios conoce la situación espiritual del corazón de esa mujer cuando murió pero durante mucho tiempo ese hombre se preguntará al respecto. Así que voy a hacer lo que él me pidió que hiciera: animarte a que permitas que Dios te guíe mientras llevas las conversaciones a esos asuntos que realmente importan.

No es que debamos ser autoritarios o demasiado agresivos; como vimos antes, usualmente el evangelismo es un proceso y necesitamos respetar eso. Pero cuando llega el momento adecuado, cuando el Espíritu Santo te está impulsando y cuando llega una oportunidad de fracciones de segundos, sigue el consejo de este hombre: «Respira profundo, confía en Dios y toma la ruta espiritual».

En la Biblia vemos que Jesús sí aprovechó la oportunidad para entablar una conversación acerca del reino con la mujer en el pozo y luego llegó a un cuarto momento crucial. Después de comenzar a hablar sobre el agua viva, la conversación se desarrolló así:

Ve a llamar a tu esposo, y vuelve acá —le dijo Jesús.

—No tengo esposo —respondió la mujer.

—Bien has dicho que no tienes esposo. Es cierto que has tenido cinco, y el que ahora tienes no es tu esposo. En esto has dicho la verdad.

—Señor, me doy cuenta de que tú eres profeta. [7]

Parece que hasta ese momento la mujer estaba intrigada con lo que Jesús estaba diciendo pero es posible que también pensara que él era un poco raro con toda su conversación acerca del agua viva. Tal vez no lo tomaba muy en serio.

Sin embargo, Jesús llegó a un momento crucial y decidió presentar la evidencia que reforzaría su credibilidad. Al usar su poder divino para ver de manera sobrenatural las circunstancias de su vida, él demostró ser alguien que debía tomarse en serio. Y ella lo hizo. Ella dijo que él debía ser un profeta, alguien enviado por Dios, alguien a quien sin dudas valía la pena escuchar. La idea para nosotros es esta:

- **Debemos estar armados con evidencias que ayuden a los escépticos a comprender que necesitan ser rescatados.**

Igual que en los tiempos bíblicos, a menudo necesitamos ofrecer evidencias y objeciones a una persona que quiera considerar los asuntos espirituales. De hecho, antes de describir el encuentro de Jesús con la mujer en el pozo en el cuarto capítulo de este Evangelio, el apóstol Juan narra tres ejemplos anteriores en los cuales Jesús *primero* presentó la evidencia y *luego* la gente empezó a creer en él.

- Después de conocer a Jesús, Felipe, muy emocionado, le contó a su amigo Natanael que había encontrado al Mesías. Cuando Natanael mostró escepticismo, Felipe dijo: «Ven a ver». En otras palabras: «¿Tú no me crees, Natanael? ¡Compruébalo por ti mismo!»

Cuando Natanael se acercó a Jesús para comprobar el asunto, Jesús le dijo algo que él solo podría saber con poderes sobrenaturales. Inmediatamente Natanael declaró: «Rabí, ¡tú eres el Hijo de Dios! ¡Tú eres el Rey de Israel!»

Primero Jesús ofreció la evidencia, luego Natanael creyó.[8]

- El próximo capítulo relata cómo Jesús asistió a una boda en Caná, donde convirtió 600 litros de agua en vino. El milagro ofreció una evidencia convincente de su identidad «y sus discípulos creyeron en él».[9]

• Mientras estaba en Jerusalén, para la Fiesta de la Pascua, Jesús realizó todavía más milagros. Confrontado con pruebas de quién era él «muchos creyeron en su nombre».[10]

Estas historias solo pertenecen a los dos primeros capítulos de Juan. Otra ilustración fue cuando Juan el Bautista estaba encarcelado y envió a sus seguidores a averiguar si Jesús realmente era el Mesías. Jesús les dijo: «Vayan y cuéntenle a Juan lo que están viendo y oyendo: Los ciegos ven, los cojos andan, los que tienen lepra son sanados, los sordos oyen, los muertos resucitan y a los pobres se les anuncian las buenas nuevas».[11]

En efecto, Jesús estaba diciendo: «Cuéntenle a Juan el informe de primera mano sobre la evidencia de lo que han visto y entonces él no tendrá dudas».

Debido a quién era, Jesús podía ofrecer pruebas sobrenaturales de su identidad. Sin embargo, todos nosotros podemos darles a los escépticos evidencias que demuestren la identidad de Jesús.

Recuerdo que pasé dos fines de semana en nuestra iglesia presentando mensajes llamados «El caso de Cristo» en los cuales mostré vídeos de expertos de talla internacional a quienes había entrevistado con relación a la evidencia de la deidad de Jesús.[12] Entre los asistentes había un ingeniero que era un escéptico incondicional con relación al cristianismo.

Al finalizar el segundo mensaje, la persona que lo invitó le preguntó:

—Bueno, ¿qué te parece?

El ingeniero lo miró un instante y luego dijo firmemente:

—Finalmente creo.

Ese día le entregó su vida a Cristo.

En el próximo capítulo hablaremos sobre cómo ayudar a las personas a pasar más allá de las barreras que les impiden considerar las alegaciones de Cristo. Pero no tenemos que convertirnos en Josh McDowells. Si solo estamos armados con una preparación básica para defender la fe, podremos aumentar nuestra confianza de manera espectacular.

Es como cuando yo estaba enseñando un curso sobre el derecho de la Primera Enmienda a alumnos de periodismo en una universidad de Chicago. Mi objetivo era aclararles la libertad que tenían como periodistas según la Constitución de los Estados Unidos. Verás, cuando un periodista no está claro con respecto a lo que puede o no reportar, desde el punto de vista legal, comienza a censurarse a sí mismo. Tiene miedo de cometer un delito por las leyes contra la difamación, así que se retira de hacer las historias legítimas que debiera estar buscando.

De la misma manera, cuando un cristiano está mal informado con respecto a cuánta evidencia apoya el cristianismo, a menudo se retira y pierde oportunidades de llevar su fe. Aplasta sus oportunidades evangélicas porque teme que le hagan una pregunta difícil que no pueda responder.

Cuando nos equipamos con los hechos nos volvemos más valientes y más dispuestos a tratar de rescatar a la gente que espiritualmente está en peligro. Quizá es por eso que el apóstol Pedro, quien discutió enérgicamente por la fe, escribió este mandamiento para todos los cristianos: «Estén siempre preparados para responder a todo el que les pida razón de la esperanza que hay en ustedes».[13]

Aunque no podemos llevar a la gente al Reino de Dios mediante los debates, las podemos ayudar a procesar el evangelio al responder a sus preguntas y al darles razones por las cuales el cristianismo es real y racional. De hecho, respondemos a sus preguntas para que se vuelvan más receptivos al tratar con la pregunta principal que Jesús les hace: «Y ustedes, ¿quién dicen que soy yo?»[14]

¿Por qué no te comprometes a hacer alguna investigación acerca del fundamento objetivo de tu fe? Exactamente, ¿por qué crees lo que crees? Las librerías cristianas están llenas de materiales para ayudarte.[15] Al hablar con Juan y María Sin-iglesia probablemente encontrarás las mismas preguntas una y otra vez. Entre las que yo recibo más a menudo se encuentran:

- ¿Y qué de las personas que nunca han escuchado de Jesús? ¿Se irán al infierno?
- ¿Por qué los cristianos creen que Jesús es el camino al cielo? ¿No es intolerante decir que solos los cristianos conocen la verdad? ¿No son todas las creencias igualmente válidas?
- ¿Por qué Dios permite que sufran las personas inocentes? ¿Por qué él tolera tanto daño en el mundo?
- Si Dios es todo amor, ¿por qué manda a las personas al infierno?
- En esencia soy una buena persona, ¿no es suficiente?
- ¿Cómo sabes que puedes confiar en la Biblia? ¿No está llena de errores y mitos?
- ¿No son imposibles los milagros? ¿No es poco científico creer que Jesús pudo hacer proezas milagrosas?
- ¿No contradice la ciencia el relato bíblico de la creación?

De hecho, si lees las preguntas fundamentales que le hicieron al evangelista Paul Little durante su ministerio hace más de veinticinco años, son bastante similares.[16] Así que si lees lo suficiente como para sentirte cómodo al dar respuestas razonables a estos temas, el resultado final será que aumentará tu confianza.

El último momento crucial de esta escena con la mujer en el pozo llega después que Jesús apoyó su afirmación de que él es el Mesías. El quinto momento crucial es la respuesta de ella:

La mujer dejó su cántaro, volvió al pueblo y le decía a la gente:
—Vengan a ver a un hombre que me ha dicho todo lo que he hecho. ¿No será éste el Cristo?
Salieron del pueblo y fueron a ver a Jesús.[17]

La mujer samaritana toma una decisión tan rápido que dejó detrás el cántaro que con tanta dificultad había llevado a llenar al pozo. Corre hacia el pueblo para invitar a las personas a venir y escuchar por sí mismas a Jesús. Y muchos acudieron a él.

Curiosamente, cuando los discípulos fueron al pueblo, solo regresaron con un poco de pan y unos pescados salados. Pero cuando esta mujer va al pueblo, todavía impactada debido al recién encuentro tan emocional con Jesús, trae consigo una multitud de gente espiritualmente perdida. Quizá fuera porque estaba motivado por la importancia de la situación. Esto nos da una nueva percepción:

• **Los que han sido rescatados deben entender la necesidad urgente de extenderse para rescatar a otros.**

¿Recuerdas cuando caíste de rodillas por la «sublime gracia» de Dios? Alguien ha señalado que según pasa el tiempo la frescura comienza a desvanecerse, a veces comienza a convertirse en «gracia fascinante», luego es solo «gracia interesante» y luego apenas «gracia» y así perdemos nuestra necesidad urgente de alcanzar a nuestros amigos incrédulos. Una encuesta mostró que durante los seis meses anteriores, apenas un tercio de los cristianos invitaron a una persona incrédula a asistir a la iglesia con ellos.[18]

Cuando siento que mi fiebre por el evangelismo está comenzando a menguar, me tomo un tiempo para recordar en detalles cómo era mi vida antes de conocer a Jesús. Aunque yo no me lo merecía, él me rescató de una vida de irrelevancia y de una eternidad de desesperación.

Cuando pienso en eso, mi gratitud comienza a brotar dentro de mí y me digo: «¡Conozco a personas que *tienen* que experimentar eso! ¡Tienen que experimentarlo! Y el tiempo se está acabando». Tener ese tipo de conciencia de la gracia me prepara mentalmente para alcanzar a los Juanes y Marías Sin-iglesia de mi vida.

Y una manera de alcanzarlos es hacer lo que hizo la mujer samaritana: invitarlos al lugar donde puedan escuchar el evangelio. En cierto modo, esta mujer se asoció con Jesús, como si hubiera dicho: «Mira, Jesús, ¿podrías hacerme el favor de quedarte aquí mientras voy corriendo al pueblo? Realmente no sé cómo explicar esto a todos mis amigos, así que les diré que vengan a verte, ¿Te parece bien? Entonces puedes decirles lo que me dijiste a mí, todo eso del agua viva. ¿Lo harías? Por favor, es importante que ellos entiendan».

No solo los nuevos creyentes, sino también la *mayoría* de los cristianos, necesitan a alguien con quien asociarse para ayudar a alcanzar a sus amigos incrédulos. Pero como decía el capítulo anterior, algunas iglesias son más estorbo que ayuda en el evangelismo. Detesto decirlo, pero es verdad.

Eso no significa que todas las iglesias, cada fin de semana, deba llevar a escena cultos para personas buscadoras de la verdad, como hacen Willow Creek y unas doscientas iglesias más en los Estados Unidos. Algunas iglesias tienen sus cultos tradicionales los fines de semana pero también ofrecen un culto los sábados por la noche o más tarde el domingo por la mañana, concebido en función de los que andan buscando.

Otras programan, quizá una vez por mes, cultos o conciertos periódicos que están dirigidos a los incrédulos. Conozco una que tiene un culto de alcance que se llama «Primer domingo» y lo hace el primer fin de semana de cada mes.

Algunas tienen cultos diseñados para la adoración pero son «fáciles para el buscador», lo cual quiere decir que Juan y María Sin-iglesia se sentirán cómodos al asistir, aunque el culto no esté orientado hacia ellos específicamente.

Otras preparan desayunos y cenas ocasionales en las que la iglesia tendrá música especial y el orador contará su peregrinaje hacia Cristo. A menudo el programa esta dirigido a grupos específicos dentro de la iglesia, por ejemplo: las mujeres trabajadoras, los padres, las madres, los solteros, gente de negocios o los maestros. No obstante, lo que es realmente importante es que cualquier cosa que se ofrezca hable un idioma que la gente sin iglesia pueda entender.

Recuerdo cuando me invitaron a hablar en la cena de San Valentín de una iglesia. Los organizadores me aseguraron que todos los años los miembros invitaban a los vecinos incrédulos a una reunión. Pero lo que Leslie y yo encontramos fue extremadamente frustrante.

Al parecer, con el tiempo este programa había degenerado hasta convertirse meramente en una reunión social para los cristianos. Al circular entre los invitados antes del programa, me di cuenta que solo un puñado de los cien asistentes eran realmente personas sin iglesia. Además de eso, la música fue cantar himnos con letra como: «Me escondo en la roca que es Cristo el Señor». Ahora bien, eso es una expresión bíblica, pero una persona que no va a la iglesia no tiene ni idea de qué significa y si incluso la tuviera, no sería así para ella.

En efecto, a mitad de un himno el líder de canto dijo: «Ahora bien, todos ustedes conocen las letras de estas canciones, así que no miren las hojas con las letras. Si veo a alguien mirando ¡le haré cantar un solo!»

¡Yo no podía creerlo! *Yo* no me sabía la letra y estaba convencido de que la gente que no venía a la iglesia tampoco se la sabía, ¡y se suponía que ellos fueran la razón de esa cena! Cuando me levanté para hablar lo que deseaba era ofrecer una disculpa a los pocos buscadores que estaban presentes.

Lo verdaderamente sorprendente fue que esa noche hubo un hombre que le entregó su vida a Cristo. Y, no obstante, mientras Leslie y yo manejábamos hacia casa esa noche, yo tuve que preguntarme cuántos más podrían haber respondido si aquellos cristianos hubieran traído a más incrédulos y no los hubieran alienado con un programa tan inadecuado.

En contraste, antes de esto había hablado en un desayuno de alcance al que asistieron cristianos que tomaron en serio su responsabilidad de ayudar y orar por los no cristianos que estaban invitando y luego ¡los trajeron realmente!

Solo vino alrededor de una docena de empresarios cristianos y cada uno trajo a un amigo incrédulo. El programa era sencillo y tenía relevancia para Juan Sin-iglesia y en cuanto a mí, apenas conté la historia de mi peregrinaje espiritual. Al finalizar la mañana, ocho de aquellos hombres inconversos oraron para recibir a Cristo. ¡Era como si se hubiera producido un mini-avivamiento!

Los organizadores no echaron a perder la oportunidad haciendo algo que apagara a la gente que tenían la esperanza de alcanzar y Dios usó al pequeño desayuno de manera poderosa.

Sin embargo, al final, siempre tenemos que tener en cuenta la lección primordial de esta escena de Jesús en el pozo samaritano. Se encuentra en estos tres versículos:

- *¿No dicen ustedes: 'Todavía faltan cuatro meses para la cosecha'? Yo les digo: ¡Abran los ojos y miren los campos sembrados! Ya la cosecha está madura.*[19]
- *Muchos de los samaritanos que vivían en aquel pueblo creyeron en él por el testimonio que daba la mujer*[20]
- *y muchos más llegaron a creer por lo que él mismo decía.*[21]

Yo podría resumir la última idea de la historia de esta manera:

- **Los héroes del reino no se estancan en el proceso del evangelismo; más bien, mantienen sus ojos fijos en el propósito del evangelismo.**

Recuerdo un incidente que involucró a mi hijo, Kyle, quien jugaba en el equipo de fútbol de un parque del distrito cuando tenía nueve años. Aunque los miembros de su sección eran bastante buenos, estaban perdiendo la mayoría de los juegos. Finalmente le dije: «Kyle, ¿cuál es la meta del fútbol? ¿Qué están tratando de lograr cuando están en el juego?»

Él pensó por un instante.

—Bueno, el entrenador dijo que se espera que controlemos el balón.

—Ese es el problema —le dije—. *La meta es meter el balón en la portería del contrario. Eso* se hace controlando el balón, pero si pierden de vista el objetivo principal, no anotarán muchos goles.

Todos sabemos que en el evangelismo el proceso es importante. Conocer a los no creyentes es necesario, establecer relaciones con ellos es decisivo, llevar las conversaciones a temas espirituales es esencial y responder a las preguntas es crucial.

Pero a pesar de que todo esto es cierto, lo que importa a la postre es el producto final: que Dios nos use para rescatar a Juan o a María Sin-iglesia del pabellón de los condenados a muerte. Es así como metemos el balón en la portería. Y la realidad de eso puede desvanecerse a menos que hagamos el esfuerzo de mantenernos enfocados en esta.

De vez en cuando he perdido ese foco. Recuerdo que hace unos años hablé con un hombre acerca de Cristo y al final de nuestra conversación le pregunté: «¿Qué puedo hacer para ayudarte en tu peregrinaje espiritual?»

Él pensó durante un momento y luego dijo: «Me imagino que alguna vez puedas orar por mí».

Yo estuve a punto de detenerme ahí. Pensé que más tarde tendría el tiempo para orar para que el Espíritu Santo continuara su obra en él. Pero, debido a la vacilación del hombre antes de responder, sentí que la oportunidad todavía podría estar abierta, así que tomé una decisión en fracciones de segundos para presionar un poquito más.

—Déjame preguntar esto —dije—. ¿Hay alguna pregunta o preocupación específica que se interponga entre Dios y tú? Si la hay, me alegraría ayudarte a obtener una respuesta o analizarla contigo porque realmente quiero ayudarte».

Otra vez él hizo una pausa.

—Bueno, creo que no hay ninguna —dijo él.

Así que le pregunté:

—¿Hay algo que te impida recibir el perdón de Cristo y su liderazgo ahora mismo?

De repente irrumpió en sollozos.

—Nada —dijo—. Eso es lo que realmente quiero hacer.

Así que oramos juntos en ese mismo instante. Él estaba

listo para alejarse de su pecado y recibir la gracia de Dios y yo casi me alejo de él.

Después que sucedió eso, pensé para mis adentros: *No quiero que el proceso del evangelismo me absorba tanto que se me olvide que lo principal es meter el balón en la portería.* En otras palabras: dejar que Dios me use para llevar personas a su familia.

Cuando tenemos muy presente esa meta y vivimos en una anticipación diaria de lo que Dios va a hacer a través de nosotros, entonces estamos listo para actuar cuando lleguen esos momentos cruciales supremos.

Yo tengo un alimento que ustedes no conocen —replicó él.

«¿Le habrán traído algo de comer?», comentaban entre sí los discípulos.

—Mi alimento es hacer la voluntad del que me envió y terminar su obra —les dijo Jesús—. [22]

En otras palabras, Jesús estaba diciéndoles a los discípulos: «¿Están hablando de *comida*? ¿De la simple comida física? Mientras ustedes estaban pensando en sus estómagos, yo estaba disfrutando un banquete espiritual que satisfizo mi alma. Recibí alimento en los niveles más profundos. Hablé con una mujer que estaba sedienta espiritualmente y le expliqué acerca del agua viva que realmente ella necesitaba. Oigan, la comida hace falta, no tiene nada de malo, pero ninguna comida se puede comparar con el sabor de llevar a una persona al Reino de Dios».

¿No es esa la verdad? Hace poco un empresario me describió muy emocionado cómo había orado con uno de sus colegas para que recibiera a Cristo.

—¿Puedes creerlo? —dijo con la voz entrecortada—. ¿Puedes creer que Dios utilizó a alguien como yo para hacer algo tan importante?

Él descubrió lo que se siente cuando uno se convierte en un héroe del reino y él nunca más será el mismo. Y cuando tú lo descubras, te sucederá lo mismo.

Obstáculos espirituales

U na vez yo estaba almorzando con un ateo famoso y decidí preguntarle sin rodeos:
—¿Por qué no crees en Dios?
—Porque no creo en la superstición —respondió.
—Oye, ¡qué bien! Yo tampoco. ¡Tenemos algo en común! —le dije yo.

Traté de explicarle que el diccionario define superstición como una creencia que se sostiene a pesar de la evidencia que existe en su contra. Pero el cristianismo no es así. Es una fe que concuerda con la evidencia histórica.

—¡Superstición! —exclamó él haciendo un gesto con la mano—. Insisto en que es una superstición tonta.

Él estaba frente a un obstáculo espiritual. En el transcurso de los años, al conversar con la gente acerca de sus peregrinajes espirituales, a menudo descubro que han alcanzado un punto muerto que está bloqueando su camino. En el caso de este hombre era su terca negativa, por la razón que fuera, a siquiera considerar la evidencia del cristianismo.

Para otros, la naturaleza de sus obstáculos varía, sin embargo, el resultado final es el mismo: Están atascados en su progreso hacia un avance espiritual. Cuando hablo con los Juanes y Marías Sin-iglesia, trato de diagnosticar qué está causando la obstrucción para poderles recomendar una manera de volver a retomar el camino hacia Dios.

Lo que voy a hacer en este capítulo es tratar cinco categorías de obstáculos espirituales que encuentro comúnmente para ayudarte a detectarlos y tratarlos cuando hablas con personas irreligiosas.

- **Obstáculo #1**: «Yo *no puedo* **creer**».

Esa es la opinión de las personas que tienen un asunto intelectual o emocional específico que ha paralizado su progreso hacia Dios. Lo expresa:

- El médico que dice: «No puedo creer en la Biblia porque está reñida con la ciencia moderna».
- La madre de un niño enfermo que dice: «No puedo creer en un Dios que permita que mi hijo sufra cuando tanta gente mala parece tener éxito».
- El abogado que dice: «Estoy acostumbrado a tratar con hechos y evidencias, no puedo creer en algo que se nos pida que aceptemos solo por fe».
- El ejecutivo empresarial que dice: «Yo oré para que mi negocio rebasara la crisis, pero va cuesta abajo. No puedo creer en un Dios que no presta atención a mi llamado pidiendo ayuda».

Ya que yo soy más «pensador» que «sentidor», disfruto especialmente ayudar a las personas a vencer las barricadas intelectuales. Muchas veces sus preguntas son muy específicas.

Por ejemplo, el Viernes Santo de 1990, un abogado exitoso entró a mi oficina para tratar asuntos espirituales. Llevaba seis meses examinando el cristianismo y la pregunta que lo bloqueaba era: «¿Cómo estaré seguro de poder confiar en la Biblia?»

Esa es una pregunta justificada y la debatimos durante tres horas. Finalmente hubo una pausa y yo le dije:

—¿Tienes otra pregunta?

—Supongo que podría pasarme toda la eternidad haciendo preguntas sobre temas secundarios, pero realmente ya me has respondido mis preguntas principales. Asumo que ahora el asunto es: ¿qué voy a hacer con todo esto?

Él había saltado un obstáculo relacionado con la confiabilidad de las Escrituras y ahora estaba listo para tratar con el evangelio. Ese día, cinco minutos antes de que comenzara nuestro servicio de viernes santo, nos arrodillamos juntos en mi oficina y él recibió el perdón y el liderazgo de Cristo para su vida. Luego subimos a un servicio de adoración que estaba dedicado al sacrificio que Jesús hizo a favor de este abogado. Me senté a su lado mientras él vertía su adoración a Dios y participaba de la Cena del Señor por primera vez. Fue uno de los cultos de adoración más significativos al que yo haya asistido jamás porque lo estaba experimentando a través de los ojos agradecidos de alguien que solo momentos antes había sido salvo por gracia.

Al tratar los temas espirituales con Juan y María Sin-iglesia, a menudo yo pregunto: «¿Hay alguna pregunta o preocupación específica que te está estorbando en tu peregrinaje espiritual?» Esa pregunta les ayuda a concentrarse con claridad en lo que realmente está obstruyendo su camino hacia Dios. Una vez que son capaces de expresar la pregunta, entonces podemos comenzar a encontrar respuestas para seguir adelante, hacia Cristo.

Para ayudarles a imaginarse su situación, a veces yo modifico algo que Pascal dijo una vez y les describo los tres bandos específicos de personas en el mundo. Existe el:

- Bando A, son las personas que han encontrado a Dios;
- Bando B, está formado por personas que están buscando a Dios y lo encontrarán;
- Bando C, las personas que no están buscando a Dios.

Les digo a Juan y a María Sin-iglesia que estar en el bando C no tiene ninguna ventaja. A menos que Dios haga algo sensacional, como lo hizo cuando transformó a Saulo de Tarso en Pablo el Evangelista, el Bando C es un callejón sin salida. Es un lugar que está poblado de personas con mente cerrada que se niegan a buscar la verdad.

Así que los animo a levantar el campamento y pasar al

Bando B para que busquen sinceramente la verdad acerca de Dios. Y, por supuesto, sabemos por las Escrituras que cualquiera que esté sinceramente en el Bando B, con el tiempo terminará en el Bando A.[1]

Muchas veces los desafío a hacer el tipo de oración «del que busca», como la que yo hice cuando todavía era un escéptico. Yo sugiero algo así: «Dios, ni siquiera estoy seguro de que existes, pero si es así, realmente quiero conocerte. Por favor, revélate a mí. Honestamente quiero conocer la verdad sobre ti. Pon personas en mi vida, pon libros y videos en mi camino, utiliza cualquier medio que quieras para ayudarme a descubrir quién eres».

Entonces los animo a que investiguen. Por ejemplo, si creen que la Biblia está llena de errores, ¿cuáles son los errores específicamente? Enuméralos para que puedas revisarlos.

Eso fue lo que hizo el Dr. Vic Olsen. El Dr. Olsen fue un brillante cirujano y él y su esposa Joan no creían en Dios porque creían que la ciencia moderna había establecido que la Biblia es una mitología. Pero pusieron el cristianismo a prueba.

Primero, lo comprobaron desde la perspectiva científica leyendo un libro escrito por trece miembros eminentes de la American Scientific Afilliation [Afiliación Científica Estadounidense] quienes demostraron que la Biblia y la ciencia realmente no están reñidas.[2] Luego lo comprobaron desde la perspectiva legal leyendo un libro de Irwin Linton, un abogado de Washington D.C., quien demostró que la credibilidad de la Biblia resiste incluso las duras repreguntas de un abogado.[3]

Lo examinaron desde una perspectiva arqueológica, médica e incluso desde la perspectiva de un detective. En otras palabras, dejaron que su curiosidad los llevara hacia la verdad y descubrieron que la fe resiste incluso el examen más riguroso de la gente pensante. Ellos no solo entregaron sus vidas a Cristo, sino que cambiaron el rumbo de sus profesiones utilizando sus habilidades médicas para servir a los necesitados en Bangladesh, país asolado por la pobreza.

Olsen escribió un libro titulado *The Agnostic Who Dared to Search* [El agnóstico que se atrevió a investigar][4] y ese es el desafío que yo les hago a Juan y María Sin-iglesia: que corran el riesgo de descubrir la verdad acerca de Dios.

En derecho, cuando hay una evidencia que sugiere que algo pudiera ser verdad, o en la terminología legal, cuando hay una «causa probable», entonces un juez ordena un juicio completo en el que pueda considerarse toda la evidencia. Lo que yo les digo a los escépticos es que claramente hay alguna evidencia que apoya el cristianismo y por la tanto merece que se realice una investigación hecha y derecha de los hechos.

Dado el poder de las Escrituras, yo siempre animo a Juan y a María Sin-iglesia a comenzar a leer la Biblia por sí mismos. Por lo general, es la primera vez que la examinan en serio. Si la persona es un individuo del tipo práctico, yo le sugiero el Evangelio de Lucas. Como es médico, Lucas escribe con una nitidez directa que atrae a abogados, médicos, científicos e ingenieros.

Si la persona es más artística o filosófica, sugiero el Evangelio de Juan. Si la persona tiene un origen judío, le sugiero el Evangelio de Mateo ya que él hizo énfasis en el cumplimiento en Cristo de las profecías del Antiguo Testamento.

Mateo le resultó convincente al Dr. Alexander Zaichenko, un prominente economista en lo que era entonces la Unión Soviética. Era ateo, de familia de ateos y vivía en un país que era oficialmente ateo, pero en 1979 comenzó a hacer el tipo de preguntas que muchas personas se hacen cuando van envejeciendo:

—¿Dé que se trata la vida realmente? ¿Esto es todo lo que hay?

Mientras buscaba a tientas la respuesta, consiguió una Biblia en el mercado negro y comenzó a leer con una mente abierta. Empezó al principio de Mateo ¿y sabes qué le sorprendió? ¡Lo aburrido que era!

Después de leer la genealogía de Jesús: «Abraham fue el padre de Isaac; Isaac, padre de Jacob; Jacob, padre de Judá y de sus hermanos», etc., él comenzó a pensar «Quizá los ateos tengan razón. Quizá esto no es cierto».

Pero siguió leyendo. Finalmente llegó al quinto capítulo de Mateo, donde Jesús presenta el Sermón del Monte, la charla más provocativa, profunda y desafiante que se haya dado jamás acerca de cómo vivir.

Me encanta la respuesta del Dr. Zaichenko, este destacado intelecto que estudió a todos los clásicos, a todos los filósofos, a todos los grandes pensadores. «Me dejó sin aliento», dijo él. Al momento supo que esas no eran las palabras de un hombre simple y terminó entregando su vida a Cristo.[5]

Historias así pueden inspirar a Juan y a María Sin-iglesia. Además, yo trato de animarlos diciéndoles que Dios no está jugando con ellos a los escondidos. Les señalo que el hecho de que sean capaces de buscarlo es porque Dios los ha capacitado para hacerlo. Incluso mientras ellos buscan a Cristo, él se está extendiendo hacia ellos.

Jesús dijo que su misión es «buscar y a salvar lo que se había perdido».[6] Y nosotros sabemos que «no quiere que nadie perezca sino que todos se arrepientan».[7]

Recuerdo que una vez hablé con un Juan Sin-iglesia durante un almuerzo antes de la Navidad.

—Es una bonita historia —dijo con relación al relato del nacimiento de Jesús—, pero es solo una historia.

—¿Recuerdas la parte de la historia cuando los ángeles les dijeron a los pastores que Jesús había nacido? —dije yo.

—Claro, yo escuché eso en la Escuela Dominical —dijo.

—Bueno, ¿sabes lo que hicieron los pastores? Escucharon las noticias pero no se conformaron con eso. Fueron a comprobarlo por sí mismos. Fueron a ver al Mesías con sus propios ojos. ¿Estarías dispuesto a hacer lo mismo, a comprobarlo por ti mismo?

Él estuvo de acuerdo con pasar del Bando C al Bando B, y confío en que un día me acompañe en el Bando A.

Así que algunas personas dicen: «No puedo creer», basadas en asuntos intelectuales y nosotros debemos animarlas para que busquen la verdad acerca de Dios con sinceridad y honestidad. Pero otros dicen «no puedo creer» porque hay una especie de barrera emocional entre ellos y Dios.

A menudo, cuando hablo con alguien que parece tener problemas con respecto a Dios, le pregunto por su vida familiar y acerca de su relación con su padre ya que el concepto que una persona tiene de su papá puede influir grandemente en la idea que tiene de Dios.

En su ensayo «La psicología del ateísmo» el Dr. Paul C. Vitz habla sobre cómo el abuso, el rechazo, la desilusión, el abandono de un padre o la ausencia de un padre, forman una barrera para creer en Dios.

Él detalla los problemas que muchos ateos afamados tuvieron con sus padres. Por ejemplo, Sigmund Freud y Karl Marx dejaron claro que ellos no respetaban a sus padres respectivos. Baron d'Holbach, el racionalista francés, quedó huérfano a los trece años; tanto Bertrand Russell como Nietzsche perdieron a sus padres a los cuatro años; el padre de John Paul Sartre murió antes de que él naciera y Camus era un bebé cuando su papá murió.[8]

El hijo de Madalyn Murray O'Hair, la mujer que fundó American Atheists, Inc. [Ateos Estadounidenses, Inc.], describió de manera horripilante la relación amarga y a veces violenta que tuvo con su padre. William J. Murray dijo que una vez vio a su madre tratando de matar a su padre con un cuchillo de carnicero y juraba: «Te voy a matar. Te voy a agarrar. ¡Caminaré sobre tu tumba!»[9]

Murray, quien es ahora un empresario cristiano y un evangelista dijo: «Mi opinión es que la campaña maníaca de mi madre para quitar toda referencia a Dios en las escuelas públicas y en el gobierno, además de sus acaloradas campañas ateas a través de los años, se remontan a este asunto. Madalyn Murray estaba furiosa con los hombres y estaba furiosa con Dios, que es hombre. En lugar de hacer frente a su conciencia, ella decidió negar la existencia de Dios y rehusó aceptar cualquier tipo de restricción moral. Ella tenía que destruir toda referencia a Dios porque si existía una deidad, entonces él podía hacer exigencias en la vida de ella».[10]

Muy pocas personas llegan al extremo de convertirse en ateas. Sin embargo, la relación de una persona con su padre puede llegar a evitar su desarrollo espiritual. Por ejemplo, ser criado en un hogar en el que el padre a menudo expelía ira puede inducir a algunas personas a pensar que su Padre Celestial es vengativo de igual manera y por lo tanto tienen miedo de querer relacionarse con él.

Si el padre los abandonó cuando eran niños, ya sea emocional o físicamente, pueden resistirse a tener una relación con Dios por temor a que también él acabe hiriéndolos o abandonándolos. Puede que tengan una autoestima destrozada al pensar que su padre tiene buenos motivos para abandonarlos ya que ellos no tienen valor intrínseco. Por consiguiente, no pueden comprender a un Dios que les ofrece amarlos como son.

Y hay algunas personas que crecieron en hogares donde solo recibían afirmación si lograban algo. Puede que crezcan sintiendo que deben ganarse el amor de todo el mundo, incluyendo el de Dios. Pueden quedar tan atrapados en una rutina de tratar de hacerse dignos de Dios que no progresan en entender que el amor de Dios es incondicional.

Aunque ninguno de estos individuos sin-iglesia se clasificaría a sí mismo como ateo, en resumidas cuentas se detienen antes de entrar en una relación con Dios.

Otra barricada emocional puede ser el miedo a la intimidad. Ser un seguidor auténtico de Jesucristo significa tener una relación cercana, honesta, vulnerable y transparente con él y cada vez más con sus seguidores, y eso espanta a algunas personas. De hecho, a menudo son personas que uno no esperaría que les intimidara la idea de relacionarse estrechamente con otros.

«Algunas de las personas a quienes más amenaza la intimidad son personas amorosas y gregarias a nivel superficial», escribe John Guest. «Pueden conversar y reírse y ser muy acogedores en el estilo de su personalidad, pero uno nunca se acerca a ellos y ellos no lo quieren. Así que no estamos hablando acerca de una personalidad muy fría. Estamos hablando acerca de un vasto rango de personalidades que son meramente fachadas tras las cuales la gente escoge vivir y a veces en una completa soledad».[11]

Guest dijo que algunas de estas personas entran al movimiento de la Nueva Era porque pueden buscar el dios que ellos creen que está dentro de sí mismos, en lugar de buscar al verdadero Dios que quiere relacionarse con ellos en el ámbito personal. Una y otra vez salmodian un mantra sin significado porque emocionalmente es más fácil para ellos que hacer oraciones dolorosamente honestas a un Dios personal.

«El enfoque de una religión tal es el retraimiento no el compromiso, la búsqueda interior, no la búsqueda de Dios; llegar a uno mismo, no la adoración a Dios», dijo Guest.[12]

Tal vez Juan y María Sin-iglesia no se den cuenta que un miedo a la intimidad es realmente lo que está ocasionando las objeciones poco entusiastas que le hacen al cristianismo. Pero he aquí un claro indicio: si notas que tienden a tener una actitud hacia los demás que guarda las distancias, si parecen tener un matrimonio superficial, si tienen una relación en el ámbito superficial con sus hijos y si tienen muchos conocidos pero ninguna amistad profunda, entonces son señales de que su verdadero obstáculo puede ser el temor a una intimidad con Dios.

Otra señal que hay que vigilar es si a la persona le consume la búsqueda de algunos de los sustitutos que nuestra sociedad ofrece a la intimidad, como la pornografía o la promiscuidad. Incluso la bebida puede ser una señal ya que son personas que dependen del alcohol para lubricar su interacción con los demás.

A veces se sospecha que haya un obstáculo emocional o neurótico. Sin embargo, a menudo es mejor dejar que los expertos hagan algo al respecto. Cuando yo percibo que este tipo de asunto está bloqueando la búsqueda de Dios por parte de una persona, trato de ayudarla gentilmente a entender que debe visitar a un consejero cristiano que pueda ayudarla a lidiar con la causa fundamental. Pero también mantengo mi relación con él y le hago saber que soy su amigo pese a las circunstancias.

• **Obstáculo #2: «Yo no quiero creer».**

Realmente son pocas las personas que dicen directamente que no quieren creer en el Dios de la Biblia, por lo general es más una actitud que tratan de oscurecer tras una cortina de humo.

Yo sospechaba que este era el caso de un joven campesino hindú a quien conocí en una villa rural al sur de la India. Con la ayuda de un amigo que hablaba telugu, le hablé del evangelio y él comenzó a hacer varias preguntas. Cuando se las respondí, comenzó a presentar objeciones que evidentemente eran poco entusiastas. Finalmente me di cuenta que debía tener alguna razón subterránea para mantener a Cristo a la distancia.

—Déjame preguntarte —le dije—. ¿Hay algo en tu vida a lo cual temes tener que renunciar si te conviertes a Jesús?

Vaciló por un rato y finalmente reconoció que estaba involucrado en peleas de gallos y supuso que tendría que dejar su deporte sangriento e ilegal si se hacía cristiano. Por fin la cortina de humo se disipó y su razón para resistirse a Dios quedó clara.

Por supuesto, los estadounidenses también hacen el juego. Hace unos años yo estaba en una fiesta de Navidad en casa de mi hermana cuando entablé una conversación sobre religión con un empresario que pensaba que la idea de un Dios era irracional.

Así que le dije:

—Pues es interesante, porque así era como yo solía sentirme. ¿Quieres que te cuente acerca de la evidencia que me convenció que es racional hacerse cristiano?

—De ninguna manera. Esa evidencia es para usted, no para mí —dijo él.

—Bueno, evidencia es evidencia —dije yo.

—Mire, no estoy interesado en escuchar nada de evidencias porque no creo que sea posible tener una evidencia real de que Dios existe.

Con eso terminó el asunto firmemente.

Ahora, mi primer pensamiento fue que él tenía un obstáculo intelectual, que estaba bloqueado porque no entendía la naturaleza de la evidencia. Pero mientras hablábamos sobre varios temas, comencé a sospechar que su obstáculo no era intelectual sino moral.

Al parecer, estaba involucrado en algunos asuntos sexuales y éticos que él sabía que eran contrarios a las enseñanzas de Cristo, así que aparentemente su objeción a la evidencia era solo una táctica de diversión para esconder su verdadera preocupación: que convertirse en cristiano implicaría un cambio radical en su vida que no le interesaba.

Cliffe Knechtle cuenta la historia de su conversación con un alumno de la Universidad Estatal de Nueva York que decía que la Biblia estaba llena de mitología, aunque reconocía que nunca la había leído. Knechtle lo desafió a leer el libro de Isaías, que contiene profecías relacionadas con Cristo y el de Mateo, que registra el cumplimiento de dichas predicciones.

Knechtle escribe:

—Pensé que nunca más volvería a verlo, pero al día siguiente se me acercó y me dijo: "Leí Isaías y Mateo. Es una literatura interesante. Creo que dice la verdad».

—¡Qué bueno! ¿Estás listo a confiar en Cristo para la vida eterna?

—De ninguna manera. Tengo una vida sexual muy activa. Yo sé que Cristo querría cambiar eso y yo no quiero que nadie lo cambie.[13]

Por lo menos, el alumno fue honesto en cuanto a porqué se mantenía alejado de Dios. Aunque muchas personas no admitirán lo que yace tras su negativa a creer, algunos son muy directos al respecto. Por ejemplo, Aldous Huxley, el famoso autor y ateo, escribió:

«Yo tenía razones para no querer que el mundo tuviera un significado, por lo tanto asumí que no lo tenía y pude, sin ninguna dificultad, encontrar razones satisfactorias para esta suposición... Para mí, como para la mayoría de mis contemporáneos, la filosofía de la falta de sentido era en esencia un instrumento de liberación. La liberación que deseábamos era al mismo tiempo liberación de un sistema político y económico determinado y la liberación de un determinado sistema de moralidad. *Nos oponíamos a la moralidad porque interfería con nuestra libertad sexual*»[14] énfasis del autor).

En otras palabras, él estaba escogiendo no creer en Dios para seguir viviendo un determinado estilo de vida sexual.

Lo que yo le diría a Huxley y a otros que levantan estas cortinas de humo es que no captan la idea: Dios es el Dios de la verdadera liberación. Al leer la Biblia ellos verían que la meta de Dios no es ser un cascarrabias que pone trabas a nuestro estilo de vida sino que quiere maximizar nuestro potencial y protegernos de una conducta autodestructiva. Fue Dios quien nos creó, sin dudas él quiere vernos florecer y convertirnos en todo lo que él quiso que fuéramos.

Cuando las personas se esconden tras una cortina de humo a veces es porque le ven al cristianismo un lado negativo que quieren evitar, mientras que al mismo tiempo están pasando por alto el lado positivo del cristianismo. Así que por lo general las desafío diciendo: «¿Por qué no haces un análisis de costo/beneficio? Esa es una manera moderna de tomar una decisión, ¿verdad? Toma un papel, divídelo en dos y compara los costos y los beneficios de como estás viviendo ahora con los beneficios y los costos de seguir a Cristo».

Piensa en el lado de Cristo en el libro mayor: él ofrece perdón, aventura, una conciencia limpia, seguridad, dirección, satisfacción, relaciones, consuelo, tranquilidad de espíritu, liberación de la culpa, la promesa de la eternidad, poder sobre los impulsos destructivos y la única esperanza que proviene de estar relacionado con el Dios del universo.

Entonces los animo a llevar la trayectoria de su actual estilo de vida a su conclusión lógica. «¿Dónde acabas? ¿Cómo harás frente a las tragedias que te encontrarás a lo largo del camino? ¿Cómo te sentirás contigo mismo? ¿Y de dónde buscarás esperanza al final?»

Les hablo de mi propia experiencia. «Desde que le dije a Dios: "Toma mi vida", he estado en una aventura que pone los pelos de punta y que está muy por encima a la manera en que yo solía obtener mis placeres. "Pero sigue", digo yo, "pruébalo tú mismo"».

Este tipo de desafío puede ser útil para que dejen atrás sus tácticas de diversión y comiencen a considerar los beneficios de una vida y una eternidad con Cristo.

• **Obstáculo #3: «Yo no sé qué creer».**

Escuchan todo tipo de interpretaciones de la Biblia. Ven riñas entre las distintas denominaciones. Escuchan de batallas doctrinales dentro de las denominaciones. Encuentran personas que toman la Biblia literalmente y otros que dicen que es solo una pauta general. Escuchan a los que utilizan la Biblia para apoyar posiciones completamente contradictorias e incluso absurdas. Tratan de leer la Biblia y se quedan estancados en Levítico.

Así que levantan las manos y dicen: «No sé que creer. Parece que el significado de la Biblia cambia según quien la interprete. Entonces, ¿qué es lo correcto?»

He conocido personas cuyo peregrinaje hacia Cristo se ha descarrilado porque no están seguras en quién creer. Entre sus amigos teológicamente liberales y los fundamentalistas que ven en la televisión no saben quién tiene la respuesta correcta. ¿Cómo grupos diferentes de cristianos pueden leer la misma Biblia y salir con interpretaciones diferentes? ¿En quién se puede confiar que no esté añadiéndole cosas al texto?

Una manera de ayudar a estas personas es explicarles que

la clave para entender la Biblia acertadamente es la misma que la clave para entender cualquier otra comunicación: determinar lo que quiso decir el escritor. No es interpretar la Biblia para que diga lo que nosotros queremos que diga ni ver en ella nuestros prejuicios sino descubrir lo que el autor, inspirado por el Espíritu, estaba tratando de transmitir.

A veces yo utilizo este ejemplo: Finjo que Alison, mi hija, y su novio van a salir una noche entre semana a tomar una Coca Cola y yo les digo: «Deben estar en casa antes de las once». ¿Cómo interpretarías eso? Está bastante claro, ¿verdad?

Esto nunca sucedería, pero imagínate que son casi las 10:45 y los dos todavía están pasándola muy bien en el quiosco de perros calientes de Portillo. Realmente no están deseosos de que termine la noche y de repente comienzan a tener dificultades interpretando mis instrucciones.

Ellos dicen: «¿Qué quiso decir él realmente cuando dijo "*Ustedes* deben estar en casa antes de las once"? ¿Quiso decir nosotros literalmente o estaba hablando en sentido general? ¿Estaba diciendo, en efecto, "Como regla general, la gente debe estar en casa antes de las once"? ¿O simplemente estaba haciendo la observación de que "Generalmente, la gente está en casa antes de las once"? Quiero decir, no fue muy claro, ¿verdad?

»Y ¿qué quiso decir con "Debes estar en casa antes de las once"? ¿Sería un padre amoroso tan exigente e inflexible? Probablemente lo dijo como una sugerencia. Yo sé que él me quiere, entonces, ¿no está implícito que él quiere que yo me divierta? Y si me estoy divirtiendo, entonces él no querría que yo terminara la noche tan pronto.

»Y, ¿qué quiso decir con: "Deben estar en *casa* antes de las once"? Él no especificó en casa *de quién*. Podría ser la casa de cualquiera. Quizá lo dijo en sentido figurado. ¿Recuerdas el viejo refrán: "El hogar es donde esté el corazón"? Mi corazón está aquí en el quiosco de Porrillo, entonces, ¿no quiere eso decir que ya estoy en casa?

»Y, ¿qué quiso decir realmente cuando dijo: "Deben estar

en casa antes de las *once"*. ¿Dijo eso en un sentido exacto, literal? Además, nunca especificó 11:00 p.m. o 11:00 a.m. Y realmente no fue claro en si estaba hablando de la hora del centro o de la hora del Pacífico. Vaya, en Honolulu todavía falta un cuarto para las siete. Y de hecho, si lo piensas, *siempre* es antes de las once. Cualquier hora que sea, siempre es antes de las próximas once. Así que con todas esas ambigüedades, no se nos puede hacer responsables».

Como ves, nuestros motivos pueden cambiar radicalmente la manera en que interpretemos las palabras. La gente hace eso con la Biblia para darle la vuelta a enseñanzas con las que no están de acuerdo o que no quieren enfrentar. Pero la manera de leer la Biblia es preguntándose: «¿Qué quiso el comunicador que yo entendiera?»

Reconozco que las Escrituras tienen secciones difíciles y que personas bien intencionadas pueden debatir muchos de los matices más sutiles. Pero cuando se trata del mensaje crucial que toda persona necesita conocer para ser absuelta de su pasado y garantizar su futuro, no hay ambigüedad.

De hecho, mi colega, Judson Poling, resumió el mensaje central de todos los sesenta y seis libros de la Biblia en una cita corta de tres segundos: «Dios nos hizo, nosotros lo echamos todo a perder, Cristo pagó por eso, nosotros debemos recibirlo». No es un mensaje vago ni complicado, ¿verdad?

A nuestra iglesia vienen algunos hombres de un lugar llamado Little City, que es un hogar de entrenamiento para personas con problemas del desarrollo. De vez en cuando yo solía preguntarme: «¿Cuánto entenderán lo que sucede? ¿Cuánto del mensaje llega hasta ellos? ¿Es demasiado complicado para que lo procesen?»

Entonces, después de un culto, uno de los hombres cuyo nombre es Jack, vino a saludarme. Vi que su brazo derecho estaba enyesado y con un cabestrillo. Señalé la lesión y le dije: «¿Te dolió?»

Jack miró su brazo y luego dijo con una voz entrecortada:

«Yo vengo aquí….oigo de Jesús…y pienso en todo el dolor…que él pasó por mí… y luego me digo… "esto no fue nada"».

«Jack», le dije mientras lo abrazaba, «eso es lo más profundo que alguien me haya dicho durante mucho tiempo».

Él entiende el mensaje.

Así que les digo a las personas que están confundidas con respecto a qué creer, que el mensaje central de la Biblia es claro, puro e inequívoco para aquellos que no se empeñan en hacer borroso el mensaje para su propio propósito.

La Biblia lo resume en una oración sencilla, enunciativa e inspirada por Dios: «todo el que invoque el nombre del Señor será salvo».[15]

• Obstáculo #4: «Yo *sí* creo, ¿eso no es suficiente?»

A veces hablo con una persona que creció en un hogar cristiano, dominó la jerga desde una edad temprana, en la Escuela Dominical se sabía las respuestas correctas pero se ha pasado la vida buscando el «iglesismo» en lugar del cristianismo.

Conozco a otra persona que dice que cree que Jesús es el hijo de Dios, al fin y al cabo, el 91% de los estadounidenses piensa que eso es verdad[16], pero se queja de que este conocimiento no ha cambiado su vida.

Para algunos la respuesta se encuentra en la distancia más larga del mundo: la distancia entre nuestra cabeza y nuestro corazón. Puede que estén de acuerdo con el evangelio, pero en realidad nunca se han apropiado del mismo.

Ese fue el caso de una madre de treinta y un años, con dos hijos, a quien conocí en Michigan. Después de asistir a dos cultos en los que Mark Mittelberg y yo presentamos el evangelio y respondimos preguntas, ella se acercó y dijo: «Acabo de darme cuenta que toda mi vida he estado jugando a la religión. Soy activa en la iglesia, soy miembro de comités, desde que era niña he escuchado tanto sobre la crucifixión que ya soy insensible a esta. Y hoy comprendí que no tengo una relación con Cristo. Lee, ¡no quiero seguir jugando a la iglesia! No quiero seguir con jueguitos».

Aunque había estado inmersa en la cultura de la iglesia durante años, nunca había recibido personalmente el perdón de Cristo y su liderazgo en su vida, hasta ese día.

Necesitamos aclararle a Juan y a María Sin-iglesia que creer en Cristo intelectualmente es solo parte de la respuesta. Una manera es ofrecer un versículo bíblico que ofrezca una «ecuación espiritual» que explique con una eficiencia matemática lo que realmente significa volverse cristiano.

Mientras recito Juan 1:12 les pido que escuchen los verbos activos: «Mas a cuantos lo *recibieron*, a los que *creen* en su nombre, les dio el derecho de *ser* hijos de Dios».[17]

Esos verbos conforman la ecuación: Creer + Recibir = Ser.

Creer es estar de acuerdo intelectualmente con que Cristo se sacrificó para pagar por lo malo que nosotros hicimos. Eso es importante, les digo, pero no se detengan ahí. Algunas personas se sientan en las iglesias durante años, estancadas en este punto y se preguntan por qué su vida espiritual está anquilosada.

El próximo verbo en la ecuación también es de importancia fundamental. Necesitamos *recibir* la oferta gratis que Dios nos hace de perdón y de vida eterna.

Tenemos que reclamarla para nosotros porque hasta que no lo hagamos, no nos pertenece; es solo algo que sabemos en nuestra cabeza. Así que es necesario que admitamos nuestra maldad, que nos alejemos de ella y que humildemente aceptemos el pago de Cristo a favor nuestro.

Y el tercer verbo es *ser*, ese es el cambio de vida que Dios obra en nosotros *después* que creemos en él y le recibimos como nuestro perdonador, nuestro líder y amigo. Esa es la transformación que describió el apóstol Pablo cuando escribió: «Por lo tanto, si alguno está en Cristo, es una nueva creación. ¡Lo viejo ha pasado, ha llegado ya lo nuevo!»[18]

El problema surge cuando la gente erróneamente pone la ecuación al revés. Creen que es «creer + ser = recibir».

Seguro, creen en Cristo, pero sienten que necesitan limpiar

su vida y hacerse aceptables antes de que realmente puedan recibirle. Piensan que si primero no se organizan, van a decepcionar a Cristo porque no serán capaces de vivir de acuerdo a sus normas. Este obstáculo impide su progreso espiritual.

Pero Jesús diría: «Mira, primero cree en mí, luego recíbeme y cuando hagas eso, *entonces* yo puedo ayudarte a convertirte en mi seguidor al transformar tu vida de maneras que nunca podrías lograr por ti mismo. Te daré el poder para cambiar, pero no puedo cambiar tu vida hasta que primero me la entregues».

Eso tiene sentido, ¿verdad? Jesús dijo: «Yo no he venido a llamar a justos sino a pecadores».[19]

Una vez conocí a una mujer que estaba atascada en el plan de «creer + ser = recibir». Su mayor obstáculo era que si ella primero no restregaba su vida para dejarla limpia, terminaría entregándose a Cristo pero sin ser capaz de vivir una vida que le honrara a él. Ella creía que entonces Jesús la rechazaría.

—Tus hijos te han decepcionado alguna que otra vez, ¿no es cierto? —le pregunté.

—Claro —dijo ella.

—Cuando eso sucede, ¿lamentas que sean tus hijos? ¿Los desheredas?

—Por supuesto que no —contestó.

—¿Qué haces cuando ellos te defraudan y luego te piden que los perdones?

—Bueno, los perdono y luego trato de ayudarlos a crecer para que la próxima vez les vaya mejor.

—Ese también es el método de Dios —dije yo—. Deja que *él* te cambie para que puedas convertirte en todo aquello que él quiere que seas.

• **Obstáculo #5: «No quiero creer lo que *ellos* creen».**

En la época en que yo era periodista yo solía caminar por el centro de Chicago y veía a los evangelistas en las aceras gritando en un sistema de audio portátil que distorsionaba tanto el sonido del mensaje que uno no podía entenderlos aunque quisiera.

Pensaba: «Bueno, nunca quisiera acabar *así*». En otras palabras, si el cristianismo requiere que una persona se convierta en un inadaptado social que no tiene vida social excepto los cultos de la iglesia y las reuniones de oración, no cuentes conmigo.

Lamentablemente, Juan y María Sin-iglesia a menudo tienen estereotipos equivocados con respecto a los cristianos que les impiden que quieran considerar la fe por sí mismos. Ven a los cristianos como aburridos, desconectados y viviendo un estilo de vida «descolorido» que carece de emoción, desafío o diversión.

Necesitamos mostrarles la verdad acerca del cristianismo auténtico: que este es la forma más atrevida, gratificante y revolucionaria de vivir. De hecho, voy a dedicar el próximo capítulo a explorar la aventura del cristianismo.

Espero que esto te dé algunas ideas para que la gente deje atrás este obstáculo y también te impulse a preguntarte a tí mismo: «¿Estoy viviendo el tipo de vida que atrae o que repele a Juan y María Sin-iglesia?»

8

La aventura
del cristianismo

L eía la sección de clasificados del periódico del domingo
cuando vi el anuncio para un carro nuevo que decía: «La
transmisión automática es una opción obligatoria».

Pensé para mis adentros: *¿Opción obligatoria? Oye, ¡eso es
un oxímoron!*

Un oxímoron es la combinación de palabras que parecen
contradecirse unas a otras. Quizá has escuchado algunos
ejemplos famosos: inteligencia militar, comida congelada
gourmet, mala salud, quemadura del congelador, noticias
viejas, etc.

En Chicago tenemos algunos oxímorones propios. Por
ejemplo: «victoria de los Cubs» es un ejemplo que se escucha
todos los años en la ciudad. «Fútbol de la Universidad del
noroeste» es otro y está «La Gran Zona de Milwaukee». Vaya,
¿qué de grande puede tener *Milwaukee*?

Una vez Ted Kennedy denunció lo que consideró ser un
intento evidente de los republicanos para ocultar algo al
público. Él lo llamó un «encubrimiento transparente». Los republicanos también dicen oxímorones. Una vez George Bush
hizo un llamado a una «congelación flexible». Y hay otros
oxímorones políticos, ¿qué te parecen «republicanos jóvenes»
y «ética del congreso»?

¿Sabes lo que es un «sándwich héroe»? Una fiambrería

tenía un letrero para un sándwich hecho con pollo, lo cual le hacía una «gallina héroe».

Le dije a un conocido:

—Estoy coleccionando oxímorones, ¿sabes alguno?

—Claro que sí —respondió—. ¡Felicidad matrimonial!

Ay, lamento haber preguntado.

Hace varios años cuando yo escribía para el *Chicago Tribune* y era un ateo confirmado (oye, ¿no debería ser *eso* un oxímoron?), yo estaba entrevistando al antiguo líder de una pandilla, se llamaba Ron Bronski. Él había sido un terrorista de ciudad, bebedor, inhalador de pegamento, lleno de odio. Después de matar a un miembro de una pandilla rival en un ataque de venganza, Ron huyó con su novia y acabó en Portland, Oregon, donde nuevamente trataron de comenzar la vida.

Pero decir que empezaron de nuevo sería un eufemismo. Resulta que se convirtieron en seguidores de Jesucristo. Con el tiempo Ron se convirtió en un ciudadano responsable, un hombre muy trabajador, miembro de una iglesia y padre de una hermosa niñita llamada Olivia.

Sin embargo, su conciencia lo molestaba, porque hay una orden de arresto en su contra en Chicago y él sabía que lo correcto era entregarse. Así que después de mucho agonizar y de un profundo examen de conciencia, le dijo adiós a la familia y a los amigos, tomó el tren a Chicago y se entregó a la policía.

Su abogado me contó la historia. Yo entrevisté a los cínicos agentes policiales que conocían a Ron de su época en las pandillas y decían que estaban realmente asombrados de ver la transformación que había ocurrido en su vida. Estaban convencidos de que era auténtica. Y luego entrevisté a Ron. Después de contarme la historia de cómo Cristo había revolucionado su perspectiva y sus actitudes, me vi obligado a hacerle una última pregunta.

—Aquí en Chicago viviste una vida bastante alocada —le dije—. Había mucha acción, mucha aventura, mucha adrenalina. Ahora que eres cristiano, ¿cómo estás ajustándote a la vida tranquila de un ratón de iglesia?

Ron me miró como si esa fuera la pregunta más loca que jamás escuchara. Entonces me dijo, en términos directos, que no hay aventura en el mundo como el cristianismo.

Yo pensé para mis adentros: *¡Eso es un oxímoron! ¿Quién podría poner «aventura» y «cristianismo» en la misma oración?*

Yo sabía de qué se trata la aventura, y no tiene nada que ver con sentarse en el banco de una iglesia con las manos cruzadas mientras se canta un himno que alguien escribió hace 200 ó 300 años.

Aventura es la hazaña de los exploradores del espacio, los vuelos por el Atlántico en globos tripulados, la exploración de galeones del siglo diecisiete hundidos en el Caribe. Esas empresas arrojadas inspiran a otros a probar la aventura por sí mismos.

De hecho, en estos tiempos mucha gente se va de vacaciones en viajes de aventura. Hay 5000 agentes de viaje por todo el país que ofrecen oportunidades a los turistas para que vayan a escalar los Himalayas, hagan un viaje en balsa por un río indómito de Colorado, exploren en Katmandú, monten bicicleta a lo largo de la Gran Muralla China, esquíen sobre un glaciar en Alaska, caminen por las montanas de los Andes, naveguen alrededor de las Islas Vírgenes, visiten las tribus Masai en Tanzania, buceen con los atunes en las costas de Fiji, monten un tren de vagones en Wyoming o vayan en un safari de fotos en Kenya.

La gran furia ya no es balancearse en el barco del amor, es navegar a puertos exóticos en los trópicos o en la Antártica. Alguna gente toma vacaciones de trabajo para ayudar a los científicos en proyectos investigativos como la cartografía de los arrecifes coralinos en las Antillas Holandesas.

La mayoría de nosotros nunca recorrería el mundo en una aventura, pero envidiamos a la gente que lo hace. Miramos a Jacques Cousteau en la televisión y tratamos de imaginar cómo sería navegar con él en el *Calypso*.

Esas son aventuras. Pero yo no veía nada emocionante en vivir la vida aburrida, rígida y en blanco y negro de un cristiano.

Es así como se sienten muchos Juanes y María Sin-iglesia. Se niegan a considerar el cristianismo debido a un miedo no mencionado de que si se entregan a Cristo, toda la satisfacción y toda la aventura desaparecerán de sus vidas.

En cuanto a mí, durante mi investigación del cristianismo en silencio, le temía a la posibilidad de convertirme en cristiano y tener que dejar mis salidas a los bares por las noches con los amigos. No me podía imaginar convertido en un devoto y sirviendo durante meses en algún comité apelmazado cuyo único propósito era decidir si comprar himnarios con carátula azul o roja.

Pero a pesar de estas preocupaciones, al final de mi investigación llegué a la conclusión de que Jesucristo es exactamente quién él dijo ser y después de entregarle mi vida, tuve un descubrimiento sorprendente: ¡Ron Bronski tenía razón!

Aprendí que no había nada más emocionante, más desafiante y más lleno de aventura que vivir como un devoto seguidor de Jesucristo. Lo que descubrí es que hay una diferencia entre *emociones* y *emociones que satisfacen*.

Las emociones son esas inyecciones de aventuras breves, superficiales y gratificantes que yo solía introducir en mi vida en un intento desesperado de aprovechar el entusiasmo antes de que se extinguiera para siempre. Esas emociones son como los coloridos fuegos artificiales que explotan en el cielo el cuatro de julio y que rápidamente se desvanecen en ascuas ennegrecidas.

Pero las emociones que satisfacen son aquellas que vienen cuando verdaderamente le rindes tu vida a Dios y haces una oración peligrosa como: «Aquí estoy, Señor, completamente disponible para ti».

Estas son las emociones que sientes cuando Dios te utiliza para que dejes en otros seres humanos una huella que durará por la eternidad.

Son las emociones que vienen cuando Dios te da un papel en la mayor aventura de todos los tiempos: la edificación de su reino.

Es la emoción que viene cuando sientes el fulgor de la aprobación de Dios, cuando le has obedecido y cuando has extendido su amor a la gente necesitada.

Es la emoción que viene cuando te derramas en las vidas de otros y eres testigo de cómo Dios comienza a obrar en ellos, a trasformarlos, a limpiarlos, a aliviar su culpa y a darles a sus vidas significado y seguridad. ¡Tú eres parte de eso!

Es la emoción que sientes cuando sales en fe a la aventura y dices: «Señor, voy a salir más lejos que nunca antes y estoy asustado. El corazón se me quiere salir y las manos me sudan, pero yo sé que me protegerás, así que aquí voy».

Eugene Peterson lo dice de esta manera: «La palabra cristiano significa cosas diferentes para diferentes personas. Para una persona significa una manera de vivir rígida, recta e inflexible, sin color e indoblegable. Para otra significa una aventura arriesgada, llena de sorpresas, que se vive en puntillas al borde de la expectación... Si obtenemos nuestra información del material bíblico, no hay dudas de que la vida cristiana es una vida que baila, que da saltos, una vida atrevida».[1]

Así se suponía que se viviera la vida, *al borde de la expectativa.*

Después de hacerme cristiano, me involucré en ayudar a un ministerio al sur de la India que proporcionaba hogares a niños abandonados, daba asistencia médica y dental a los residentes de aldeas remotas atormentados por la pobreza y llevaba el mensaje de Cristo a un ambiente espiritual opresivo y a veces hostil.

Recuerdo estar parado en una pequeña aldea hindú, rodeado por cabañas de fango con techos de paja y zanjas abiertas para las aguas residuales, en un lugar al que los occidentales raramente van y en el que Dios me usó para llevar el mensaje de esperanza a aquella gente espiritualmente desesperada:

hombres que adoraban serpientes y mujeres a quienes la cultura les había destrozado la autoestima.

Recuerdo a un joven en particular, de una casta inferior, vestido con unos shorts azules desteñidos y una camiseta harapienta a quien toda la vida le habían dicho que no valía nada y que él no le importaba a nadie. Pero cuando escuchó por primera vez el mensaje del amor de Dios hacia él y el sacrificio de Cristo en su favor y cuando entendió que el Dios del universo lo conocía por su nombre y se interesaba inconmensurablemente en él, comenzó a llorar. Estaba abrumado por la gratitud y el asombro.

Nunca olvidaré lo que sentí ese día. Lo único que podía hacer era maravillarme de estar al otro lado del planeta, en medio de la nada, tarde en la noche y que Dios me estaba usando para llevarle a este joven las nuevas que iban a cambiar su vida y su eternidad de ese día en adelante.

Lo rodeé con mi brazo, miré al cielo y dije: «Gracias, Señor, por la aventura de seguirte».

Pero no tienes que ir hasta Andhra Pradesh, La India, para encontrar una aventura como cristiano. Puedes encontrarla día tras día, persona tras persona, en tu propia ciudad. Y Juan y María Sin-iglesia necesitan entender eso.

No necesitan que simplemente se les *diga* que el cristianismo es la aventura de la vida, necesitan ver esa realidad en tu vida. Porque si estás viviendo una vida cristiana aburrida y tibia, de trabajos pesados y guardar reglas, estarás haciéndoles más daño a tus amigos que todos los escándalos que involucran a los tele-evangelistas. Estás dando el mensaje de que el cristianismo es «una manera de vivir rígida, recta e inflexible, sin color e indoblegable» y sin dudas que nunca se esperó que fuera así.

No es fácil explicarle a un incrédulo por qué la aventura del cristianismo es diferente a cualquier otra. Me recuerda mirar a mi televisor que tiene líneas onduladas en la imagen, el color desteñido y de vez en cuando hay que darle por los lados para quitar la interferencia. A veces sale en la pantalla el comercial de un nuevo televisor Zenith o Magnavox y el locutor dice: «¡Mire qué grande es la imagen!» Pero yo no puedo apreciar la calidad de ese nuevo equipo porque mi televisor está distorsionando la imagen.

Algo así pasa con las personas a quienes Cristo no les ha abierto los ojos completamente y, no obstante, están tratando de mirar las vidas de los cristianos dedicados y entender las dinámicas de la fe. Tienen problemas para apreciar la aventura del cristianismo porque sus propias percepciones cansadas están distorsionando la imagen que ven.

Cuando hablo sobre la aventura del cristianismo, a veces Juan y María Sin-iglesia preguntan cuál es la diferencia entre el cristianismo y cualquier otra causa social digna, como los asuntos del medioambiente o los asuntos políticos. En otras palabras, ¿qué hace que la aventura cristiana sea única? Yo explico que la vida cristiana tiene muchas cualidades únicas y luego me concentro en tres. La primera es que cuando nos alistamos en la aventura del cristianismo:

TENEMOS UN COMANDANTE CON QUIEN PODEMOS CONTAR.

Hay una historia acerca de un sargento del ejército y un soldado raso que estaba haciendo un entrenamiento de supervivencia en las Montañas Rocosas. Mientras se abrían paso en el bosque, de repente se encontraron con un enorme oso pardo, enojado, que estaba a punto de atacarlos.

Rápidamente el sargento se sentó, se arrancó sus pesadas botas de excursionista, sacó unas zapatillas de carrera de su mochila, se las puso y se las estaba abrochando con mucho apuro.

El soldado estaba parado mirando:

—Perdóneme, señor —dijo él—, ¿usted cree realmente que va a poder correr más que el oso?

—Bueno soldado, yo no tengo que correr más que el oso —contestó el sargento—. Solo tengo que correr más que usted.

La idea es que el mundo nos ofrece líderes que realmente

no se preocupan por nuestro beneficio. Hemos visto políticos que hacen todo tipo de promesas pero que al final nos fallan. Muchas personas saben lo que es trabajar para un jefe cuya única lealtad es a sí mismo. En otras palabras, si la situación se vuelve él o tú, él se va a salvar a sí mismo, como estaba tratando de hacer el sargento.

Conozco una sola manera segura de determinar si mi líder realmente está de mi lado: *¿Está dispuesto a recibir una bala que era para mí?* Sería como si el sargento de la historia dijera: «Soldado, corra y póngase a salvo. Yo me quedaré aquí a enfrentar ese oso».

Jesús dijo: «Nadie tiene amor más grande que el dar la vida por sus amigos».[2] Y eso es exactamente lo que Jesús hizo voluntariamente por nosotros: sacrificó su vida para que nosotros pudiéramos tener acceso a la eternidad con Dios. Para mí eso es una confirmación de su genuino amor por nosotros.

Lo que es más, podemos contar con él para tener dirección. En el instante en que recibimos el perdón y el liderazgo de Cristo en nuestra vida, el Espíritu Santo se establece y nos ofrece una brújula interior para nuestro safari espiritual. Con una brújula normal lo único que tienes que hacer es encontrar el norte verdadero y luego todas las otras direcciones caen en su debido sitio naturalmente. Y una vez que nos calibramos con el Espíritu Santo, entonces cada otra faceta de nuestra vida comienza a caer en su debido sitio.

Aún más allá de eso, nuestro comandante nos ofrece fortaleza y paz, pero esas suenan a cliché, ¿verdad? ¿No desearías que tuviéramos un laboratorio donde pudiéramos poner a prueba esas promesas?

Hace unos años a dos de mis colegas se les probó su fe. Yo había mandando a Rob Wilkins y a Larry Kayser a Haití a investigar una historia para la revista de nuestra iglesia acerca de un hospital al que estábamos ayudando en la región norte de la isla. Mientras estaban en ese país políticamente volátil, quedaron atrapados en medio de una de las revoluciones periódicas de Haití.

Mientras abordaban apresuradamente un avión de siete plazas y dos motores, corriendo para ponerse a salvo, dos rebeldes brincaron una cerca y asaltaron el avión. Dispararon una ametralladora al aire para mostrar que estaban actuando en serio y amenazaron con matarlos a todos a menos que los sacaran de Haití, pronto.

El avión despegó. Para los pasajeros, todos eran cristianos, era como mirarle el rostro a la muerte. Con una ametralladora ondeando frente a él y otro secuestrado sosteniendo nerviosamente una bomba, contaba Rob después: «Yo me preguntaba si sería mejor recibir una bala directamente en el cerebro o volar en pedacitos».

Pocos de nosotros nos hemos visto en situaciones en las que nuestras vidas colgaran de un hilo. Rob y Larry, durante varias horas tensas, descubrieron esto mientras el avión volaba hacia Miami donde finalmente el FBI capturó a los secuestradores y nadie salió herido.

Después que Rob y Larry regresaron a casa, sus amigos se reunieron para celebrar y les pedimos que describieran su experiencia. Aunque todos éramos seguidores de Cristo, creo que en secreto nos preguntábamos: «¿Cómo resistiría mi fe si me estuvieran poniendo una ametralladora contra la barbilla? ¿Realmente tengo un comandante en el que puedo confiar?»

«Fue una experiencia extraña estar sentado junto a alguien que tiene tu vida en sus manos», dijo Rob. «Pero yo seguía pensando, bueno, *realmente* él no tiene mi vida en sus manos. Aquellos de ustedes que me conocen saben que yo simplemente no digo las cosas para parecer cristiano, pero este incidente me hizo entender la realidad de la muerte y es una experiencia increíble ver que tu fe puede enfrentarse a esa realidad.

»Con esto no quiero decir que no hubiera ninguna ansiedad. Pero luego de casi media hora de vuelo, vino un paz sobre nosotros dos; incluso, hablamos de eso en el avión. Lo peor que nos puede pasar es morir, y para un cristiano, eso no es tan malo. Nuestra fe resistió ante la realidad de la muerte».

Larry dijo: «A menudo me he preguntado, luego de escuchar a personas que han estado en situaciones como esa y que hablan de una sensación sorprendente de la gracia de Dios, qué pasaría si alguna vez yo me encontrara en esa situación. Y lo que ocurrió fue la gracia.

»No hubo lágrimas, no hubo enojo, ni gritería. Había una paz absoluta en aquel avión. Un versículo que en aquel momento vino a mi mente fue este: "No se inquieten por nada".[3] Yo estaba allí sentado y dije: "Está bien Dios, tu Palabra dice que no me inquiete por nada, pero yo no puedo hacer eso ahora mismo. Si en verdad esta es tu Palabra, tú vas a tener que hacerlo".Y lo hizo».[4]

Amigos, sí, tenemos un comandante con quien podemos contar. Los cristianos no estamos siguiendo a un general Custer cósmico a la batalla, estamos siguiendo a un Dios que tiene una visión global, que de corazón se preocupa por nosotros y que tiene el poder para ayudarnos.

¿Es eso lo que estamos comunicándoles a los Juanes y Marías Sin-iglesia de nuestras vidas? ¿Nos ven viviendo una vida de confianza activa en Dios, en la que estiramos nuestra fe y experimentamos frescamente la fidelidad de Dios para con nosotros? ¿Has descubierto, de primera mano, que tienes un comandante en el que puedes confiar?

¿O estás viviendo una vida espiritualmente segura que envía un mensaje sutil a tus amigos incrédulos de que realmente no eres diferente de ellos con excepción de que tienes menos malos hábitos y pasas una hora en la iglesia los domingos?

El hecho de tener un comandante en quien sabemos que podemos contar, distingue al cristianismo de todas las demás aventuras. Y una segunda característica exclusiva de la causa de Cristo es esta:

TENEMOS UNA MISIÓN QUE REALMENTE IMPORTA.

Hay un chiste acerca de un avión que volaba de costa a costa en medio de la noche. A dos horas de vuelo se escuchó la voz del piloto en el intercomunicador:

«Damas y caballeros, les habla el capitán. Volamos a una altura de 11,277 metros y a una velocidad de 925 kilómetros por hora. Me temo que tenemos buenas y malas noticias. La mala noticia es que estamos perdidos, no tenemos ni la más remota idea de dónde estamos. Pero la buena noticia es que tenemos una velocidad muy buena».

Esa es una buena analogía de mi vida antes de Cristo. Yo iba corriendo precipitadamente en una carrera de periodismo, trabajaba como alma que lleva el diablo, acumulando bienes por el camino, pero ¿realmente a dónde iba? ¿Qué estaba yo logrando que en última instancia marcaría una diferencia?

Un día, mientras trabajaba en el *Tribune*, iba por el pasillo hasta la biblioteca del periódico donde se archivan recortes de artículos para referencias futuras. Yo necesitaba ver un artículo en particular que había escrito hacía como un año, así que la bibliotecaria me llevó a un enorme archivo.

«Tomamos una copia de cada artículo», dijo, «y la archivamos por el nombre del periodista que lo escribió». Ella abrió una gaveta ancha y poca profunda y adentro había filas llenas de sobres amarillos que tenían grabado LEE STROBEL. «Ahí tienes. Estos son todos tus artículos», me dijo.

Sentí una extraña sensación al mirar en la gaveta. Ahí estaba la sustancia de todo el trabajo de mi vida en el *Tribune*. De pronto me di cuenta: *¿Es por esto que me estoy matando?* ¿Estoy cambiando mi vida por una gaveta llena de recortes de periódico bien doblados que se están poniendo frágiles y amarillos en los bordes? En ese momento no parecía un canje justo. De hecho, ¡me sentí víctima de una estafa!

Algunas personas cambian su vida entera por una gaveta llena de recibos de compras o por una pared llena de placas, o por muescas en los pilares de su cama o por una colección de botellas vacías. ¿Realmente es un intercambio justo?

Alguien dijo una vez que nadie que esté acostado en su lecho de muerte, hace memoria de su vida y se dice a sí mismo con remordimiento: «¡Caramba! ¡Ojalá hubiera pasado más horas en la oficina! Ojalá hubiera trabajado más duro para que mis comisiones fueran mayores. ¡Y si al menos hubiera puesto más dinero en los bonos del estado!» Probablemente lo que realmente importa en la vida cobra su verdadero significado durante nuestros últimos momentos en la tierra.

Supongo que la mayoría de nosotros miraremos atrás y nos preguntaremos a nosotros mismos: «¿Qué tipo de contribución hice al mundo? ¿Malgasté mi tiempo o hice algo que me sobrevivirá? ¿Dejé una marca en la gente que se desvanecerá o dejé una marca que será eterna? Cuando Dios me dio un codazo para que corriera un riesgo, ¿confié en él o no corrí el riesgo? ¿Qué hice para acumular tesoros para mí en el cielo?»

Hay un residente de la ciudad de Nueva York cuyo nombre aparece más veces en el libro de los *Récord Guinness* que el de ninguna otra persona. Se le reconoce quince veces por proezas como cantar al estilo tirolés sin parar durante veintisiete horas, correr haciendo malabares con tres pelotas durante tres horas y media y por dar saltos mortales sin parar durante más de diecinueve kilómetros. Él esta inmortalizado en ese libro pero, ¿para qué?

En cambio, Jesús les da a sus seguidores un papel importante en la empresa más arrolladora, atrevida, emocionante y significativa de todos los tiempos: el rescate del mundo. Él nos da la oportunidad de impactar a nuestros amigos, nuestros vecinos, nuestros colegas y familiares con un mensaje que puede reescribir sus vidas y la eternidad. ¿Qué misión puede producir más satisfacción o ser más desafiante?

Un problema es que a veces no damos mucha importancia a nuestra contribución individual. Escuché una historia acerca de un hombre que caminaba por la calle y llegó a una obra en construcción. Había tres trabajadores, todos hacían la misma tarea, pero cuando él les preguntó qué estaban haciendo, las respuestas variaron. «Partiendo rocas», dijo el primer trabajador. «Ganándome la vida», dijo el segundo. Pero el tercero dijo: «*Estoy ayudando a construir una catedral*».

Los cristianos que viven una vida de aventura son capaces

de verse a sí mismos como constructores de catedrales, gente que es parte de una visión mayor para construir el reino de Dios. Aunque a otros su papel les pueda parecer poco claro, ellos saben que están haciendo una contribución significativa a una empresa poderosa y digna.

Es como los voluntarios que sirven en nuestra iglesia duplicando las cintas de audio que contienen los mensajes que se dan en nuestros servicios de alcance. Se pasan horas frente a máquinas para sacar miles de grabaciones, sin embargo, no ven su tarea como algo insignificante o de ínfima importancia. Ellos saben que Dios puede utilizar esos mensajes de manera poderosa así que participan en la aventura de Dios tocando las vidas humanas. ¡Eso los motiva! Tienen una misión importante, al igual que cada cristiano que tiene una perspectiva acertada de su contribución al reino.

El psicólogo Gary Collins ha estudiado a los cristianos que marcan una diferencia. Él los define como «una persona cuyas actitudes, valores y acciones animan, liberan, capacitan, enseñan, ayudan o de alguna otra manera benefician las vidas de otros».[5] Son personas que saben que Dios les ha dado una misión, y aunque puede ser un rol tras bambalinas, saben que es importante porque están sirviendo donde Dios quiere que sirvan. Como dice la Biblia: «Así que comete pecado todo el que sabe hacer el bien y no lo hace».[6]

Al pensar en gente que marca una diferencia, nuestras mentes tienden a volar hasta líderes cristianos de renombre. Sin embargo, nunca debemos subestimar el impacto que cada día se produce en las trincheras de la vida cotidiana mediante personas que fielmente extienden su amor a los olvidados, que sirven a los que sufren y que buscan las bendiciones de Dios para otros.

Otra actitud que puede impedir que nos convirtamos en gente que marca la diferencia es nuestra sensación de incompetencia. Obviamos el golpecito de Dios para que entremos en la lucha de su obra porque pensamos que somos incapaces de hacer una contribución, pero la verdad sorprendente es que

Dios ve en nosotros un potencial que ni tan siquiera nosotros vemos.

Piensa en Gedeón, el campesino que se encogía de miedo por los merodeadores madianitas que cada cierto tiempo azotaban su tierra. Gedeón se consideraba el miembro más pequeño de la familia, el más insignificante de la región.[7] Aun así, cuando un ángel se le apareció, ¿adivina cómo se dirigió a Gedeón?

Él no le dijo: «¡Oye, cobarde!» ni «¡Oye tú, el de la raya amarilla en la espalda!» Le dijo: «¡El Señor está contigo, guerrero valiente!» [8]

Dios vio un potencial que Gedeón no reconoció en sí mismo. Dios sabía que cuando se uniera con Gedeón, aquel campesino que una vez estuvo lleno de miedo podría lograr hazañas sorprendentes que nunca hubiera imaginado.

A través de la historia Dios ha escogido a gente ordinaria para lograr metas extraordinarias. De esa manera el crédito va a donde debe ir: a Dios. Los discípulos de Jesús no salieron exactamente de las páginas de *Gentleman's Quarterly* [Revista trimestral del caballero] y, sin embargo, fueron lanzados a transformar la historia del mundo.

Collins cuenta la historia de su madre anciana quien dudaba si todavía era capaz de marcar alguna diferencia.

> Hace algunos años su mundo se derrumbó, cuando mi padre murió. Debido a que tenía escasez de la vista, ya no podía manejar, así que se vendió el carro de la familia. La artritis hacía lento su caminar y le impedía ir muy lejos del pequeño apartamento donde vivía sola. Después de un tiempo, los vecinos que antes fueron solícitos, regresaron a sus vidas ocupadas y la dejaron luchando con la soledad y la viudez. Su actitud siempre ha sido buena y mi madre rara vez se queja, pero hay algo que la desconcierta.
>
> «No sé por qué estoy aquí todavía», dice ella. «No puedo hacer nada. Tengo que depender de otras personas

si quiero ir al mercado o a cualquier lugar. Mi vida no marca mucha diferencia para nadie. Lo único que puedo hacer es orar».

Así que la señora se ha convertido en una guerrera de oración. Su intercesión fluye continuamente al cielo y muchos de nosotros estamos seguros de que sus oraciones marcan una diferencia significativa.[9]

Detengámonos un momento para hacer algunas preguntas difíciles. ¿Realmente te ves a ti mismo como que estas involucrado en una misión que importa? ¿Estás involucrado activamente en la obra redentora de Dios, no jugando a la iglesia sino desempeñando un papel significativo en llevar adelante el reino de Dios? Cuando tus conocidos incrédulos te ven, ¿ven a alguien que está marcando una diferencia, ya sea directa o indirectamente, en las vidas de otros?

¿Estás cooperando con Dios para que él pueda maximizar tu contribución a su obra? Si no, ¿en qué te estás refrenando? Es importante tratar estos asuntos porque tal vez seas el único cristiano que tu amigo conoce y lo que él ve en tu vida le dará una impresión del cristianismo que puede atraerlo o repelerlo.

Pero Dios no nos da simplemente una misión y luego nos despacha en una aventura espiritual. Él primero nos capacita. Y ese es otro aspecto del cristianismo que lo distingue de otras aventuras.

ESTAMOS INVESTIDOS DE PODER CON UN EQUIPO QUE NO TIENE PARALELO.

La Biblia dice que a cada creyente Dios le inculca un fenómeno llamado don espiritual: una capacidad divina para que cada persona pueda participar de la aventura de impulsar el plan de Dios.[10] Puede ser un don de enseñar, de evangelismo, de liderazgo, de administración, de ayudar, de dar, de misericordia, de hospitalidad, de discernimiento, de dar ánimo, de pastorear, de aconsejar o alguna otra cosa, pero cada cristiano está equipado para tener acción en la edificación del reino de Dios y servir a otros en su nombre.

Leslie, mi esposa, solía quejarse de que era la única cristiana en la historia que no había recibido un don espiritual. Durante varios años frustrantes, ella no podía encontrar un nicho en el servicio a Dios que pareciera natural y productivo.

Entonces fue a un programa diseñado para ayudar a las personas a descubrir sus dones y descubrió que Dios le había dado un don espiritual de pastorear. Esta es la capacidad divina de guiar y cuidar a las personas o grupos mientras crecen en su fe. Desde entonces ella ha utilizado su don para ayudar a muchas mujeres a crecer en su relación con Dios.

Cuando mi hijo Kyle era más pequeño, yo le estaba explicando los dones espirituales y pronto se hizo claro que todavía no entendía bien el concepto.

—Papá, yo creo que sé cuál es tu don —dijo.

—¿Cuál es? —le pregunté.

—Tienes el don de morder el helado sin que te duelan los dientes.

Ahora bien, eso es un verdadero don, pero no creo que sea un don *espiritual*. De hecho, descubrí mi don principal un día en que estaba trabajando como director administrativo asistente de una cadena de periódicos suburbanos. Mi jefe sabía que yo era cristiano y al finalizar un día horriblemente agitado en el que casi todo el mundo había perdido la compostura, él me preguntó: «Strobel, ¿cómo lograste acabar el día sin explotar? ¿Qué es para ti esto del cristianismo?»

Nadie nunca antes me había preguntado eso. No estaba seguro de qué decir, pero fui a la puerta de su oficina, la cerré y me pasé los siguientes cuarenta y cinco minutos contándole, lo mejor que pude, cómo Jesucristo había cambiado radicalmente la trayectoria de mi vida.

Cuando salí sentía como si mi vida completa hubiera sido una película en blanco y negro con sonido chirriante, sin embargo, esos cuarenta y cinco minutos se habían filmado en vivos colores con sonido Dolby estéreo. Descubrí que mi don era el evangelismo, la habilidad con ayuda divina para llevar el evangelio a otros.

No hay manera de expresar la satisfacción que experimento cuando Dios me usa para comunicar el mensaje más importante de la historia a una persona cuya eternidad pende de un hilo. ¿Dónde encuentras intereses más altos que esos? ¿Dónde encuentras una misión más significativa?

Si eres un seguidor de Jesucristo, tú también has recibido un don espiritual. ¿Ya lo has descubierto, desarrollado y desplegado? Cuando tus amigos incrédulos ven cómo Dios te usa para impactar de manera eterna a otros, dices mucho del cristianismo auténtico.

A la gente que no está usando activamente su don espiritual yo le llamo «cristianos de autobús turístico». Les llamo así porque van paseando cómodamente por la vida mirando por la ventana a otros que están metidos hasta los codos en la aventura cotidiana de servir a Dios y trabajar entre gente espiritualmente necesitada.

Los cristianos de autobús turístico están aislados de la actividad del mundo real y de la emoción de la obra de Dios. Puede que eviten parte del dolor que está implícito y se protegen a sí mismos de las dificultades y las luchas, pero en el autobús turístico realmente no hay aventura. Se pierden la emoción de vivir al borde de la expectativa. No experimentan la tremenda verdad contracultural de que mientras más un cristiano se entrega al servicio de otros en nombre de Dios, más lo llenará Dios, hasta desbordarse. La aventura viene cuando le dices al autobús turístico que se detenga, te tiras y dices:

«Señor, yo quiero entrar en la lucha. Quiero jugar un papel en la aventura más grande de todos los tiempos. Úsame para marcar una diferencia. Úsame para impactar un joven para ti. Úsame para resolver el problema de alguien. Úsame para aliviar el dolor de alguien. Úsame para responder a la oración de alguien. Úsame para alimentar a alguien que esté hambriento. Úsame para rescatar a un niño. Úsame para llevar alguien a ti. Úsame para aliviar la soledad de alguien. Úsame para criar una familia piadosa. Úsame para profundizar la fe de alguien. Úsame para animar a alguien. Úsame para ayudar a una persona quebrantada a entender que es preciosa para ti. Úsame para tocar las vidas en tu nombre.

»No quiero observar simplemente las catedrales tras la ventana de mi autobús; ¡quiero arremangarme las mangas y construir una catedral! Señor, úsame para edificar una catedral viva dedicada a tu gloria».

¿No anhelas hacer una oración así y hacerlo de corazón?

El aventurero cristiano Tim Hansel dijo: «La mayor tragedia del mundo acomodado de hoy es que uno puede vivir una vida trivial y salirse con la suya».[11] Seamos honestos: ¡«la vida cristiana trivial» debiera ser un oxímoron!

Hay un cliché cristiano que dice: «Puede que tu vida sea la única Biblia que tu amigo lea». Como muchos clichés, en el fondo encierra una verdad. ¿Qué ve tu amigo inconverso cuando mira la manera en que vives tu fe? ¿Ve a alguien que cumplidamente va todos los domingos a la iglesia pero que nunca extiende la compasión de Cristo a las vidas de otros? ¿O ve a alguien cuya fe es «una aventura riesgosa, llena de sorpresas, vivida de puntillas al borde de la expectativa?»

Anteriormente, en este capítulo, mencioné a Ron Bronski, el líder pandillero que se convirtió en cristiano y que se entregó por un cargo de intento de asesinato al herir a un miembro de una pandilla rival. Yo no era cristiano cuando lo conocí, sin embargo, me impresionó el dinamismo y el poder cambiante de su fe.

Yo había visto a cientos de acusados, obviamente culpables, tratando de explotar cualquier escapatoria posible para evitar el castigo que merecían, pero Ron enseguida admitió su culpa y se quedó preparado para aceptar las consecuencias. Irónicamente fue un artículo que yo escribí, entonces un ateo, lo que ayudó a persuadir a un juez a que le diera la libertad condicional en lugar de mandarlo a la cárcel.

Quince años después yo quise seguirle la pista a Ron para

agradecerle que viviera una fe que me ayudó a llegar a Cristo. Utilicé mis viejas habilidades de periodista esperando que Ron todavía tuviera una relación fuerte con Dios.

Finalmente localicé a un ministro en una iglesia de Portland a la que Ron había asistido durante la década de 1970. Pero cuando llamé para preguntar por él, el pastor dijo:

—Lo siento, pero Ron ya no asiste a esta iglesia.

Se me fue el alma al suelo.

—¿Usted sabe si todavía está siguiendo a Cristo? —pregunté—. Realmente necesito saberlo.

—¡Pues claro que lo está! —fue la respuesta—. Ahora Ron está en el ministerio. Es el pastor de su propia iglesia en un complejo de viviendas subvencionadas en Portland. Le daré su número de teléfono.

Cuando finalmente me comuniqué con Ron, le tocó a él quedarse sorprendido.

—No puedo creer que seas cristiano — seguía diciendo—. La última vez que te vi, pensabas que el cristianismo era un montón de basura.

Hoy, con Cristo como nuestro común denominador, Ron y yo nos hemos hecho buenos amigos. De hecho, estoy escribiendo estas palabras un domingo en la tarde, acabo de regresar a casa después de estar en una difícil zona de Chicago, Logan Square. Ese es el mismo territorio que Ron y su pandilla, los Belaires, aterrorizaron durante la década de 1960.

Fui a escuchar a Ron contar su historia en la Iglesia Bautista *Armitage*, que está ubicada en un edificio que una vez fue un salón de baile donde él solía meterse en riñas de borrachos.

«Cuando yo era el líder de la pandilla, pensaba que sabía lo que era la libertad», le dijo a la multitud esa mañana. «Déjenme hablarles de la verdadera libertad que he encontrado».

Para Ron Bronski, la aventura continúa y al mirar su vida, más y más personas se acercan a Cristo. Yo quiero que de mi vida se diga lo mismo, ¿y tú?

9

Si estás casado con Juan (o María) Sin-iglesia

L a llamada entró a las 3:30 p.m. el día de Pascua. Teresa estaba llorando.

«Los días festivos siempre son los peores», dijo entre sollozos. «Pero realmente hoy él fue demasiado lejos. Se burló de mí diciéndome que soy débil, que creo en cosas absurdas, que la iglesia solo está tratando de sacarme dinero. Estoy cansada de defenderme. Ya no sé qué hacer. ¿Por qué no me deja creer lo que yo quiero? ¿Por qué tiene que echarlo todo a perder? Ya fue bastante tener que ir sola a los cultos de Pascua, ¿por qué tiene que destruirme también el resto del día?»

Teresa (ese no es su nombre verdadero) es una dedicada seguidora de Cristo cuyo esposo es un incrédulo implacable y lenta y dolorosamente está haciendo pedazos la fibra de su relación. Y ella no es la única. Leslie y yo hemos conocido a muchos cristianos, hombres y mujeres, cuya vida espiritual está detenida y cuya vida emocional es una angustia porque están cansados con un cónyuge que se niega a mostrar algún interés en Dios.

Quizá estás en una situación similar o quizá conoces a alguien que lo esté. Si es así, comprendes el sufrimiento que implica. No te sorprenderás con esta carta que me envió una mujer semanas después de yo haber hablado en su iglesia:

Todavía me emociono al pensar en su mensaje con respecto a estar casado con un incrédulo. Soy una ujier en la iglesia y debo haber lucido bastante tonta cuando comencé a llorar durante la mitad del servicio, pero perdí el control durante la oración al final, bueno...quizá debiera entregar mi distintivo de ujier.

Juan y María Sin-iglesia no pueden entender por qué su decisión de permanecer «espiritualmente neutral» provoca temblores tan dañinos en su matrimonio. Pero lo hace. Algunas de las personas más frustradas que conozco son aquellas cuyo cónyuge no siente la misma devoción a Cristo. Cada vez que ven una pareja cristiana cuyo matrimonio tiene una dimensión espiritual dinámica, añoran lo que falta en su propia vida matrimonial.

Esta es la parte que a menudo no se entiende: *Parte de la fricción de estas situaciones proviene de la incapacidad de los cónyuges cristianos para entender las emociones de su pareja incrédula.*

Y muchas veces también les resulta difícil procesar sus propios sentimientos. Cuando eso se añade a la tendencia de exagerar de los cristianos al tratar de ganar a su cónyuge para Cristo, el matrimonio puede volverse cada vez más turbulento.

Yo lo sé, yo he pasado por eso. También Leslie. De hecho, déjame contarte la historia del estrés matrimonial que soportamos durante casi dos años de nuestra relación. Entrar en la mente del cónyuge incrédulo tal vez te ayude a sobrellevar la tormenta de un matrimonio con desequilibrio espiritual.

Nuestro matrimonio sin Dios

Remóntate a 1966. Las estaciones de radio ponían «Michelle», el nuevo éxito de los Beatles. La gente pasaba las noches viendo *Peyton Place*, *The Monkees* y el programa de Dick Van Dyke (no, no las retransmisiones, los *originales*). La barra de pan costaba diecinueve centavos y un Ford Fairlane nuevo costaba $1,595. Parece que ha pasado mucho tiempo, ¿verdad?

Ese fue el año en que Leslie y yo nos conocimos, de hecho, para ser exactos, un amigo mío nos presentó el 26 de diciembre de 1966. Teníamos catorce años y fue amor a primera vista.

A fin de cuentas, ¿cómo Leslie iba a resistirse a los encantos de un tipo tan en onda como yo? Yo llevaba puesta una camisa de lunares blancos y azules y cuello grande; una chaqueta *Levi* color crema hasta la cintura; pantalones de piel plateados con un cinto de diez centímetros de ancho que tenía una hebilla enorme y unas botas negras de gamuza con tacón alto y puntiagudas. Óyeme, el hábito hace al monje, ¿verdad? (Vamos, ¡que en 1960 *todos* nos vestimos como tontos!)

Leslie y yo salimos durante la secundaria, nos peleábamos de vez en cuando pero siempre volvíamos. Un año, después que yo me fui a la universidad, Leslie se mudó a Columbia, Missouri, para unirse conmigo. Nos casamos cuando terminé mi segundo año.

Con solo seis palabras puedo resumir el papel que Dios desempeñó durante los primeros años de nuestro matrimonio: *Sencillamente no estaba en nuestro programa.* Nuestras vidas estaban llenas de asuntos mucho más urgentes.

Después que terminé la universidad, nos mudamos a un apartamento alto no lejos del edificio del *Tribune* en el centro de Chicago. Leslie estaba ocupada con su profesión bancaria, yo estaba empezando a escalar en el *Tribune,* estábamos comenzando una familia, luego me tomé un receso para ir a la escuela de derecho y finalmente compramos una casa. Honestamente, no había espacio para Dios, aunque él existía.

Aun así teníamos un matrimonio feliz. A veces yo oigo a los cristianos decir que los incrédulos no pueden estar felizmente casados porque en realidad no saben lo que es el verdadero amor. Bueno, nosotros sabíamos lo suficiente como para estar bastante contentos. Éramos los mejores amigos, vivíamos una vida muy animada y en sentido general no teníamos preocupaciones.

Así es como me imagino nuestra vida en aquel entonces: era como si Leslie y yo fuéramos por la vida en un auto convertible. Nos reíamos y bromeábamos. Yo la rodeaba con mi brazo y con la otra mano le decía adiós a la gente mientras pasábamos rápidamente. Dirían: «Miren a los Strobel, están felices, ¿verdad? ¿No les va de maravillas?»

Verás, no necesitábamos tener una mano en el timón porque el ímpetu de nuestro amor nos llevaba por la carretera en una línea recta.

Pero el problema era que estábamos totalmente ajenos a las curvas que nos aguardaban. No podíamos ver la curva emocional a la que entraríamos cuando mi padre muriera. No anticipábamos el camino difícil que enfrentaríamos cuando cayéramos en problemas financieros. No vimos los baches que venían cuando tuviéramos que decidir cómo criar a nuestros hijos: ¿seguiríamos al Dr. Spock o algún otro experto? Y, por último, no estábamos mirando al futuro, a la inevitable encrucijada del futuro, cuando uno de nosotros muriera y el otro se quedara solo enfrentando la pérdida.

¿De dónde sacaríamos la fortaleza y el valor para abrirnos y salir adelante en esas curvas? ¿Quién nos pondría de nuevo en el camino si nos resbalábamos al borde de la carretera? La verdad es que estábamos ajenos a los asuntos más profundos de la vida. Pero, ¿éramos felices? Sí, lo éramos, al menos a nivel superficial.

COMPRENSIÓN DE MI ESTADO MENTAL

Nuestra felicidad patinó en el otoño de 1979. Entonces Leslie me habló de su decisión de seguir a Jesucristo y su decisión inició la época más tumultuosa de nuestra relación.

Los cristianos pueden entender parte del dolor emocional que ocurría en el interior de Leslie, pero la mayoría de ellos no puede apreciar los sentimientos corrosivos que a mí me estaban carcomiendo. Déjame describir mi estado emocional para ayudarte a entender lo que motiva la conducta de algunos cónyuges incrédulos.

Primero, me sentía herido. Esto podría parecer una reacción extraña pero de repente me sentí como si fuera inferior para Leslie. Pensaba que estaba perdiendo su respeto. Las personas que ella estaba comenzando a admirar e imitar eran cristianos que tenían relaciones auténticas con Jesucristo. Ella estaba conociendo a todo tipo de personas en la iglesia y parecía tan impresionada con su espiritualidad que yo me sentía como si me estuviera menospreciando. Por supuesto, no lo estaba, pero eso no impidió que yo me sintiera subvalorado.

Si estas personas merecían respeto por su devoción a Cristo, ¿cuál era entonces el lado lógico contrario a eso? Sentía que el respeto de Leslie hacia mí menguaría porque yo no estaba comprometido con Dios.

Y me preguntaba qué sucedería si ella insistía en criar a nuestros hijos como cristianos. ¿También ellos me verían inferior? Me preocupaba que crecieran compadeciéndose del pobre papá porque, a fin de cuentas, es solo un pagano en camino al infierno. Yo no quería que mis hijos sintieran pena por mí. Quería que respetaran a su papá y tal vez eso no sería posible si veían que yo me quedaba corto en un aspecto que se les había enseñado que era importante.

Recuerdo que un domingo por la mañana Leslie se estaba vistiendo para ir a la iglesia mientras yo todavía estaba en la cama. Ella me dijo con un tono de voz muy afable: «¿Quieres ir conmigo?»

La verdad es que ir a la iglesia era lo último para mí. Lo que yo quería era darme la vuelta y tratar de pasar la resaca. Pero te digo algo: Sentía que la estaba perdiendo. Sentía que la estaban halando a una nueva atmósfera de relaciones en la que yo no me sentía cómodo.

Así que dije bruscamente: «Está bien, iré». Anduve pisando fuerte por la casa, tiré algunas puertas, rechacé la oferta que ella me hizo de prepararme el desayuno y me vestí. Cuando salimos de la casa estaba lloviendo y nos mojamos mientras tratábamos de entrar al auto. Yo estaba de mal genio, manejando demasiado rápido por calles resbaladizas y hasta patinando en algunos baches enormes. De vez en cuando maldecía al tiempo.

Finalmente Leslie rompió a llorar y me dijo: «Mira, yo no te tengo un puñal en el pecho. Si no quieres ir, no vayas. Solo déjame ir en paz».

Yo solo había empeorado las cosas. Me sentía obligado a ir a la iglesia porque pensaba que la estaba perdiendo y, sin embargo, acabé alejándola más y más de mí.

Otra emoción que yo sentía era la frustración. Me sentía frustrado porque por primera vez en nuestra relación, nuestros valores eran contrarios. Por ejemplo, siempre habíamos estado de acuerdo en cómo gastar nuestro dinero. Éramos bastante libertinos con nuestras finanzas y nos metíamos en deudas para complacernos cada vez que creíamos merecerlo. Pero ahora Leslie quería dar dinero a la iglesia y eso me sacó de las casillas. El dinero era muy importante para mí y sentía que ella lo iba a malgastar dándoselo a un montón de charlatanes.

Leslie se tomaba tan a pecho lo de ofrendar a la iglesia que se buscó un trabajo a tiempo parcial para poder ayudar más a la expansión del ministerio. Yo no podía identificarme con eso. Me irritaba al pensar en todas las maneras divertidas en que podíamos gastar ese dinero extra y, no obstante, al menos en mi opinión, se estaba tirando por la borda.

Y también tenía miedo. Temía que Leslie se convirtiera en una fanática religiosa con ojos desorbitados, una puritana sexualmente reprimida que aguaría toda nuestra diversión.

¿Me avergonzaría frente a mis amigos? ¿Me abochornaría cada vez que tomara demasiado? ¿Iba a contar detalles de nuestra vida privada en su grupo de oración? ¿Iba a rechazar a todos nuestros amigos de antes? ¿Sus amigos de la iglesia se burlarían de mí a mis espaldas? ¿Se estaba enganchando con una secta que iba a controlar cada aspecto de su vida privada?

Para mí era un caso bien definido de fraude. Yo me casé con una Leslie que ahora se estaba convirtiendo en algo que yo no tenía previsto. No era justo. Aunque me gustaba la nueva Leslie, ¡yo quería que me devolvieran a la antigua Leslie!

Finalmente estaba experimentando ira. Estoy hablando de ira *en serio*. Si entonces me hubieras preguntado por qué estaba tan enojado, es probable que no pudiera contestarte. Lo único que sabía es que estaba enojado la mayor parte del tiempo.

Ahora, al recordar esto, puedo precisar la raíz de mi ira. En esencia, mientras Leslie buscaba cada vez más un estilo de vida piadoso, su conducta acentuaba las diferencias entre su estilo de vida y el mío.

En otras palabras, mientras más ella buscaba pureza, integridad, honestidad, tolerancia y perdón, más obvio se hacía que mi propia vida y relaciones estaban corroídas con amargura, superficialidad y egocentrismo. Era como si inconscientemente Leslie estuviera sosteniendo un espejo en el que yo me veía como realmente era y no me gustaba la imagen.

La Biblia le llama a esto convencimiento de pecado y me enojaba porque yo no quería enfrentarlo. Prefería mantener la ilusión de ser un tipo maravilloso y que en mi vida todo era estupendo.

Todas estas emociones hervían dentro de mí como el líquido en un caldero. Los desacuerdos estallaban. Las discusiones brotaban. Yo salía de la casa dando pisotones en lugar de tratar de resolver las cosas. No podía diagnosticar lo que estaba pasando pero sabía que nuestro matrimonio iba cuesta abajo, y rápido.

Si estás casado con un no-cristiano, es importante que entiendas los sentimientos que pudieran estar persiguiéndolo. Y es más importante saber que algunas de sus emociones, por difíciles que sean de soportar, realmente pueden ser parte saludable del proceso de venir a Dios.

Por ejemplo, la ira que provocaba mi sentido de culpa era una señal positiva porque significaba que yo estaba progresando espiritualmente. Estaba vislumbrando mi maldad en el cada vez más obvio contraste entre mi estilo de vida y el de Leslie. Sí, es difícil para el cónyuge, pero quizá pueda haber un hilo de esperanza al saber que el viaje hacia Dios es una experiencia turbulenta para algunas personas.

También es importante estar consciente de que es probable que tu cónyuge incrédulo no comprenda lo que le está sucediendo. A fin de cuentas la mayoría de los hombres no están conscientes de sus sentimientos y, por lo tanto, cuando sus emociones pierden un poco la chaveta, realmente se confunden. Pedirles que tengan una conversación racional sobre el asunto puede verse como una amenaza porque tienen miedo de explorar el territorio desconocido de sus sentimientos.

COMPRENSIÓN DEL ESTADO MENTAL DE ELLA

Por supuesto, en ese tiempo Leslie estaba pasando por su propio torbellino emocional. De hecho, ella estaba sintiendo el mismo tipo de emociones que yo, solo que por razones completamente diferentes.

Por ejemplo, ella también se sentía herida y enojada pero era por la manera en que yo empequeñecía su fe y andaba con una conducta tan pretensiosa, especialmente durante los primeros meses después que ella se hizo cristiana.

Aunque yo profesaba tolerancia por su fe recién descubierta, mi actitud no expresada hacia ella era: «¿Para qué tienes que ir a la iglesia? ¿Qué te pasa que necesitas ese tipo de muleta?» La enojaba que yo pudiera ser de mente tan abierta para la mayoría de las cosas pero cuando se trataba del cristianismo, mi mente se cerraba.

Y Leslie se sentía frustrada porque ahora había algo extremadamente importante para ella, su relación con Jesucristo, que no podía compartir conmigo. Era la primera vez desde que teníamos catorce años que ella estaba pasando por algo que no podíamos experimentar juntos.

Por ejemplo, durante ese período nuestras finanzas eran un desastre y esto estaba creando una ansiedad considerable en nuestra relación. Así que una tarde Leslie entró a nuestra habitación, se reclinó en la cama y comenzó a estudiar la Biblia en busca de respuestas.

A medida que leía, Leslie comenzó a experimentar de manera fresca cuánto Dios la amaba. Ella estaba llegando a entender que realmente Dios tenía deseos de aliviar su ansiedad e infundirle paz. La invadió una sensación de gratitud y sobrecogimiento y comenzó a llorar. Estaba tan feliz por haber encontrado un Dios que quisiera ayudarla incluso de la manera en que un buen padre ayuda a un hijo querido.

Pero entonces miró por la ventana y vio que yo estaba llegando del trabajo. Gateó con rapidez para esconder la Biblia debajo de la cama porque sabía que si yo la vía, probablemente lo usaría como una excusa para comenzar una pelea. Tenía que secarse las lágrimas, guardar sus emociones bien adentro y salir del cuarto como si nada hubiera pasado.

Acababa de atisbar el maravilloso amor de Dios, y fue tan significativo para ella que le provocó lágrimas y no podía decirle una palabra a la persona que más amaba. Eso era extremadamente frustrante para ella.

Esto le pasaba una y otra vez mientras crecía espiritualmente. Había aprendido una nueva perspectiva espiritual y no tenía esposo con quien compartirlo. Sentía un deseo poderoso de adorar a Dios, pero ella sabía que era mejor no decirme nada. Recibía una respuesta a la oración, sin embargo, ella sabía que si me lo contaba, yo solo me burlaría. Conocía a cristianos que podrían ser buenos amigos nuestros pero dudaba presentármelos debido a la relación con la iglesia.

Era como si ella estuviera visitando una ciudad maravillosa, empapándose de todo tipo de vistas y sonidos fantásticos pero yo no estaba interesado en acompañarla ni en que me lo contara. La sensación resultante alimentaba su frustración.

Y Leslie también sentía miedo. Miedo del futuro. Miraba el curso de nuestro matrimonio y se estremecía porque podía ver que estaría empedrado de conflictos hasta llegar al horizonte, desacuerdos en cómo criar a los niños, en cómo gastar el dinero, cómo pasar nuestros fines de semana, etc., etc.

Incluso, más que eso, ella temía lo que iba a suceder al final de la jornada. Sabía que algún día yo me pararía frente a un Dios Santo que me diría: «Lee, escogiste estar separado de mí toda tu vida y yo te lo permití. Ahora estarás separado de mí para siempre y podrás hacer las cosas a tu manera durante toda la eternidad». Ella me amaba y sabía que yo iba derecho a un día de ajuste de cuentas.

¿Puedes ver cómo una incompatibilidad espiritual puede incendiar un barril de pólvora en ambos cónyuges? No es de extrañarse que Dios entrañablemente buscara nuestro bien al advertirnos en la Biblia: «No formen yunta con los incrédulos».[1]

Él no estaba tratando de arruinar la diversión de nadie ni de arbitrariamente reducir el campo de posibles cónyuges al eliminar a los que no fueran cristianos. Él no estaba diciendo que los incrédulos no importan ni que no saben cómo amar a otras personas. Simplemente estaba tratando de proteger ambas partes de la explosión de emociones que puede diezmar a un matrimonio desequilibrado.

Si estás soltero y considerando el matrimonio, espero que escuches a Dios claramente en este aspecto. Él está diciendo: «Te amo tanto, y deseo tanto que nuestra relación florezca que debes entender esto: *Una incompatibilidad augura problemas.* Asfixiará tu crecimiento espiritual y los frustrará a ambos: a ti y a tu cónyuge».

Es fácil que el amor nuble nuestro juicio. Después de haber dado un mensaje de cuarenta y cinco minutos sobre este tema, una joven se me acercó y dijo: «Estoy saliendo con un hombre que está examinando el cristianismo y sé que antes de que pase mucho tiempo se va a hacer cristiano. Entonces, ¿no cree usted que estaría bien que nos casáramos? Realmente, es solo cuestión de tiempo antes de que haga un compromiso con Cristo».

Yo quería decirle: «Lee mis labios: "¡No formen yunta con los incrédulos!" Por su bien y por el tuyo, ¡presta atención a la Palabra de Dios!»

Pero hay tantos cristianos que ya están desigualmente unidos a un incrédulo. Quizá tu pareja te hizo creer que era cristiano antes de casarse diciendo las palabras correctas y actuando bien y has descubierto, demasiado tarde, que solo estaba tratando de tener éxito en el noviazgo.

«Conocí a mi esposo en una universidad cristiana, claro que pensé que era creyente», me dijo una mujer. «Él conocía la jerga, creció en la iglesia, pero después que nos casamos, cerró la puerta a los asuntos espirituales. A él no le molestaba si yo crecía espiritualmente, pero ¿qué tipo de vida era esa para mí?»

O quizá eres como Leslie, quien se hizo cristiana después de la boda. Cualquiera que sea la razón por la cual estás en esa situación, atesora esto en tu corazón: *Dios no te va a abandonar.* Él te dará sabiduría para sobrevivir.

Eso fue lo que Leslie encontró. Ella necesitaba la ayuda de Dios para andar por la vida día tras día y siguió cuatro consejos bíblicos básicos que salvaron nuestro matrimonio:

• **Aprovecha el apoyo de otros.**

El Antiguo Testamento dice: «Más valen dos que uno, porque obtienen más fruto de su esfuerzo. Si caen, el uno levanta al otro. ¡Ay del que cae y no tiene quien lo levante!»[2]

Desde el principio Leslie comprendió que no podía pasar por esto sola. Entendía muy bien que necesitaba la dirección y el apoyo de otra persona, especialmente porque era una nueva cristiana que todavía estaba tratando de descubrir de qué se trataba la fe. Así que fomentó la amistad con una cristiana madura llamada Linda, la mujer que la llevó a Cristo.

En esencia, Linda le sirvió a Leslie en dos aspectos. Primero, la ayudó a crecer en su fe, lo cual era importante porque en ese aspecto no hay duda que yo no servía de ninguna ayuda. De hecho, yo desanimaba a Leslie. Lamentablemente, en un matrimonio desigual algunos cristianos descubren que su fe se estanca porque su relación con el cónyuge ha asfixiado el crecimiento espiritual y no están relacionados con nadie que los ayude a pasar de la infancia espiritual a la adultez espiritual.

La segunda cosa que Linda le ofreció fue consejos piadosos, oraciones sistemáticas y un hombro sobre el cual llorar. Pero tanta importancia tenía lo que ofreció como la manera en que lo ofreció.

Por ejemplo, Linda se aseguró de no enlodarse en la autocompasión ni de caer en la trampa de ser crítica y negativa conmigo. Habría sido fácil cuando Linda y Leslie se reunían para conversar, convertir dicha conversación en una sesión de quejas amargas acerca de mi último desmán.

Leslie podría haber desarrollado una mentalidad que dijera: «Somos tú, yo y Dios contra Lee». Ese tipo de actitud finalmente habría permeado nuestra relación y la habría envenenado. Linda insistía en que Leslie se concentrara, tanto como fuera posible, en los buenos aspectos de mi conducta y mi carácter.

Linda también se aseguró que Leslie no comenzara a echar la culpa de cualquier pequeño problema de nuestro matrimonio al hecho que yo no era cristiano. Es fácil decir: «Si tan solo se convirtiera, todo sería perfecto. Ayudaría en la casa sin quejarse, siempre controlaría su temperamento, siempre pondría mis intereses en primer lugar y automáticamente dejaría de trabajar tanto en la oficina».

Esa no es la realidad. Los matrimonios cristianos no son perfectos, no importa qué imagen traten de proyectar. Era importante que Linda siguiera recordándoselo cada vez que Leslie comenzara a idealizar el matrimonio con un creyente. No *todas* mis faltas se atribuían directamente a mi condición espiritual.

Lo que Linda hizo fue mantener a Leslie concentrada en Dios y no en su situación. Ella animaba a Leslie para que continuara formando su vida sobre los intereses comunes que ella y yo todavía compartíamos para que no nos alejáramos. Y ella ayudó a Leslie a mantener una perspectiva bíblica con relación al matrimonio y hacia mí.

Si estás casado o casada con un incrédulo o incrédula, ¿tienes a alguien como Linda en tu vida? ¿Tienes amistad íntima con un cristiano/a maduro que pueda darte apoyo, dirección y ánimo? Leslie te contará cuán importante es vincularse con alguien a quien puedas abrirle tu corazón y con quien puedas orar de manera constante.

• **Ejercer control**

Créeme, la habilidad de Leslie para limitarse a sí misma al tratar de empujarme el cristianismo fue una razón fundamental para que nuestra relación permaneciera intacta.

Leslie permaneció sensible a cuán controversial era el cristianismo para mí. El apóstol Pedro dijo que debemos estar listos para defender nuestra fe en todo momento, pero también añadió una advertencia importante. Debemos hacerlo «con gentileza y respeto».[3]

Leslie me respetaba lo suficiente como para darme algún espacio. Ejerció control, aunque hubo momentos en los que hubiera querido darme en la cabeza con una Biblia, amarrarme y obligarme a escuchar la grabación de un sermón o arrastrarme a la iglesia por el pelo.

Hay que reconocer que a veces fue demasiado lejos. Por ejemplo, encontraba un libro cristiano que ella creía que me ayudaría, lo abría en la página adecuada y lo dejaba en la mesa de la sala. A veces se pasaba ahí una semana o más. Para mí eso no era un problema porque yo por lo general lo obviaba.

En otras palabras, ella no exageró. De haber pegado versículos bíblicos en mi espejo por la mañana, de haber metido tratados en mis medias cuando estaba empacando para ir de viaje, de haber seguido reprogramando el radio de mi carro para una emisora cristiana o colgando cruces por toda la casa, realmente habría aumentado la tensión.

Pero Leslie limitó el hecho de involucrarse demasiado en la iglesia cuando esto hubiera dañado nuestra relación. Llegamos a un acuerdo, no había problemas conmigo si ella iba a la iglesia los domingos, pero de haber salido varias noches en la semana a reuniones de oración, seminarios o grupos pequeños, yo habría dicho: «¡Un momento! ¡Algo tiene que cambiar! Esto está controlando tu vida».

Fundamentalmente ella se apoyaba en su estudio bíblico con Linda para su crecimiento espiritual porque podían reunirse durante el día cuando yo estaba en el trabajo.

Además, todos los días Leslie se encontraba con Dios a solas, siempre lo hacía temprano en la mañana. Yo me levantaba más tarde que ella y lo primero que veía al entrar en la cocina para desayunar era a Leslie cerrando su Biblia. Era como si estuviera diciendo: «Me he reunido con Dios y he recibido mi alimento espiritual cotidiano, ahora, no dejemos que este asunto se interponga entre nosotros hoy».

Quizá la manera más importante en la que Leslie ejerció el control fue que ella no le encontraba defectos a todo lo que yo hacía. No me amontonaba la culpa cada vez que yo me tomaba unos tragos y decía malas palabras. No se negaba a acompañarme a fiestas o a ver películas en las que el idioma podría ser un poco ofensivo. Aunque sí se mantuvo firme en asuntos importantes, no hacía una batalla espiritual de cualquier pequeñez.

¿Te das cuenta por qué el ejercer el control hizo tanto por preservar nuestro matrimonio? He conocido a muchos cristianos espiritualmente disparejos que se sienten muy apasionados queriendo ganar a su pareja con el evangelio y luchan procurando saber hasta dónde deben empujar. Pero mucho de lo que hacen puede ser contraproducente. Sin saberlo, puede enardecer las emociones de su pareja o impulsarlo a afirmarse más obstinadamente en su posición.

Déjame añadir que este es un aspecto en el que el consejo general es difícil debido a la dinámica única de la personalidad de cada matrimonio. Es por eso que es tan importante recibir consejo de tú a tú de un amigo cristiano maduro y juicioso.

- **No solo hables de tu fe, vívela.**

Con eso quiero decir que la integridad de tu vida cotidiana como cristiano hablará más poderosamente a tu cónyuge que cualquier sermón que puedas predicar.

Pedro, hablándole a los cristianos en el primer siglo, dijo que incluso si tu cónyuge no te escucha cuando le hables de Dios, él reaccionará ante tu conducta respetuosa y piadosa.[4]

Como nueva creyente, Leslie no estaba lista para responder a las preguntas escépticas y a menudo hostiles que yo tenía con respecto a la fe. Si ella hubiera tratado de entrar en debate conmigo acerca de Dios, probablemente la conversación habría degenerado en una discusión infructífera. Si ella me hubiera dado lecciones de moral y hubiera comenzado a citarme las Escrituras, yo habría salido de la habitación.

Pero ella hizo algo más eficaz. Cooperó con Dios mientras él cambiaba su carácter, actitud y perspectiva. Se entregó tanto como podía mientras Dios comenzaba a moldearla para hacer de ella una persona más semejante a Cristo.

Yo observaba mientras ella se convertía cada vez más en una persona de humildad, integridad, amor y sacrificio y, al final, la razón principal por la cual estuve dispuesto a darle un vistazo con mente abierta al cristianismo fue porque me sorprendió cómo Leslie se transformaba en una persona mejor.

Además, la decisión de Leslie de vivir su fe ante mí tuvo efectos muy positivos en nuestro matrimonio. Jo Berry, quien ha investigado los matrimonios espiritualmente disparejos, dijo esto: «En lugar de desear que las cosas sean diferentes, todos tenemos que admitir que, en sentido general, nuestros matrimonios serán tan buenos o tan malos como los hagamos. Cualquier esposa desigualmente unida puede tener un matrimonio «cristiano» en la medida en que ella esté dispuesta a implementar las normas de Dios en su desempeño y la relación misma».[5]

Esa es una gran perspectiva. Lo que ella está diciendo es que las esposas y los esposos desigualmente unidos pueden hacer «cristiano» su matrimonio tanto como estén dispuestos, unilateralmente, a vivir lo que significa para ellos ser un seguidor de Cristo.

La Biblia contiene consejos maravillosos sobre cómo las esposas deben comportarse y cuando una pareja sigue el método bíblico tanto como es posible, a largo plazo el efecto en el matrimonio va a ser positivo.

- **Orar, orar y orar.**

Hay poder en la oración y además, cuando te sientes herido, frustrado, enojado y temeroso, ¿quién sino Dios te puede ayudar realmente?

En un capítulo anterior mencioné que a menudo Leslie concentraba sus oraciones en este versículo del Antiguo Testamento: «Les daré un nuevo corazón, y les infundiré un espíritu nuevo; les quitaré ese corazón de piedra que ahora tienen, y les pondré un corazón de carne».[6]

Con frecuencia ella le decía a Dios: «Señor, el corazón de Lee es como el granito y no logro abrirlo. Pero yo sé que tú lo amas más que yo y tú tienes el poder para hacer un transplante espiritual de corazón. Señor, por favor, dale un corazón nuevo y un nuevo espíritu porque solo tú puedes hacerlo».

Y ella fue a Dios y le dijo: «Tu Palabra promete que si pido sabiduría, tú la darás. Señor, dame la sabiduría para saber cuánto empujar y cuándo echarme hacia atrás. No quiero alienar a Lee; quiero cooperar contigo para alcanzarlo».

Ella recibió el consuelo de Dios en las épocas en que yo era especialmente insoportable y obtuvo el poder de Dios para que me amara en épocas en las que, francamente, yo no era muy adorable.

¿Y sabes lo que sucedió? *Dios usó este tiempo difícil para hacer de Leslie alguien en quien ella nunca se hubiera convertido sin eso.*

Fue durante esa época turbulenta de nuestro matrimonio que ella aprendió a derramarse en una oración auténtica y sincera. La oración por fórmulas no era suficiente, ella necesitaba expresar sus sentimientos más profundos a Dios. Necesitaba llevarle a él su ira, su frustración y su dolor y eso significaba que sus oraciones no siempre eran amables o finas. A veces eran desordenas o bañadas con lágrimas.

En esos tiempos aprendió a depender de Dios y a esperar en su tiempo, incluso cuando quería desesperadamente encargarse ella misma de las cosas. Aprendió a perdonar a alguien que era difícil de perdonar y recibió lecciones de perseverancia y esperanza.

En la actualidad todavía Leslie me inspira con su vida de oración y fe. Lamento que la hice pasar por tiempos tan difíciles, pero alabo a Dios por la manera en que tomó esas circunstancias y las utilizó para tener en ella un impacto positivo y, mediante ella, influir sobre otros.

Es interesante que hace más de treinta años, los investigadores estudiaron a 413 personas exitosas para descubrir qué tenían en común. ¿Adivina lo que descubrieron? Casi todos ellos se vieron obligados a vencer obstáculos muy difíciles para convertirse en lo que eran.[7] Pasar por esos tiempos difíciles les hizo convertirse en algo en lo que nunca se hubieran convertido de otra manera.

Esa es una analogía apropiada de lo que Dios puede hacer. Él puede tomar la experiencia desgarradora de una persona que vive con un incrédulo y convertirlo en alguien cuya fe tiene una profundidad, un carácter y una calidad que nunca habría tenido.

Si estás disparejo espiritualmente, este no es un tiempo malgastado de tu vida. Dios puede usarlo para que madures en tu fe de maneras que, al final, te beneficiarán a ti y a otros. Él apóstol Pablo estaba muy familiarizado con las pruebas y las tribulaciones. Escucha lo que él escribió sobre el tema:

«Y no sólo en esto, sino también en nuestros sufrimientos, porque sabemos que el sufrimiento produce perseverancia; la perseverancia, entereza de carácter; la entereza de carácter, esperanza. Y esta esperanza no nos defrauda, porque Dios ha derramado su amor en nuestro corazón por el Espíritu Santo que nos ha dado».[8]

Para Leslie y para mí nuestra incompatibilidad espiritual tuvo un final maravilloso. Antes de ser seguidores de Cristo pensábamos que estábamos felizmente casados, pero ahora conocemos las alturas que una relación puede alcanzar cuando ambas partes hacen de Cristo el centro del matrimonio».

Es como si Dios nos dijera: «Solían relacionarse en el ámbito emocional, en el ámbito intelectual y en el ámbito físico, y todo esto está bien. Sin embargo, eso es solo parte de lo que significa vivir como esposo y esposa. Ahora van a relacionarse también en el ámbito espiritual y no hay intimidad mayor ni más atrevida que compartir las almas entre ustedes y conmigo».

Admitámoslo, no todos los esposos y esposas terminarán juntos en el reino de Dios. Yo conozco a una mujer que durante dieciséis años ha estado casada con un esposo incrédulo y solo hace poco él aceptó acompañarla a la iglesia por primera vez. Ese único paso fue la culminación de dieciséis años de oración, esperanza y sueños. Lamentablemente, algunos esposos y esposas ven a sus parejas ir a la tumba sin haber recibido nunca a Cristo como su perdonador y su líder. Esa es una realidad que hace pensar.

Sin embargo, aférrate a esta verdad: *No eres responsable de la eternidad de tu cónyuge.* Es crucial que tanto tú como tu pareja entienda eso. Dios no te va a pedir cuentas si tu cónyuge rechaza a Cristo hasta la tumba. Los esposos y esposas son responsables de sus propias opciones.

Así que no dejes que te agote la culpa depositada en quien no la merece. No dejes que tus acciones sean controladas por una sensación inapropiada de responsabilidad por el estado espiritual de tu cónyuge porque inevitablemente eso te hará cruzar las fronteras de presionar demasiado para su conversión.

No, tu responsabilidad es vivir tu vida lo mejor que puedas de manera que honres a Cristo. Como le gusta decir a mi amigo Don Cousins: «Si honras a Dios con tu vida cotidiana, él te honrará toda la vida».

Incluso en medio de una incompatibilidad espiritual.

10

Ayuda a tu iglesia a relacionarse con Juan y María Sin-iglesia

E l anuncio en el periódico del fin de semana mostraba a un sofisticado ejecutivo apoyado tranquilamente en la rejilla de su Rolls Royce. En el fondo se veían su chofer y su hermosa mansión de ladrillo. El titular decía: «¿Adónde te vuelves cuando todavía falta algo después que lo tienes todo?»

Entonces el anuncio daba la respuesta: el nombre de una iglesia evangélica que enumeraba los horarios de sus cultos de domingo.

¡Esto es maravilloso! Pensé yo. Esta es una iglesia en la que la gente se ha unido para crear un servicio que será relevante para un grupo que muchas iglesias pasan por alto: los Juanes y María Sin-iglesia que tienen éxito financiero. A sabiendas de que las personas adineradas, independientes y mundanas están entre las más difíciles de alcanzar, me sentí animado y decidí visitar la iglesia.

Lamentablemente encontré lo que encuentro con demasiada frecuencia: un ambiente que al instante les habría quitado las ganas a la propia gente que estos cristianos bien intencionados estaban tratando de alcanzar.

El servicio comenzó con alguien pidiéndole a la congregación que cantara un coro del cual no había letra. Por supuesto, los asistentes habituales se sabían la letra pero yo me sentí incómodo. Otros himnos, acompañados por un órgano, y que databan de 1869, 1871 y 1874, con letras como: «Los portales celestiales resuenan con hosannas». Los micrófonos eran de hojalata y el sonido era propenso a ir y venir, lo que hizo que en determinado momento un cantante se detuviera en medio de una canción con una sonrisa abochornada.

Durante el tiempo de los anuncios, un pastor les pidió a los visitantes que llenaran una tarjeta «para tenerlos en nuestra lista de correo». En jarana, pero con un aire de desesperación, ofreció una recompensa de $100 si esa tarde los miembros de la junta directiva de la iglesia asistían a una reunión de manera que finalmente pudieran tener suficiente quórum. Añadió con frustración: «Necesitamos aprobar la pintura para la iglesia, lo cual debió hacerse el año pasado y la pintura de la casa donde yo vivo, que también debió haberse pintado el año pasado».

El sermón, parte de una serie titulada «Cosas del discipulado cristiano», citaba a algunos expertos, pero todos eran líderes de esa denominación. El pastor habló de negarse uno mismo para seguir a Cristo, pero no hubo mucha explicación de lo que eso significaba en el ámbito práctico, cotidiano. Sí dijo que la vida cristiana tiene sus beneficios, aunque no explicó cuáles eran. Al finalizar, solo le ofreció a la gente dos pasos a tomar: O le entregas tu vida a Cristo o te comprometes a un discipulado más profundo.

Mientras yo trataba de salir del templo, alguien cerca de la puerta agarró mi mano, me dio un apretón amistoso y me preguntó el nombre. Parecía que no me iba a soltar hasta que yo me identificara.

¿Estaban estos cristianos haciendo algo intrínsecamente malo? Por supuesto que no. Estoy seguro que eran personas buenas, bien intencionadas que tenían un deseo genuino de comunicar el evangelio a la gente sin-iglesia.

Pero, ¿estaba creando realmente un servicio dirigido a las necesidades, preocupaciones y anhelos de personas irreligiosas? No. Al llevar la iglesia de la manera en que siempre se había hecho, crearon una atmósfera en la que *ellos* se sentían cómodos, pero que habría alejado a la gente sin-iglesia como el empresario de su anuncio.

De hecho, si tú fueras amigo de un ejecutivo exitoso y lo llevaras a esa iglesia, el proceso de evangelismo se podría haber afectado en lugar de impulsarse. Su reacción pudiera haber sido: «¿Por qué yo debo tomar en serio algo que se dirige con ineficiencia en un lugar tan anticuado como este?»

Piensa en las señales que él habría captado. Se habría sentido como un extraño cuando se le pidiera que cantara una canción desconocida sin una letra impresa. Cantar himnos con un lenguaje raro y anticuado habría sugerido que el lugar no estaba al día. A fin de cuentas, para una persona secular moderna, ¿qué cosa es «hosanna» y «portal celestial»?

El mal sistema de audio y la «recompensa» para los miembros de la directiva le habrían dicho que esta era una organización mal dirigida con un núcleo no comprometido y tolerante para las negligencias, cosas que el ejecutivo nunca toleraría en su propia organización.

El comentario sobre la pintura de la iglesia y la casa del pastor le habrían incomodado al sugerir una tensión tras bambalinas en la iglesia. Las instrucciones de llenar la tarjeta para que lo pusieran en una lista de correo habría creado ansiedad porque se imaginaría que probablemente alguien llegaría tocando a su puerta o que le llenarían el buzón con peticiones para que regresara.

El título del sermón le habría confundido porque él no entendería la palabra «discipulado» e incluso, de haberla entendido, no tendría aplicación para él ya que no es un discípulo. Citar a líderes denominacionales le habría dicho que esta es una organización endogámica que no ve más allá de sus propias fronteras y que probablemente no está en sintonía con expertos del «mundo real».

Es muy probable que el llamado a comprometerse a Cristo habría parecido prematuro y atrevido. Al parecer, las preguntas que él abrigaba con relación al cristianismo no le importaban a la iglesia. Y el apretón de mano del ujier habría instigado la preocupación de haber quedado atrapado en una conversación incómoda con un extraño, en efecto, probablemente uno de estos «tipos nacidos de nuevo».

Escoger a tus Juanes y Marías

Cada vez veo más y más de este fenómeno por todo el país. Muchos cristianos están preocupados sinceramente por alcanzar a Juan y a María Sin-iglesia, pero no están seguros de cómo hacerlo.

Antes de considerar bien cómo producir un tipo de culto o programa adecuado, compran anuncios preempaquetados para tratar de atraer a la gente incrédula. Y, sin embargo, si los anuncios atraen a los incrédulos, es muy probable que el culto les reafirme el por qué dejaron de ir a la iglesia.

A no ser que los cristianos hagan un esfuerzo consciente para crear programas que sean atractivos para los incrédulos, naturalmente volverán a diseñar programas que reflejan sus propios gustos. Tal y como dijo el apóstol Pablo, él se convirtió en «todo para todos, a fin de salvar a algunos por todos los medios posibles».[1] Los cristianos de la actualidad deben considerar estratégicamente cómo presentar el evangelio en un ambiente que atraiga a los que lo necesitan.

Pero permíteme añadir de manera enfática que no le estoy sugiriendo a nadie que altere el evangelio para que sea artificialmente atractivo para la gente incrédula. Suavizarlo o eliminar los elementos de pecado o del arrepentimiento es totalmente inaceptable.

De hecho, el teólogo William Hordem propuso una útil distinción entre «transformar» el evangelio y «traducirlo».[2] Aquellos que lo transforman están tratando indebidamente de convertir el evangelio en algo que no es para hacer que sea más sabroso para los incrédulos. Pero aquellos que lo traducen están dejando el mensaje intacto mientras que meramente utilizan modos diferentes de comunicarlo de maneras que se relacionen con las personas que están tratando de alcanzar.

Así como el Nuevo Testamento se escribió originalmente en el griego común para que las personas pudieran entenderlo, estos cristianos tratan de traducir el evangelio al lenguaje común y a las expresiones artísticas del mundo occidental de este siglo. Eso no solo es justo sino que es bíblico y yo creo que es la única manera en que las iglesias de hoy van a penetrar nuestra sociedad obstinadamente secular.

Sin embargo, los cristianos no pueden hablar el idioma de la gente que están tratando de alcanzar hasta saber cuál es el público al que van a dirigirse. Por ejemplo, cómo se comunica el evangelio en una zona urbana deprimida es diferente a cómo se comunica en los barrios acaudalados porque los gustos musicales y las experiencias son diferentes.

Jim Dethmer, cuando consulta a las iglesias, les pide que aclaren cuál es su negocio. Por ejemplo, la iglesia *Willow Creek Community Church*, ha escrito su declaración de propósitos de esta manera: «Convertir a la gente religiosa en seguidores de Cristo completamente dedicados». Básicamente, esa es un nueva manera de plantear la Gran Comisión que Jesús les dio a sus seguidores: «Por tanto, vayan y hagan discípulos de todas las naciones, bautizándolos en el nombre del Padre y del Hijo y del Espíritu Santo, enseñándoles a obedecer todo lo que les he mandado a ustedes. Y les aseguro que estaré con ustedes siempre, hasta el fin del mundo».[3]

Aunque la mayoría de las iglesias comparten esa meta, la siguiente pregunta de importancia crucial que hace Dethmer es: «¿Con qué materia prima estás comenzando?»[4] La respuesta a esa pregunta determinará en gran manera cómo la iglesia cumplirá con su ministerio.

En otras palabras, algunas iglesias están buscando alcanzar a los *no-cristianos sin iglesia* y convertirlos en dedicados seguidores de Cristo. Estas iglesias «motivadas por los que buscan» deben moldear su ministerio de manera que atraiga y hable eficientemente a gente secular. Algunos ejemplos incluyen: *Buckhead Community Church* en Atlanta, *Christ Community Church* en las afueras de Chicago, *Kensington Community Church* cerca de Detroit, *Horizons Community Church* en el área de Los Ángeles y la iglesia *Waterfront Church* en Southampton, Inglaterra.

Su enfoque será diferente al de una iglesia que decida que su campo misionero principal serán los *cristianos sin-iglesia*. Por ejemplo, la iglesia *Eastside Foursquare Church* en Kirkland, Washington, se concentra fundamentalmente en alcanzar a los «cristianos nominales» los cuales esta define como «aquellos que dicen ser nacidos de nuevo pero que no están comprometidos con ninguna iglesia». El pastor Doug Murren cree que tanto como un tercio de los residentes cerca de su iglesia caen en esa categoría.[5] (En el ámbito nacional, el 44% de la gente sin-iglesia dice haber hecho un compromiso con Cristo.[6]) En segundo lugar Murren está tratando de alcanzar a los incrédulos sin-iglesia.

Las iglesias que buscan atraer a los cristianos sin-iglesia tienden más a usar la adoración como un elemento de alcance porque esta las relaciona con el público que tienen como meta. En cambio, algunas personas irreligiosas, como Leslie y yo cuando éramos incrédulos, no se sienten cómodas en ámbitos de adoración porque les resulta difícil adorar a un Dios en el que no creen.

Incluso, será diferente la iglesia que intente alcanzar a *incrédulos con iglesia*, que serían las personas que asisten a un lugar de adoración pero por determinada razón el evangelio sigue sin tocarlos. Quizá están en una denominación que no proclama el mensaje histórico del evangelio. Un estudio dijo que este es el grupo más alcanzable de todos los grupos en los Estados Unidos.[7]

También existen las iglesias cuyo objetivo principal, ya sea que lo admitan o no, son los *cristianos con iglesia*. Mediante programas o enseñanza superiores crecen al sacar a los creyentes de otras congregaciones de su zona.

DAR EN EL BLANCO

Incluso, más allá de eso, las iglesias que tienen éxito en alcanzar a la gente incrédula se concentran en determinados grupos de edad. Por ejemplo, la iglesia de Murren se conoce por su capacidad de ministrar a los nacidos después de la Segunda Guerra Mundial, es decir, los nacidos entre 1946 y 1964. La iglesia *Calvary Church Newport Mesa* en Costa Mesa, California y la iglesia *New Song Church* en Walnut, California, (cuyo lema es «donde al rebaño le gusta bailar rock») se han dirigido a los nacidos después del grupo anterior. Por ende, sus estilos de ministerio difieren significativamente pero cada uno está bien diseñado para el grupo específico al que esté dirigido.

Algunas iglesias, con todo propósito, van en pos de hombres sin-iglesia. Su selección musical, sus dramas y el uso de las ilustraciones en los sermones apelan a la perspectiva masculina. Sí, también quieren alcanzar a las mujeres sin-iglesia, pero descubren que por lo general los hombres son más hostiles al evangelio. Al ir en pos del género más resistente descubren que también tienen éxito en alcanzar a las mujeres. Sin embargo, lo opuesto no necesariamente se cumple. Si fueran a hacer cultos que apelaran fundamentalmente a las mujeres, tal vez los hombres no responderían.

La iglesia *Saddleback Valley Community Church* en California ha llegado tan lejos como para preparar un perfil de la persona a la que la iglesia se está dirigiendo. La iglesia Saddleback habla de «Saddleback Sam», alguien que nos recuerda a «Juan Sin-iglesia», y quien es:

«...un joven profesional metropolitano bien educado. Está satisfecho consigo mismo y se siente cómodo con su vida. Le gusta su trabajo y el lugar donde vive. Es adinerado, le gusta la recreación y prefiere lo informal a lo formal. Le interesa la salud y la buena forma física y piensa que está disfrutando la vida más que hace cinco años, pero con demasiadas presiones en su tiempo y su dinero y está tenso. Tiene alguna experiencia religiosa de la niñez pero no ha estado en una iglesia en 15 ó 20 años y es escéptico con respecto a la "religión organizada". No quiere que lo reconozcan cuando viene a la iglesia».[8]

Utilizar un término como «público de interés» hace que algunos cristianos se estremezcan porque suena como un frío método de mercadeo. ¿No es verdad que queremos alcanzar a *todo el mundo* con el evangelio? Dethmer dijo: «La realidad es que *no podemos* alcanzarlos a todos y si por igual tratáramos de alcanzarlos a todos, no alcanzaremos a ninguno con éxito».[9]

«¿Es lícito dirigirnos deliberadamente a un segmento en particular de nuestra población? Mi respuesta a esa pregunta es: "¡Por supuesto! Todo misionero se dirige a su público"», escribe Murren. «Al fin y al cabo, si no sabes a quién Dios te ha llamado a alcanzar, ¿cómo puedes establecer una estrategia para alcanzarlos? Por ende, definir con claridad el grupo que te interesa no solo es esencial para la filosofía de tu ministerio sino que también es vital para asegurar tu eficacia como un pastor exitoso en una cultura principalmente sin-iglesia».[10]

Una vez que esté definido el blanco de un público de interés, el próximo paso es determinar cómo hacer que la flecha llegue allí. Eso significa desarrollar una estrategia realizable para alcanzar a ese grupo. ¿Cómo se relacionarán de manera exitosa los cristianos de esa iglesia con las personas a quienes Dios los está llamando a alcanzar?

Quizá se base en propaganda por correo; quizá se concentre en un enfoque más relacional en el que los cristianos fomentarán amistades con gente sin-iglesia y los invitarán a cultos creados para los que están buscando una verdad espiritual. Esos cultos pueden ser semanales, mensuales o trimestrales. Quizá puedan usar conciertos para traer a gente secular y exponerla a la iglesia. O quizá durante el año se puedan programar estratégicamente actividades periódicas para estos buscadores como es un desayuno para hombres, almuerzos para mujeres o cenas para evangelizar. Existe una diversidad de métodos posibles.

Entre las iglesias que específicamente tratan de alcanzar a los incrédulos sin-iglesia, se utiliza a menudo una estrategia de siete pasos:

1. Roberto Creyente establece una relación auténtica con Juan Sin-iglesia.
2. Roberto Creyente le cuenta a Juan Sin-iglesia cómo Dios ha cambiado su vida y, con el transcurso del tiempo y de la mejor manera posible, busca la oportunidad de hablarle del evangelio.
3. Roberto Creyente invita a Juan Sin-iglesia a un culto que se creó para responder a las preguntas y preocupaciones de las personas buscadoras.
4. Una vez que Juan le entrega su vida a Cristo, comienza a asistir a un servicio de adoración diseñado para creyentes.
5. Juan se une a un grupo pequeño diseñado para ayudarlo a crecer.
6. Juan descubre, desarrolla y hace uso de su don espiritual para honrar a Dios y edificar a la iglesia.
7. Juan comienza a administrar sus recursos —tiempo y dinero— de manera piadosa.

Entonces el ciclo se repite cuando ahora Juan Con-iglesia establece una relación con Luis-Sin iglesia».[11]

Cualquier estrategia que se escoja, debe influir cada aspecto del ministerio. Debe motivar qué tipo de edificio se alquile o se construya, qué tipo de música se utilice, qué tipo de drama o de multimedia se emplee, los títulos e ilustraciones de los mensajes, el diseño y el contenido del boletín, la manera en que los ujieres saluden a los visitantes, la manera en que se maneje el área de estacionamiento, la forma en que se cuide el terreno, los horarios de los cultos, la forma en que se visten los participantes, etc.

Todo esto pudiera parecer difícil de implementar, pero

se vuelve mucho más fácil cuando fluye de valores sinceros que resultan cuando los líderes clave de la iglesia mantienen relaciones estrechas con el tipo de personas sin-iglesia que conforman el público de interés.

Cuando de manera habitual comparten con Juan y María Sin-iglesia, hablan con ellos durante la cena o van juntos al cine, de manera natural llegan a conocer el tipo de enfoque que los atraerá o que los ahuyentará. Una manera sencilla de determinar qué tipo de culto o programa crear es preguntar: «¿Qué pensarían de esto Juan y María? ¿Me sentiría cómodo y confiado trayéndolos a algo así?»

Lamentablemente, muchos cristianos que dicen que quieren llevar el evangelio a los sin-iglesias de su comunidad realmente no conocen a ninguna persona irreligiosa. Para ellos, Juan y María Sin-iglesia son entidades sin rostro con misteriosos patrones de conducta. Como resultado, y sin saberlo, acaban creando un culto o programa más de acuerdo a sus propios gustos y no a los del público que les interesa alcanzar.

HABLAR CON EL CLIENTE

Una manera en la que muchas iglesias ganan una comprensión más amplia de los incrédulos de su zona es realizando una encuesta en la comunidad. Típicamente, los voluntarios van a las casas del vecindario y les preguntan a los residentes si asisten de forma activa a una iglesia local. Si lo hacen, les dan las gracias y pasan a la próxima casa. Si no, les preguntan por qué. Los matices de los resultados varían de región en región, pero siempre me ha fascinado la coherencia general de estas encuestas.

Cuando se realizó el escrutinio de un vecindario en una zona residencial de Chicago en 1975, estas fueron las razones principales que la gente dio para mantenerse alejada de la iglesia:

- Las iglesias siempre están pidiendo dinero, sin embargo, nunca parece suceder nada de valor personal con los fondos.
- Los servicios de la iglesia son aburridos y sin vida.
- Los servicios de la iglesia son predecibles.
- Los sermones carecen de relevancia en la vida cotidiana del «mundo real».
- El pastor hace que la gente se sienta culpable e ignorante, de forma tal que la gente sale de la iglesia sintiéndose peor que cuando llegaron.[12]

Más de una década después, una encuesta realizada entre ochocientas personas en otra zona residencial de los Estados Unidos obtuvo respuestas similares de por qué la gente no va a la iglesia:

- La gente de la iglesia es fría y poco amistosa.
- Los sermones son aburridos y no se relacionan con la vida real.
- Ir a la iglesia es sentirse culpable.
- Las iglesias no se interesan en ti, lo único que quieren es tu dinero.
- Estamos demasiado ocupados, ir a la iglesia es una pérdida de tiempo.[13]

En el sur de Inglaterra se realizó una encuesta de puerta a puerta en 1990. Lo que dijeron los participantes puede parafrasearse de esta manera:

«Somos gente ocupada con vidas ocupadas y nada del cristianismo nos persuade a dejar lo que hacemos los domingos. Tenemos mejores cosas que hacer que participar en una experiencia irrelevante y vacía».[14]

De hecho, los resultados de estas encuestas debieran ser alentadores para los cristianos. La razón es que estas quejas pueden vencerse con oración, planificación y creatividad sin comprometer el evangelio de ninguna manera.

En otras palabras, estas objeciones por lo general se relacionan con el método que se utiliza para comunicar el evangelio, no con el mensaje en sí y, por lo tanto, tenemos la libertad de usar la creatividad que Dios nos ha dado para presentar el mensaje de Cristo de formas nuevas a las que nuestro público de interés se relacionará. Como le dijera el apóstol Pablo a los cristianos del primer siglo en Colosas: «Compórtense sabiamente con los que no creen en Cristo, aprovechando al máximo cada momento oportuno».[15]

Así que en lugar de cultos que sean aburridos, sin vida y predecibles, se pueden crear unos que reflejen emoción, aventura y, sí, incluso el sacrificio del cristianismo. Pueden variar cada semana en lugar de estar estancados en la misma rutina de programación. En lugar de utilizar llamamientos de mano dura y que levanten fondos, pueden enseñarles a sus creyentes una mayordomía responsable pero eximir a sus visitantes de dar. En lugar de sermones etéreos que no se relacionan con la vida cotidiana, los mensajes pueden ser prácticos y orientados para que tengan aplicación.

En lugar de ser frías y poco amistosas, las iglesias pueden ser cálidas e incluir a todos los extraños sin ahogarlos. En lugar de apoyarse en tácticas de culpa pueden presentar una imagen equilibrada de la fe que incluya la gracia de Dios, su perdón y su amor, al tiempo que enseñan acerca de la realidad del pecado y la necesidad del arrepentimiento personal.

Recuerda que en el país hay al menos cincuenta y cinco millones de adultos. Piensa cuántos podrían regresar a la iglesia si tan solo fueran más sensibles a sus necesidades y tuvieran relevancia en sus vidas.

Pero, ¿cómo va a suceder esto a menos que los cristianos de manera individual tomen la decisión de trabajar en grupo estratégicamente con su iglesia para equipar con turbocompresores sus esfuerzos evangélicos? Deben ser socios que estén comprometidos a ayudarse mutuamente en la aventura continua de penetrar en la comunidad con el evangelio.

Durante demasiado tiempo sus esfuerzos han estado desarticulados. Muchos cristianos se sienten como «llaneros solitarios» que deben ir dando tropezones por cuenta propia en el proceso del evangelismo. Mientras tanto, los líderes de la iglesia se preguntan por qué sus bancos están llenos semana tras semana con las mismas caras y por qué se bautizan tan pocos nuevos creyentes.

Pero piensa en el potencial para penetrar el reino de Dios en la sociedad si las iglesias ayudaran activamente a sus creyentes al proporcionarles lugares seguros a los que puedan llevar a sus amigos a escuchar el mensaje desafiante de Cristo.

¿Y qué de ti y tu iglesia? Tienes funciones importantes que desempeñar. Primero, puedes influir personalmente en los Juanes y Marías Sin-iglesia en tu ámbito de relaciones. Y segundo, puedes animar y ayudar a que tu iglesia comprenda la mentalidad de las personas irreligiosas para que se implementen actividades, programas y servicios eficaces.

Estos próximos capítulos, que se basan en lo que me atrajo a mí a la iglesia y me mantuvo regresando hasta que hice un compromiso con Cristo, te darán algunas ideas para crear oportunidades evangélicas.

11

«Dame espacio»

Cuando entré al culto de una iglesia para examinar la fe cristiana, yo estaba armado y listo. Escondida debajo de mi saco deportivo había un arma secreta, y mientras la traía conmigo me sentía protegido.

No, no era una pistola, era una libreta de reportero, del tipo que *The Chicago Tribune* emite para sus escritores. La razón por la cual me daba seguridad era que si encontraba a alguien conocido, yo podía sacarla y decir: «Ah, realmente no asisto aquí; estoy pensando hacer un reportaje acerca de este lugar. Quizá en alguna parte encuentre un escándalo».

Eso te da una idea de cuán acomplejados pueden estar Juan y María Sin-iglesia cuando se aventuran a entrar en una iglesia. Sería comparable al sentimiento que tendría un cristiano si entrara en una mezquita musulmana por primera vez. No querría que lo destacaran o señalaran porque se avergonzaría y, además, ¡y si el vecino lo ve y piensa que se está convirtiendo! Es así como se siente mucha gente sin-iglesia cuando dan el paso monumental de entrar a una iglesia.

La mayoría de los cristianos subestima la tensión y la ansiedad que experimentan Juan y María Sin-iglesia cuando pasan por la puerta de la iglesia. Para un cristiano la iglesia es un hogar cómodo, un lugar poblado de gente que piensa de la misma manera y que comparten un amor por Cristo. Pero para la gente Sin-iglesia, es un lugar que anticipa lo inesperado y lo inusual.

Tienen miedo de hacer algo mal, de quedarse sentados

cuando todos los demás respondan a una señal no hablada y se pongan en pie, de ser incapaces de localizar un versículo bíblico que todos los demás encontraron rápidamente o de cantar desafinados mientras tratan de negociar la melodía arcana de un himno del siglo dieciocho. No quieren llamar la atención hacia sí mismos por medio de una metedura de pata accidental.

Es por eso que cuando Juan y María Sin-iglesia vienen a la iglesia, su valor número uno es el anonimato. En cuanto sea posible, quieren mezclarse con la multitud.

En efecto, mientras más secularizada esté la comunidad, más importante se vuelve el anonimato porque socialmente es menos aceptable que los vecinos y los socios de negocios lo vean a uno en una iglesia. Por ejemplo, en los Estados Unidos el anonimato es especialmente importante en las iglesias del oeste y del noroeste donde hay menos miembros de iglesias y un tanto menos crucial en el sur, donde hay más participación en la iglesia.

En cambio, cuando un cristiano visita otra iglesia, una de sus prioridades más altas es la cordialidad. Quiere que otros miembros de la familia de Dios lo reconozcan y lo saluden, y por sentirse de esa manera, él a menudo asume erróneamente que Juan y María Sin-iglesia quieren lo mismo en su experiencia en la iglesia.

Hace unos años yo estaba de vacaciones con mi familia en la Florida y el domingo visitamos una congregación evangélica. En medio del culto el pastor pidió a los visitantes que se pusieran en pie y se presentaran. Él pensó que estaba siendo amistoso al dar la bienvenida a los recién llegados, pero la verdad es que la mayoría de las personas se mueren de miedo si tienen que hablar en público en cualquier circunstancia y eso se acentúa en la gente sin-iglesia que ya se sienten incómodas con estar dentro de un templo. No me sorprendió que fuéramos la única familia de visita entre los cuatrocientos asistentes de ese domingo.

Los estudios muestran que no importa cuán bien intencionada sea la congregación, a la mayoría de los visitantes de las iglesias no les gusta que los identifiquen durante el culto. Lo que es más, la mayoría no quiere que le pongan etiquetas con sus nombres ni que nadie los visite en su casa a la semana siguiente.[1] Sin embargo, este es precisamente el método que muchas iglesias usan con sus visitantes porque los cristianos piensan que estos desean un desborde de simpatía.

VENTAJAS DEL ANONIMATO

El anonimato representa dos cosas cruciales para Juan y María Sin-iglesia. Primero, preserva su *control*. Cuando fui a la iglesia por primera vez, yo quería mantener tanto control de la situación como fuera posible porque eso me daba seguridad. Por ejemplo, los amigos de Leslie, Linda y Jerry, se ofrecieron para llevarnos a la iglesia pero yo quería ir en nuestro auto. De esa manera, podía escurrirme y salir rápidamente si algo salía mal. Me alegré de haber escogido una iglesia para visitar que atrajera a muchas personas a sus servicios porque así yo simplemente podría convertirme en otro rostro en la multitud.

Sabía que si quería información sobre la iglesia o si tenía una pregunta, podía acercarme a alguien y recibir una respuesta cálida y útil, pero esto es importante: *Yo quería ser el que iniciara la relación.*

Y yo apreciaba que nadie se me acercara sigilosamente, estrechara mi mano y me invitara a su casa a cenar el domingo en la noche. Una de mis mayores dudas para ir a la iglesia era que pudiera quedar atrapado en una conversación con un fanático evangélico que me investigara a fondo haciéndome preguntas espirituales que yo no estaba listo para responder.

Segundo, el anonimato les da *tiempo* a Juan y a María Sin-iglesia. Esto crea un ambiente seguro para que ellos busquen la verdad sobre el cristianismo a su propio ritmo. Una vez que descubren que pueden relajarse en una iglesia y no sentirse intimidados o avergonzados, están mucho más dispuestos a seguir viniendo incluso cuando el mensaje los desafía hasta la médula.

Y, como hemos dicho, el evangelismo es muy a menudo un proceso en el que el Espíritu Santo trabaja durante un período. En mi caso, después de comenzar a visitar una iglesia en enero de 1980, me sentí lo suficientemente cómodo para regresar casi todas las semanas durante dos años mientras examinaba sistemáticamente la fe. La mayoría de las veces me sentaba detrás (cerca de una salida en caso de que algo raro sucediera) y era muy reservado, pero todo el tiempo yo estaba sumergiéndome en la verdad espiritual.

La cuerda floja por la que una iglesia debe caminar al manejar a los visitantes incrédulos es permitir un anonimato adecuado sin hacer parecer que la iglesia sea fría y poco afectuosa. Eso se cumple especialmente con las iglesias del sur donde existe una expectativa cultural más alta de cálida hospitalidad.

Una iglesia tomó el método de entrenar a sus ujieres para que observaran los ojos de las personas que entraban al lobby. Si el visitante miraba a su alrededor como si hubiera perdido algo y deseaba ayuda, el ujier saldría adelante, establecería la relación y le preguntaría amablemente si lo podía ayudar. Pero si el visitante deliberadamente evitaba hacer contacto ocular, el ujier lo dejaba pasar, dándole una sonrisa amistosa y quizá un «buenos días» pero no lo interceptaría. En cuanto a mí, entraba al cine donde la iglesia se reunía aquel primer domingo y emitía un lenguaje corporal que gritaba: «¡Déjenme tranquilo!» Me alegra que las personas le prestaran atención a mi señal.

Además, muchas iglesias han establecido maneras de que los visitantes soliciten información cuando la quieran en lugar de imponerles el material. Algunas tienen una tarjeta que se arranca del boletín del domingo y permite que cualquiera que desee información la llene y la ponga en el plato de la ofrenda. Pueden marcar cuadritos con respecto a la naturaleza de su pregunta o inquietud.

La persona que hace los anuncios durante el servicio llama su atención a la tarjeta aunque no se hace presión para que la llene. La razón es que los visitantes sin-iglesia le tienen horror a que los pongan en una lista de correo o a recibir la visita de un pastor. Obligarlos a dar su nombre, les quita un poco de su control y les hace sentir vulnerables. A fin de cuentas, ¿quién sabe lo que pasa después de que tu nombre entra en la computadora de alguien?

Preservar el anonimato puede ser especialmente difícil en las iglesias pequeñas. Cuando solo asiste un puñado de personas, es inevitable que sobresalga una nueva persona. Una iglesia del centro del país que fue creada para alcanzar a los incrédulos, esperó deliberadamente a que su núcleo creciera a más de cien personas antes de comenzar los servicios dirigidos a los que andan buscando. De esa manera, era más probable que un visitante sintiera que no llamaba la atención.

Otras iglesias periódicamente le enseñan a su núcleo sobre las actitudes de los incrédulos para que la congregación se sensibilice en cuanto a cómo se sienten Juan y María Sin-iglesia. De esa manera, los miembros entienden las razones por las que no deben armar mucho alboroto cuando hay una cara nueva entre ellos.

Hasta una iglesia pequeña puede asimilar a Juan y a María de manera que no intimide al:

- ser amistosa pero no dominante;
- ser cortés pero no adulona;
- saludarles cortésmente pero no involucrarlos en una conversación de la cual les sea difícil zafarse.

Una iglesia escogió un teatro como lugar de reunión específicamente porque las luces del público podían atenuarse fácilmente lo cual le da una sensación de seguridad al incrédulo.

Algunas iglesias después del culto ofrecen una recepción informal para los visitantes. Hay algunos sin-iglesia que están dispuesto a asistir a dicha recepción.[2] La clave, sin embargo, es hacerlo claramente opcional para que los visitantes no sientan ningún tipo de presión para participar. De esa manera, aquellos que no quieren peder su anonimato pueden retener el control.

Está bien ofrecerles a los visitantes información acerca de la iglesia sin comprometerlos; de hecho, a la mayoría de la gente sin-iglesia le gustaría eso. Pero considera que una mayoría de la gente incrédula no quiere ningún trato especial durante tu programa o servicio.[3]

A veces las iglesias sienten que están perdiendo demasiado control si permiten que Juan y María Sin-iglesia vengan y vayan sin tener su nombre y dirección. Después de todo, ¿de qué otra manera pueden seguirle la pista a la gente a menos que tengan ese tipo de datos? ¿Cómo puede asegurarse el seguimiento? Aunque estas preocupaciones son legítimas, ese es un sacrificio que la iglesia necesita hacer si quiere atraer a las personas sin-iglesia.

Mientras más se invada el anonimato de un visitante sin-iglesia, más probable será que su primera visita sea la última. Idealmente, el amigo del visitante, quien lo trajo al servicio, proporcionará el seguimiento informal y le animará a regresar a otro servicio.

LA OPCIÓN DEL GRUPO PEQUEÑO

Sin embargo, al mismo tiempo, las generalizaciones deben manejarse con cuidado. Aunque la mayoría de los no creyentes sin-iglesia desea el anonimato, hay algunos que se sienten específicamente atraídos por una oportunidad de interactuar con los cristianos. En un estudio, una minoría significativa de gente sin-iglesia dijo que tendrían cierto nivel de interés en un estudio bíblico orientado a los que andaban buscando.[4] Dado el deseo creciente de nuestra sociedad de tener relaciones significativas, puede que más y más personas en el futuro opten por este tipo de grupo pequeño investigativo.

Un colega mío, Garry Poole, lleva años liderando estos grupos pequeños y siempre ha visto que la gente es receptiva. Una vez, siendo estudiante, él se cambió de un instituto cristiano a una gran universidad estatal en Indiana. Sin mucha seriedad puso cuatro anuncios en dos dormitorios diciendo que si alguien estaba interesado en un estudio bíblico informal, lo llamara de inmediato. Recibió llamadas de diez personas, incluyendo a ocho incrédulos.

«Yo no esperaba que no-cristianos llamaran», decía Garry. «Me imagino que la mayoría de los cristianos ya estaban relacionados con *Navigators* [Los navegantes] o con la Cruzada Estudiantil y Profesional para Cristo, así que no estaban interesados. Pero en aquellos muchachos sin-iglesia había sed de amistad y de debates espirituales».

En su primera reunión Garry dijo: «Si pudieras hacerle a Dios cualquier pregunta que se te ocurriera y él la respondiera, ¿cuál sería?» Preguntaron si realmente había un infierno, por qué hay tanta enfermedad en el mundo, si la Biblia realmente es la Palabra de Dios y otras preguntas similares. Garry tomó esos asuntos, investigó un poco y cada semana usó una pregunta como el tema de conversación. A pesar de sus ocupados horarios, los alumnos sin-iglesia fueron fieles en asistir y antes de dejar el grupo, tres de ellos le entregaron sus vidas a Cristo.

En mi caso, yo nunca habría asistido a un estudio bíblico cuando era un incrédulo, me hubiera sentido demasiado incómodo y con miedo de avergonzarme demasiado al comentar los asuntos espirituales con un pequeño número de extraños. Además. Yo tenía amigos suficientes para mantenerme ocupado, así que no tenía interés en encontrar más.

Pero para otros, el componente relacional del grupo era una tremenda atracción. Eso fue lo que Leslie descubrió cuando invitó a las mujeres de nuestro vecindario a pasar unas horas a la semana estudiando juntas la Biblia, utilizando uno de los muchos currículos que están disponibles para los grupos de buscadores. Era el atractivo de hacer mejores amistades así como el componente espiritual lo que atraía a las personas al grupo.

Aunque algunas personas sin-iglesia prefieren una experiencia relacional por medio de un grupo pequeño, aun así quieren sentirse a salvo. Necesitan estar seguras de que pueden expresar libremente sus opiniones, cuestionar la validez de las doctrinas cristianas e investigar la verdad sobre Cristo tanto tiempo como necesiten para llegar a sus propias conclusiones.

Muchas iglesias utilizan pequeños grupos evangélicos como un «paso siguiente» para Juan y María Sin-iglesia. Crean una enorme puerta de entrada, un programa o servicio de evangelismo, en el que Juan y María Sin-iglesia disfrutan el anonimato y se sienten cómodos absorbiendo la enseñanza espiritual. Después de un tiempo la iglesia menciona la disponibilidad de grupos pequeños para los que estén interesados. Algunos seleccionan esa opción, pero otros todavía quieren salvaguardar su identidad y tienen la libertad de regresar en el futuro para programas con grupos grandes.

«Dame espacio» es el clamor de Juan y María Sin-iglesia. Como cristianos, muchas veces queremos bañarlos de amor y aceptación y con entusiasmo arrastrarlos por el camino espiritual hacia Cristo. Pero la mayoría de ellos responde mejor cuando nos echamos hacia atrás lo suficiente como para darles un lugar en el que puedan sentirse seguros para explorar lo que significa seguir a Jesús.

12

«Dame creatividad»

E lla era alumna de la prestigiosa facultad de administración de Harvard, una mujer atractiva e inteligente que además no tenía interés en la iglesia. Un día, en la clase, participó en un debate acerca de la excelencia en las organizaciones sin fines de lucro y después hizo una observación acerca de las iglesias que me pareció deprimente y alentadora a la vez.

—A mí me parece que las iglesias tienen una gran ventaja en el campo de la creatividad —dijo ella.

—¿Por qué? —le pregunté.

—Porque si las personas fueran a la iglesia con grandes expectativas de lo que van a experimentar, sería difícil exceder esas expectativas e impresionarlas —dijo—. Pero seamos honestos, la persona promedio va a la iglesia con expectativas extremadamente bajas. Y, por lo tanto, lo único que la iglesia tiene que hacer es conseguir un *poquito* de creatividad y probablemente los enloquecerá.

¡Qué condenación de las iglesias! Para ella, y para muchos Juanes y Marías Sin-iglesia, los cultos de las iglesias se consideran aburridos, sin vida, predecibles y lúgubres. Aunque en muchos casos ese es un estereotipo extremadamente injusto, esa opinión persiste y los hace mantenerse alejados de la iglesia.

Y, sin embargo, esa imagen triste ofrece una oportunidad fantástica. Si de alguna manera pudiera atraerse nuevamente a las personas sin-iglesia a un culto o programa y si la iglesia pusiera en marcha un poquito de creatividad, habría un gran potencial para impresionarlos de manera positiva.

SEGUIR EL EJEMPLO DE DIOS

A fin de cuentas, ¿por qué los servicios de la iglesia no deberían ser emocionantes, perspicaces, atrevidos, creativos, impresionantes y festivos? ¿No es así el cristianismo? Sin dudas que Dios mismo mostró la creatividad suprema cuando elaboró las montañas majestuosas, la colección caleidoscópica de la vida animal, la vasta belleza de los cielos, los bosques salpicados de colores, el exótico mundo submarino de los océanos y el intrincado ecosistema que mantiene funcionando al planeta.

Y le dio dones de creatividad a su pueblo. Yo no creo que él quisiera que asfixiemos esos dones o que los dejemos dormidos. Sin dudas él quiere que los expresemos, especialmente cuando puede usar esa creatividad para señalar el camino hacia él. Franky Schaeffer dijo:

«Como cristianos, a menudo hablamos de que los hombres fueron "hechos a imagen de Dios". Esta fórmula es solo un conjunto de palabras hasta que se le dé más significado y definición. Si hay un aspecto que sin dudas separa al hombre claramente del resto del reino animal y le da significado a estas palabras "hecho a imagen de Dios", es el campo de la creatividad, la capacidad de disfrutar la belleza, de comunicarse artísticamente y mediante ideas abstractas. El campo de la creatividad, por consiguiente, no es un mero comentario al margen, sino que es algo esencial».[1]

Como se le dijo al personaje de una película llamado *Cool Hand Luke*: «Lo que tenemos aquí es un fallo en la comunicación». De alguna manera la gente sin-iglesia se ha llevado la impresión de que las iglesias son completamente aburridas y de ahí llegan a la conclusión de que los cristianos y el cristianismo deben ser aburridos y que, por encima de todo, Dios debe ser aburrido. Amigos, se han llevado una idea equivocada y necesitamos poner las cosas en su lugar.

Déjame describirte la creatividad que encontré cuando comencé a asistir a una iglesia orientada a los que andan buscando. Ahora, quiero reiterar que no todas las iglesias necesitan adoptar un enfoque contemporáneo todas las semanas para los que andan buscando. Yo creo que las iglesias tradicionales están bien siempre y cuando se asocien con sus miembros periódicamente para crear programas a los que puedan llevar a sus amigos incrédulos. Y así se aplicarían estos mismos principios de creatividad.

¿Qué tenía la creatividad que me mantenía viniendo a la iglesia mientras yo investigaba las afirmaciones del cristianismo?

* **Motivo #1: Tocaban mi música.**

Recuerdo cuando Leslie estaba tratando de que me interesara en ir a la iglesia poco después que ella se hizo cristiana. «La música es maravillosa», ella seguía diciéndome. La describía diciendo que estaba «en la última» y que era alegre, el tipo de música que yo escuchaba en la radio, pero durante mucho tiempo simplemente no me entró. Yo igualaba a las iglesias con música que se canturreaba al órgano e himnos empolvados. De hecho, una razón por la cual finalmente estuve de acuerdo con visitar la iglesia fue para investigar de qué cosa Leslie estaba hablando.

Seamos honestos: La gente sin-iglesia no pasa su tiempo escuchando música de órgano, a menos que pongan una emisora de música antigua y escuchen por casualidad el éxito de la década de 1960, «96 Tears» [96 lágrimas] por *Question Mark and the Mysterians*. Mira lo que se vende en las tiendas de música: el pop y el rock son un bombazo; la música clásica y la música evangélica solo tienen cuotas modestas en el mercado. Y, sin embargo, la mayoría de las iglesias acentúan la música clásica y la música con órgano.

Por supuesto, la razón es que a los cristianos les gusta ese tipo de música. Sin embargo, Juan y María Sin-iglesia sintonizan estaciones más actuales en los radios de sus autos. Pero por experiencia personal puedo decirte que cuando su estilo de música favorito se casa con letra cristiana, la combinación puede tener un fuerte impacto para favorecer su peregrinaje espiritual.

Lo que tenemos que hacer nosotros como cristianos es descifrar el código cultural de nuestra sociedad. Necesitamos determinar qué estilo de música atrae a los Juanes y Marías que estamos tratando de alcanzar. ¿Les gusta el rap, la música country, el rock, el pop o el jazz? Es fácil de determinar revisando los índices de audiencia y los demográficos de las estaciones de radio locales; y una vez que hagamos eso, podemos trabajar para utilizar ese tipo de música para Cristo.

En cuanto a los que se encogen ante la idea de usar la música moderna en la iglesia, Doug Murren, experto en la generación nacida después de la Segunda Guerra Mundial, dice: «Relájense, la idea de utilizar música contemporánea como una manera de expresar la adoración y de alcanzar a otros no es tan atrevida ni tan nueva como parece. ¿Sabían que la música del "Castillo fuerte" de Martín Lutero originalmente era una tonada de cantinas allá en el siglo dieciséis? Además, los grandes himnos de Carlos Wesley eran reflexiones melódicas de la música del siglo diecinueve contemporánea con su época».[2]

A propósito, yo he sufrido una conversión musical radical en los últimos años. La madre de Leslie es escocesa y recuerdo que cuando nos casamos coordinó que un gaitero tocara mientras entrábamos a la fiesta de recepción. Por supuesto, una canción que los gaiteros tocan inevitablemente es «Sublime gracia». Para mí, en aquella época, no era más que una tonada contagiosa.

Pero años después, al finalizar un servicio de comunión, nos pusimos en pie para cantar «Sublime gracia». Antes de que se acabara la canción yo tuve que deslizarme por debajo de las graderías porque me avergonzaba que la gente me viera llorar tanto. Hoy esa canción es muy importante para mí. Ahora cuando la canto, estoy adorando a Dios por el amor increíble e inmerecido que él me ha mostrado.

Como una persona incrédula, yo odiaba los himnos viejos; ahora, como cristiano, los amo. A menudo los cantamos en nuestros servicios de adoración, canciones hermosas como «Cuán grande es él» y «Grande es tu fidelidad», y me tocan emocionalmente cuando los usamos para alabar a Dios. Pero en los servicios y programas creados para los no creyentes, tenemos que determinar qué música los mueve a ellos y no a nosotros.

• **Motivo #2: Lo inesperado se volvió esperado.**

De semana en semana yo nunca sabía lo que iba a pasar en esos cultos y lo imprevisible propiciaba una atmósfera de anticipación entre los que asistían. Era algo así como la sensación antes de un gran juego de fútbol o un concierto de rock. Nadie sabía exactamente lo que iba a ocurrir, solo sabíamos que íbamos a experimentar algo diferente y emocionante. Antes de que comenzara el preludio, una sensación de electricidad corría por entre la multitud.

Recuerdo que leí un artículo en un periódico que describía un culto en una iglesia nueva para gente que anda buscando. No era una iglesia de alta tecnología con grandes recursos, solo 100 personas reunidas en un salón alquilado. Pero el escritor señalaba: «Antes del culto parecía haber un zumbido expectante en el salón». Eso es lo que puede suceder cuando la previsibilidad no lleva a la gente a la complacencia.

• **Motivo #3: Se conectaban con la generación de la televisión.**

Los nacidos después de la Segunda Guerra Mundial son la primera generación que creció viendo televisión y esto ha moldeado la manera en que procesamos el mundo. Ansiamos el estímulo visual. Los grupos de rock ya no solo se suben al escenario y tocan, en la actualidad la mayoría de los conciertos presenta una mezcla de video en pantallas apiladas, televisión en vivo, escenificación impresionante y luces sensacionales y arrolladoras.

Cuando yo visitaba la iglesia como alguien que estaba buscando, me atrajo el uso de las imágenes visuales. En aquel entonces, era mayormente multimedia en la que varios proyectores de diapositivas se utilizaban para transmitir imágenes que se mezclaban entre sí para crear un efecto dinámico. De hecho, la iglesia gastaba una cantidad desproporcionada de sus ingresos en producir pequeños fragmentos de multimedia en cada servicio porque estos eran muy poderosos para relacionarse con Juan y María Sin-iglesia.

Recuerdo una producción de multimedia que presentaba dos figuras de barro: una, un Dios que semejaba un abuelo; la otra, un hombre tratando de agradarlo. La banda sonora era la voz seria pero distorsionada del hombre mientras meditaba en cómo hacer feliz a Dios. Él le ofreció a Dios su dinero, sus pasatiempos, su casa, incluso le ofreció marchar con un cartel que dijera: «Arrepiéntanse». Pero a Dios no le interesaba. Al final, el hombre de Dios entendió que lo que realmente Dios quería era su corazón y cuando se lo ofreció, Dios lo atrajo hacia sí y lo abrazó.

Ahí estaba yo sentado, un periodista endurecido por la calle, ¡y tenía lágrimas en mis ojos! Aquellas pequeñas y tontas figuras de barro habían tenido éxito en derrocar mi sistema de defensa emocional.

La multimedia puede utilizarse de diferentes maneras eficaces. Se pueden utilizar hermosas imágenes de la naturaleza con una música majestuosa de fondo para abrir los ojos de la gente a la obra creadora de Dios. O se puede entrevistar a personas en la calle acerca de quién piensa que es Jesús y luego mostrar imágenes de ellos mientras se transmiten sus opiniones. O mientras se toca una canción se puede ilustrar el tema de esta con una variedad de fotografías. Aunque producirla consume tiempo, las producciones con multimedia pueden provocar enormes dividendos.

Como el video se ha hecho menos costoso, las iglesias también han comenzado a explorar ese medio. Por ejemplo, puede ser efectivo mostrar entrevistas cortas e incluso escenas de películas. Una vez, en medio de un mensaje sobre la esperanza, yo me detuve para mostrar una escena de la popular película *City Slickers* [Lechuguinos], en la que los personajes estaban hablando de conseguir una «segunda oportunidad» en la vida. La escena intensificaba mi idea de que Dios a todos nos ofrece «segundas oportunidades».

Como mencioné antes, presenté dos mensajes llamados «El caso de Cristo» en los que utilicé un método de sala de tribunal para establecer que Jesús es Dios. Pero en lugar de recitar la evidencia histórica de la deidad de Cristo, intercalé fragmentos de vídeos de eruditos a quienes antes yo había entrevistado. Ellos se convirtieron en los «testigos» del juicio, aumentando así la credibilidad de la información en los ojos de los escépticos.

- **Motivo #4: No usaban el arte para predicar.**

El arte trata mejor con las emociones no con las soluciones. Es mejor para hacer preguntas que para dar respuestas. Cuando las iglesias tratan de predicar con arte, no resulta didáctico pero cuando la utilizan para bajar las defensas, identificarse con las emociones y plantear asuntos, puede ser extremadamente potente.

El drama proporciona una buena ilustración. Por ejemplo, si vas a tratar con el tema de la oración no respondido, a veces la tentación es presentar un drama que intente dar una lección, hacer entender un principio bíblico o mostrar personajes que resuelvan sus problemas hábilmente, como una comedia de la televisión. Pero eso le parecería falso a Juan y a María Siniglesia quienes están exigiendo respuestas más sofisticadas y detalladas de las que puedan presentarse mediante una escena breve, general y dramática.

Pero si el drama mira las vidas de gente que está frustrada debido a la oración sin respuesta y permite que el público se identifique con la intensidad de sus sentimientos, esto revelará el tema a Juan y María y los mantendrá con los ojos clavados en el predicador que sigue.

He visto un drama sobre este tema en el que una pareja está a punto de adoptar un hijo, luego de años de espera dolorosa en oración, pero en el último minuto la madre decide quedarse con su bebé. La escena termina con la pareja abrazándose entre lágrimas, sin saber qué camino tomar, preguntándose por qué Dios prestó oídos sordos a sus fervientes oraciones de todos esos años. Casi todo el mundo en el público puede identificarse con eso porque todos, de una manera u otra, nos hemos preguntado por qué Dios no nos ha dado lo que le hemos pedido.

De hecho este drama dice: *No estamos ajenos. Entendemos el sufrimiento por el que has pasado; estamos conscientes del dolor que has experimentado. Está bien sentir esas emociones. Pero ahora, dejemos que el orador nos dé alguna sabiduría bíblica sobre cómo entender este asunto.*

Como me dijera el escritor de drama Judson Poling: «La función del drama es abrir una lata de lombrices y hacer algo así como meter nuestros dedos y revolverlos. Entonces, la función del orador es lidiar con los gusanos».

• **Motivo #5: Me hacían reír.**

Lo último que yo esperaba hacer en un culto de iglesia era reírme. Esperaba enojarme, aburrirme o dormirme, pero ¿reírme? ¡De ninguna manera!

Sin embargo, muchas de las veces en que fui a la iglesia como un buscador acabé riéndome histéricamente de un sketch que era tan brillante como cualquier cosa de «Saturday Night Live». Al tratar con la gente que anda buscando, un humor adecuado es importante porque:

• Es inesperado, así que los desarma.
• Deshace los estereotipos que ellos tienen de la iglesia.
• Muestra que la gente de la iglesia es «normal» y disfruta pasar un buen tiempo.

- Les muestra que aunque el cristianismo es serio, no tenemos que tomarnos tan en serio. En otras palabras, no es un requisito del cristianismo que una persona sea estirada.
- Establece un común denominador. Al fin y al cabo, por lo general nos reímos de las cosas porque nos podemos identificar personalmente con la situación que se presenta.
- Desbarata las defensas; cuando se ríe, la gente es más receptiva a ideas nuevas.

Durante años yo había escuchado el principio psicológico de que la risa hace que la gente se abra a diferentes opiniones, pero hace poco lo comprobé por mí mismo mientras miraba un programa de televisión. Aunque el programa respaldaba una conducta con la que de seguro yo no estaba de acuerdo, el humor hizo que me riera tanto que en realidad me estaba sintiendo positivo con relación a lo que se estaba promoviendo. Finalmente tuve que detenerme y decir: *Espera un segundo, ¡esto es solo propaganda! ¡Yo no creo en esto!* Mi risa bajó tanto mis defensas que las ideas con las que no estaba de acuerdo comenzaron a afianzarse.

No estoy diciendo que debemos utilizar el humor para intentar hacerle un lavado de cerebro a la gente y que así entre al reino. Sin embargo, tenemos que reconocer que por distintas razones, Juan y María Sin-iglesia vienen a la iglesia usando una armadura invisible para protegerse a sí mismos y yo creo que Dios puede usar el humor para penetrar sus defensas.

CREAR UN PROGRAMA CREATIVO

Puedes marcar una diferencia desarrollando cultos y actividades que se comunicarán creativamente con Juan y María Sin-iglesia. Tú tienes un papel que desempeñar, ya sea desarrollar tus propios dones creativos, animar a otros que tienen talentos sin explotar o tomar parte en sesiones de lluvia de ideas sobre cómo puede encenderse el dial creativo.

Puede que seas un miembro del consejo, un diácono, un maestro de la Escuela Dominical, un ujier o un conserje en tu iglesia. Aparte de tu participación, puedes aumentar la creatividad cuando comiences a preguntarte: *¿Cómo podemos hacer las cosas viejas de una forma nueva que se relacionen mejor con Juan y María Sin-iglesia?*

Eso requiere oración, investigación para determinar qué le atrae al público de interés y mucha planificación. Es útil visitar otras iglesias así como lugares seculares para ver qué tipos de conceptos creativos están experimentando.

En el caso de los cultos orientados a la gente que anda buscando, es necesario una coordinación por adelantado con el orador porque cada aspecto del programa: la música, el drama, la multimedia, las lecturas, la danza, el video, deben estar centrados tanto como sea posible en el mismo tema. Para cada elemento del programa pregúntate: *¿Qué podemos hacer para comunicarnos mejor?*

Por ejemplo, veamos tan solo un elemento de un culto. La mayoría de las iglesias dedican algunos minutos a que alguien lea las Escrituras. Pero en lugar de simplemente leer algunos versículos, ¿por qué no hacer que la persona reflexione en el pasaje durante la semana para que pueda contar una anécdota personal que se relacione con los versículos antes de que los lea? Esto puede ser útil para ilustrar la aplicación práctica de ese pasaje en la vida de una persona y, además, abre el apetito del público por el mensaje que viene.

O quizá puedan usarse objetos que ilustren, ya que mientras más sentidos del oyente estén involucrados, más tiempo él retendrá información. El clímax de una anécdota que una vez yo estaba contando era el hecho de que había comenzado a caer la nieve. Pero en lugar de simplemente decir que nevó, en el momento exacto realmente comenzó a «nevar» en el escenario detrás de mí. La gente fue a casa y le contó a sus amigos: «Nunca adivinarías lo que pasó hoy en la iglesia.

¡Nevó!» Quizá eso despertara su curiosidad lo suficiente como para querer ver la iglesia personalmente. Una que otra vez he usado efectos de sonido como truenos o cristales rompiéndose, para hacer entender un punto.

En lugar que una persona lea un pasaje, algunas veces las iglesias hacen que varias personas alternen la lectura mientras leen numerosos versículos relacionados con el tema del día. Por ejemplo, escuchar a la gente leer veinte versículos bíblicos sobre el tema del perdón o el amor de Dios puede ser una presentación poderosa.

Algunas iglesias proyectan los pasajes del día en una pantalla mientras estos se leen o los imprimen en el programa para que los visitantes no estén hojeando la Biblia para encontrar dichos pasajes. De vez en cuando yo he compilado versículos sobre el tema del día y mientras se van he puesto copias a la disposición de las personas para que se las lleven y reflexionen en los mismos. Esa es una gran ayuda para Juan y María Sin-iglesia que no saben encontrar versículos sobre un tema. Además, pone las Escrituras en sus manos y las hace accesibles para ellos durante la semana.

O una de las maneras más fáciles de añadir variedad es hacer que alguien lea un pasaje de un libro cristiano y lo relacione con un pasaje específico de las Escrituras. Selecciones de escritores como Max Lucado, Ken Gire o Chuck Swindoll pueden darle al público ideas frescas sobre la verdad bíblica.

No hay fin de la cantidad de posibilidades cuando comenzamos a cuestionar el status quo y damos rienda suelta a los dones que Dios nos dio. Juan y María Sin-iglesia están diciendo: «Dame creatividad», y como señalaba la alumna de Harvard, ni tan siquiera tenemos que hacer mucho para enloquecerlos.

13

«Dame algo bueno»

M i amigo Trevor Waldock era un adolescente irreligioso cuando alguien lo llevó a un programa de evangelismo que se realizó en un granero cerca de su casa en Inglaterra. Al finalizar la noche, Trevor había entregado su vida a Cristo y desde entonces ha sentido pasión por llevar el evangelio a «Nigel y Rhoda Sin-iglesia» de Gran Bretaña.

Eso es un desafío de enormes proporciones porque la sociedad británica está grandemente secularizada, solo un diez por ciento de la población asiste a la iglesia cada semana en comparación con aproximadamente un cuarenta por ciento en los Estados Unidos.[1]

Entre la primavera y el otoño de 1991, Trevor y algunos amigos reunieron a unos cincuenta y cinco cristianos con la idea de formar una iglesia a la que pudieran llevar a sus amigos incrédulos. Juntos iniciaron la iglesia Waterfront el 5 de enero de 1992 reuniéndose en un hotel en Southampton.

Pero la asistencia al primer servicio desconcertó a Trevor. Aunque le complació que aparecieran ochenta personas, que eran más personas de las que asisten a la iglesia británica promedio,[2] él no podía entender por qué los miembros de su núcleo no habían invitado a más amigos para el servicio inaugural.

Pronto recibió la respuesta. A la semana siguiente la asistencia saltó a cerca de 120 personas y de pronto Trevor comprendió lo que había sucedido.

«Nuestro núcleo tenía que ver de primera mano el tipo de

culto que realmente íbamos a hacer como para tener la confianza suficiente de traer a sus amigos incrédulos», añadió después. «Una vez que vieron que el nivel de excelencia era lo suficientemente alto, estaban más dispuestos a salir e invitar personas al segundo culto».[3]

Fue una lección poderosa sobre la importancia de la excelencia en cualquier programa o servicio diseñado para los incrédulos. Aunque el ministerio de Trevor carecía de los recursos financieros de muchas iglesias establecidas, sus miembros se aseguraban de que cualquier cosa que presentaran se hiciera con calidad y preocupación por los detalles. Como resultado, los cristinos que invitaron a sus amigos no experimentaron lo que otro amigo, John Lewis, denomina «el factor encogimiento».

Él se refiere a lo que sucede cuando un cristiano por fin reúne el valor suficiente para invitar a su amigo incrédulo a la iglesia y en silencio el cristiano se encoge durante el servicio debido a las canciones y el piano desafinado, la mala acústica, los micrófonos que funcionan mal y el sermón desarticulado.

Se encoge porque reconoce que la atmósfera de la iglesia le dice sutilmente a su amigo: «Este es un lugar en el que los esfuerzos a medias bastan porque, francamente, no nos interesa tanto como para honrar adecuadamente a Dios o a nuestros visitantes».

La calidad cuenta

El factor encogimiento es una razón fundamental de por qué muchos miembros de las iglesias cierran los oídos cuando los pastores les suplican que inviten a Juan y a María Sin-iglesia a un culto o programa. No quieren someterse, ni tampoco someter a nadie más, a la ansiedad y a la vergüenza que se generan cuando un programa está hecho de manera deficiente.

Lamentablemente, mientras el mundo secular está buscando excelencia en los negocios y en la industria, muchos ministerios están enlodados en la mediocridad y eso es un impedimento importante para alcanzar a los incrédulos. En resumen, «que basta» no es suficientemente bueno para tratar de alcanzar a los que andan buscando.

Después de todo, es bíblico para el pueblo de Dios honrar a Dios con lo mejor que tengan. Bajo el sistema de los sacrificios del Antiguo Testamento, se esperaba que a él le ofrecieran corderos inmaculados.[4]

Es importante recalcar que la búsqueda de la excelencia no quiere decir un perfeccionismo neurótico. Sin embargo, sí significa que los edificios, terrenos, el templo, el drama, la música, los medios de comunicación y el mensaje sean lo mejor que pueda lograrse dado el nivel que tenga la iglesia de recursos y talentos.

He estado en iglesias donde la pintura se estaba cayendo de las paredes, el sistema de audio estaba lleno de distorsión, la iluminación era tan poca que apenas podía ver la cara del orador, los músicos leían la letra en lugar de memorizarla y el mensaje parecía improvisado.

Los miembros de la iglesia parecían ajenos al ambiente porque la iglesia siempre ha sido así, pero si pudieran ver el culto con los ojos de una persona sin-iglesia que pasa la semana buscando excelencia en su profesión, ellos mismos experimentarían el factor encogimiento.

Cuando fui a la iglesia por primera vez, por invitación de Leslie, la excelencia con la que se realizaba cada ministerio contribuyó a crear un lazo común conmigo. En mi vida, yo trabajaba mucho para ser el mejor periodista que pudiera ser y mi actitud distaba mucho de ser la única. Ve a cualquier biblioteca y verás libros titulados: *La excelencia bancaria*, *La excelencia en la ecuación*, *La excelencia en el liderazgo*, *La excelencia en la administración*, *La excelencia en el sector público*, etc.

Así que cuando vi una iglesia en la que las personas tenían la determinación de crear un culto bien planeado y bien producido y donde obviamente a ellos les importaba el resultado tanto como a mí los artículos que escribía para el periódico, me sentí relacionado con ellos.

La búsqueda de la excelencia requiere planificar cada aspecto del programa o del servicio con metas claras en la mente, teniendo cuidado de los detalles y anticipando la reacción de Juan y María Sin-iglesia. Los líderes también deben estar dispuestos a hacer cambios de última hora para eliminar una canción que no esté relacionada o un drama que no encaje bien.

Y no hay duda al respecto: Buscar la excelencia va a erizar a algunos que creen que lo que se hizo en el pasado para la gente de la iglesia es lo suficientemente bueno para la gente sin-iglesia. Pero como dijera Franky Schaeffer en su libro, *Addicted to Mediocrity* [Adicto a la mediocridad]:

«La idea de que "el Espíritu puede obrar de alguna manera", de que Dios puede sacar algo si nosotros solo le tiramos los ingredientes del culto, es injustificable de parte de aquellos cuya meta es conocer al Dios vivo y pueden ver su integridad y dedicación a la calidad en su Palabra y en el mundo que nos rodea».[5]

Además, Juan y María Sin-iglesia a menudo están buscando excusas para obviar la verdad del cristianismo. «No queremos nada que los distraiga del mensaje central», dijo Nancy Beach, quien está a cargo de la programación en la iglesia *Willow Creek Community Church*. «Si un solista está desafinado o mal preparado o demasiado asustado para mirar a la congregación, es seguro que el mensaje de la canción se perderá».[6]

LOS BENEFICIOS DE LA EXCELENCIA

Nancy Beach una vez me habló de un beneficio imprevisto de producir un servicio con excelencia para la gente que anda buscando. Ella describió cómo una joven pareja de la iglesia, ambos músicos extremadamente talentosos, después de ver el nivel de calidad de los servicios, dieron un paso al frente para ofrecer su ayuda. Hoy son contribuyentes clave en el programa de la iglesia y han ayudado a elevar la calidad de los servicios a nuevas alturas.

La lección que Nancy dijo haber aprendido fue que *la excelencia atrae a la excelencia*. Por el contrario, un servicio negligente y falto de inspiración puede disuadir a la gente talentosa de ofrecerse como voluntarios a ayudar porque dudan involucrarse en una producción que va a avergonzarlos a ellos y a su público.

Y también hay otros beneficios. Por ejemplo, conozco a una mujer que era una buscadora espiritual y quien probó varias iglesias pero no estaba satisfecha con la calidad de su programa para niños. La proporción de maestro-alumno era mala y los maestros parecían ser intransigentes con su hijo que era un tanto hiperactivo. Estaba a punto de desistir cuando una amiga la dirigió a una iglesia de su zona que era conocida para su ministerio juvenil.

Al decidir darle a la iglesia una última oportunidad, llevó a su hijo y se quedó con él durante el servicio para ver cómo trataban a los niños. Se quedó impresionada con cuán capaces, cariñosos y creativos eran los voluntarios.

Después de unas pocas semanas de quedarse en la clase de su hijo, se sintió lo suficientemente cómoda como para aventurarse en el servicio de los adultos. No solo terminó entregándole su vida a Cristo en uno de esos servicios, sino que varios meses después su esposo también lo hizo.

¿Y adivina dónde sirven hoy? En la clase de la Escuela Dominical de esa iglesia, edificando a los niños para beneficio de ambos, los niños y sus padres.

ALCANZAR LA EXCELENCIA

La excelencia no tiene que ser difícil de encontrar. Comienza con la mentalidad de que Dios mostró excelencia cuando creó al mundo y declaró que era «bueno»,[7] y de la misma manera nosotros debemos maximizar las habilidades que él nos ha dado al crear los mejores programas posibles para proclamar su mensaje. He aquí algunas sugerencias para ayudar a garantizar la calidad en cualquier programa que hagas para personas que están buscando:

* **Comienza con metas bien definidas.**

La calidad general de un programa va a depender en gran parte de si todos los participantes están apuntando al mismo blanco. Una clara comprensión desde el comienzo de lo que estás tratando de lograr, ayudará a quitar la materia superflua y a seleccionar los elementos adecuados.

Por ejemplo, unos amigos y yo una vez planificamos un desayuno para tratar de alcanzar a hombres ricos que estaban renuentes a dar el paso de asistir al culto habitual de una iglesia. Queríamos que nuestro programa fuera pre-evangelístico; es decir, nuestra meta principal era llevar a la iglesia a Juan Sin-iglesia para ganar su confianza y así él podría ver que somos personas normales. De esa manera, él podría estar dispuesto más abiertamente a asistir a un servicio de evangelismo en otro momento.

Con ese objetivo en mente, nos concentramos en desarrollar un programa para dar en nuestro blanco. Coordinamos que un locutor muy conocido de programas deportivos de Chicago fuera nuestro orador porque los hombres siempre parecen estar interesados en anécdotas de entre bastidores acerca de los equipos y atletas locales. Le enseñamos cómo entretejer la historia de su fe cristiana de una manera mesurada en su presentación.

Ya que la risa une a las personas y baja las defensas, durante el desayuno mostramos en una pantalla de televisión un video de «meteduras de pata» deportivas. Debido a un presupuesto limitado, hicimos sencillas la comida y la decoración para podernos concentrar en mantener la calidad. Y para asegurarnos que los Juanes Sin-iglesia realmente asistieran, solo vendimos las entradas por pares y le dijimos a cada cristiano que se requería que trajera al menos a un no creyente.

El programa excedió nuestras expectativas. Recuerdo que

una mujer dijo más adelante: «Mi esposo dijo que nunca iría al culto de una iglesia, pero vino al desayuno y después me dijo: "Esta gente me parece bien, ¿qué si vamos a un culto el domingo por la mañana?" ¿Puede creerlo? Llevo años invitándolo a la iglesia y me ha rechazado la invitación y ahora ¡*él* lo sugiere!»

Lo que nos puso en el camino hacia la calidad y el éxito fue la decisión inicial de definir y articular claramente el propósito del programa para que cada elemento trabajara hacia el mismo objetivo. Lo que es más, tener metas concretas nos ayudó a evaluar mejor el programa una vez que este se terminó.

- **Sirve de acuerdo con los dones**

En los dones espirituales que Dios ha puesto en cada uno de sus seguidores, él conjuntamente nos ha dado la materia prima que necesitamos para alcanzar con calidad a los que andan buscando. Y cuando rindamos esos dones a su servicio y permitamos que el Espíritu Santo los active, entonces habrá potencia para tener un gran impacto en el evangelismo.

Tiene sentido que la mejor enseñanza venga de personas con dones para la enseñanza, el liderazgo más inspirado proviene de aquellos dotados en el liderazgo y la música y la actuación más poderosas vienen de aquellos que tienen dones de comunicación creativa. Entonces nuestra tarea debe ser descubrir cuáles son nuestros dones, afirmarlos los unos en los otros, aprender a desarrollarlos y luego buscar nuestras formas adecuadas de expresarlos.

Un desafío es separar los «quiero» de los «puedo». Los «quiero» son aquellos que tienen el deseo de actuar en un drama o de cantar una canción en un programa pero carecen del don espiritual requerido y por ende, solo son capaces de alcanzar grados de excelencia limitados. Los «puedo» son aquellos que poseen el don necesario y por lo tanto tienen un gran potencial para desempeñarse con gran calidad si se abren al Espíritu Santo.

Cuando los cristianos operan en comunidad, donde están

seguros en su amor mutuo, es mucho más fácil desviar a los «quiero» de los lugares inadecuados de servicio a un área en la que puedan hacer una contribución de calidad. A veces esto puede ser difícil pero hay demasiadas cosas en juego como para dejar que se comprometa la excelencia de un programa para gente que anda buscando o para robarle a una persona el gozo que experimentaría si estuviera sirviendo en el campo en que tiene dones.

Hay pocas cosas tan emocionantes o que produzcan humildad como ver al Espíritu Santo activar el don espiritual de alguien y elevar el nivel de excelencia más allá de lo que la persona pueda lograr con sus propias fuerzas.

Recuerdo una vez que hablé en un programa para personas que estaban buscando y sentí que de haber sido un pelotero, mi charla habría sido el equivalente a un *fly* que el jardinero central debía haber agarrado con facilidad para el out final. Pero en cambio, fue como si el viento del Espíritu Santo soplara la pelota fuera del campo para un jonrón. Lo único que yo podía hacer era contemplar los resultados con sobrecogimiento porque sin duda alguna sabía que realmente no le había dado duro a la pelota.

Puedo ver la diferencia entre alguien que apenas es capaz de seguir una melodía y otra persona cuyo don espiritual le permite cantar una canción que penetra corazones endurecidos. He visto personas que tienen una capacidad divina para trabajar con sus manos de una manera que les da ventaja en la excelencia.

El cuerpo de Cristo, su iglesia con cada parte integrante contribuyendo al todo, es un organismo asombroso que opera con excelencia cuando la animamos para que funcione de la manera en que Dios pretendía que fuera.

• **Velocidad del líder, velocidad del equipo.**

La gente sigue el ejemplo de los líderes. Eso les da una responsabilidad especial a los que están en el liderazgo para establecer, por medio de su propio ejemplo, que les preocupa la calidad.

Cuando yo asistía a la iglesia como alguien que anda buscando, recuerdo que un día vi al pastor principal pasar por el vestíbulo y doblarse para recoger un pedacito de papel. Eso me dijo algo: Es obvio que a él le deben importar los visitantes porque le preocupa el ambiente al que los está invitando. Y al ilustrar que todo el mundo debe hacer su parte para garantizar la calidad, le estaba dando un mensaje importante a cada voluntario.

Aparte del nivel de participación que tengas en tu iglesia, tu compromiso personal de hacer tu contribución con excelencia será un aliento para que otros hagan lo mismo.

- **Los detalles marcan una diferencia.**

A mediados de la década de 1980, una cadena de cines en Inglaterra planeó lanzar una campaña publicitaria para alejar a la gente de sus televisores y equipos de video.

«Una vez que se acordó un estilo de publicidad, a alguien se le ocurrió que la gente podía llegar al cine, ver una alfombra deshilachada, recibir el saludo de acomodadores desatentos masticando chicle, sentados en asientos rotos con las piernas cruzadas para evitar ir a los baños malolientes. Las cosas tenían que cambiar. Se introdujeron uniformes, se volvió a preparar al personal y se renovaron los edificios y los muebles. La publicidad funcionó, la gente disfrutó salir de noche y en el Reino Unido sigue aumentando la asistencia a los cines».[9]
[10]

Moraleja: Antes de traer invitados, limpia primero la casa. Un programa de la iglesia no solo debe hacerse con calidad para evitar el factor encogimiento, sino que todo, desde el estado de la alfombra hasta la pintura de las paredes, debe examinarse con ojos frescos para asegurar que den el mensaje de que los visitantes importan.

Una denominación, al animar a sus iglesias para que experimentaran con programas para buscadores, emitió una lista de cosas por hacer y así las ayudó a realizar una evaluación detallada de la calidad.

«¿Su edificio le quita las ganas a la gente?», preguntaba el material. «¿Necesita la parte de afuera una nueva tablilla informativa, pintura, que se bote la basura, que se arreglen los terrenos, reparaciones básicas? ¿Y qué del interior? ¿Podría realzarse la bienvenida mejorando la calefacción, los baños, la decoración, el área de entrada, los muebles, las señales, los murales y los libros? En todas estas áreas estamos tratando de eliminar las barreras innecesarias que se interponen en el camino para que la gente se convierta en parte de la familia de la iglesia».[9]

- **Haz solo lo que puedes hacer bien.**

Conozco una iglesia cuyo ministerio musical era débil porque estaba pasando por una transición. Así que en lugar de tener tres canciones mediocres durante su servicio para gente que anda buscando, escogieron tener solo una a la semana pero que fuera de una calidad convincente. Como resultado de la excelencia con la que se presentaba, la gente se emocionaba profundamente con esa simple canción. En lugar de tener otra música, la iglesia se volvió creativa alquilando y mostrando videos de calidad y producciones con multimedia y haciendo que alguien leyera fragmentos relevantes de libros cristianos.

A veces las iglesias tienen la idea de que si es bueno tener una canción, mejor todavía es tener tres; si es una buena idea hacer un drama dos veces por mes, es mejor todavía hacerlo semanalmente. Pero la calidad declina cuando se abusa de ella. Si se presentara la opción, sacrifica cantidad por calidad.

- **Haz el trabajo duro.**

Además de los dones, la excelencia requiere trabajo duro. Conozco a un maestro talentoso que pasa treinta horas semanales escribiendo su mensaje del domingo porque eso es lo que le toma a él pasar de «aceptable» a «excelente». Otro amigo mío pasa ocho horas investigando, escribiendo y memorizando una charla de seis minutos que él da durante el tiempo de las Escrituras en un servicio para gente que anda buscando.

Conozco a un voluntario, de hecho es el dueño de un exitoso negocio, que se pasa las mañanas de los sábados limpiando las ventanas de su iglesia hasta que brillen. Conozco a los voluntarios de una iglesia que se reúnen en un cine y los domingos se levantan antes de que el sol salga para recoger los granos de las palomitas de maíz y los chicles pegajosos que el equipo de limpieza del cine no vio la noche anterior.

No hay atajos para la calidad consistente. La excelencia requiere una inversión de tiempo y esfuerzo. La gente que se preocupa por la calidad establecen las prioridades correctas para dejar libre el tiempo adecuado porque entienden que caminar la milla extra puede aportar un buen beneficio para los que andaban buscando.

- **Conoce a la gente sin-iglesia.**

Comprender al público que te interesa, no solo de una manera abstracta y estadística sino mediante una relación cara a cara, es vital para saber cómo producir un programa con excelencia. Esto hace que la persona piense por adelantado: «Si fuera a invitar a mi vecino Jorge a este programa, ¿cómo reaccionaría él?» O «Si Nancy, mi compañera de trabajo, invirtiera una hora de su tiempo para asistir a este programa, se sentiría estafada?» O «Si mi cuñado asistiera a este culto, ¿querría volver a otro o me daría una excusa la próxima vez que lo invite?»

Y después del programa, pídeles a tus amigos sin iglesia su opinión de la experiencia. Específicamente, ¿qué los atrajo o qué los distrajo? No solo reunirás datos útiles para planificar programas futuros sino que el solo hecho de solicitar su opinión comunica que sus opiniones se valoran.

- **Cosas intocables producen iglesias estancadas**

La evaluación es sumamente importante para guardarse de la entropía que puede corroer el nivel de calidad de una iglesia. Pero la evaluación es solo eficaz cuando se efectúa sin demora y si es específica, honesta, recíproca y completa. Eso significa la eliminación de las vacas sagradas que han estado exentas de escrutinio en el pasado.

Por ejemplo, en algunas iglesias el mensaje del pastor es el único elemento del servicio que está fuera de los límites para el análisis después del programa. Ese tipo de patrón ambivalente puede producir un resentimiento latente entre otros cuyas contribuciones son una presa legítima para la evaluación.

Enseguida que hablo en un culto o programa para los que andan buscando, recibo por escrito opiniones de líderes de la iglesia con discernimiento. A menudo son de apoyo, pero muchas veces habrá algunas sugerencias prudentes en pro de mejoría. Yo trato de permanecer receptivo a cualquier opinión en la que la persona esté hablando la verdad en amor. De hecho, al mirar al pasado, está claro que cualquier mejoría en mi oratoria ha sido en gran parte el resultado de la evolución honesta de otros.

ANTICIPAR LA EXCELENCIA

Hace más de una década, Thomas J. Peters y Robert H. Waterman, Jr. analizaron las mejores corporaciones dirigidas del país y pusieron las lecciones aprendidas en un libro que inició una moda llamada *In Search of Excellence* [En busca de la excelencia].[10] Ellos destacaron la necesidad de respetar la dignidad de las personas, la necesidad de mantener la sencillez y el papel importante de monitorizar constantemente el nivel de calidad para cuidarse de la erosión.

Su libro más famoso ayudó a moldear la creciente expectativa de excelencia de los norteamericanos, una expectativa que dará color a la manera en que Juan y María Sin-iglesia reaccionen a tus esfuerzos para alcanzarlos con el evangelio.

«Dame algo bueno», están diciendo, porque cuando no lo damos, estamos contestándoles: «No me importas lo suficiente como para darte lo mejor».

14

«Dame algo del corazón»

Cuando entré en una iglesia como un incrédulo escéptico, mi «antena de la hipocresía» estaba recorriendo el lugar en busca de señales de que la gente solo jugaba a venir a la iglesia. De hecho, yo andaba hostilmente a la caza de la falsedad, el oportunismo o el engaño porque sentía que si podía encontrar una excusa basada en la hipocresía para rechazar la iglesia, también podría sentirme libre para rechazar el cristianismo.

Pero lo que encontré me maravilló: *Esta gente de verdad creen en esto.* Yo no estaba de acuerdo con ellos, pero no podía pasar por alto su sinceridad y convicción.

Alguien dijo una vez que el mayor obstáculo para alcanzar a los sin-iglesia es el clero inconverso. Como periodista yo había conocido mi cuota de ministros de mucha labia que lo que hacían era más estafa que ministerio. Encima de eso, conocía mucha gente que decía ser cristiana si uno los presionaba pero uno nunca lo sabría por las vidas que llevaban.

Sin embargo, ese no parecía ser el combustible de esta iglesia. Vine convencido de que honestamente ellos creían que había un cielo de verdad y un infierno verdadero y que las eternidades de las personas cuelgan en la balanza. Eso es algo que uno no puede fingir. Si lo intentas, más tarde o más temprano Juan y María Sin-iglesia te pedirán cuentas.

Después de todo, hay muchos Juanes y Marías Sin-iglesia que desde ya son cínicos con respecto al cristianismo. Cuando se le pidió a la gente, en una encuesta nacional, que clasificara las profesiones por honestidad e integridad, pusieron a los evangelistas de televisión casi al final de setenta y tres ocupaciones, justo entre las prostitutas y los jefes del crimen organizado.[1]

El grado de hostilidad pudo verse cuando los abogados trataron de escoger un jurado para escuchar el juicio contra un ministro de televisión en el otoño de 1992. Los posibles miembros del jurado «expresaron un resentimiento tan profundo hacia los evangelistas de televisión que no pudo seleccionarse un jurado imparcial de doce personas. Cuando se les preguntó si dejarían a un lado sus sentimientos para decidir el caso individualmente, uno tras otro de los posibles jueces dijo que no. "Es una estafa gigante", dijo uno. "Yo creo que son unos ladrones", dijo otro».[2]

La imagen de la religión organizada también se ha manchado debido a acusaciones de mal comportamiento sexual por parte del clero. En la década pasada, cuatrocientos sacerdotes fueron acusados en casos criminales o civiles de abuso sexual.[3] En octubre de 1992, los medios informativos le dieron extensa cobertura a trescientas víctimas de abuso y sus familiares quienes se unieron para formar una organización de apoyo y celebrar una convención cerca de Chicago.[4]

Estos acontecimientos, más la tendencia a más escepticismo de las instituciones en general, hacen que la gente incrédula sea cautelosa con respecto a la fe. De hecho, para unos pocos, fue la hipocresía lo que los desvió de la iglesia.

Dos ejemplos famosos son Gandhi, quien desdeñó el cristianismo en parte debido a sus encuentros con gente mezquina que decía ser cristiana, y Carlos Marx, quien se desilusionó profundamente después de que su padre repentinamente abandonara la fe que antes había abrazado entrañablemente y comenzara a asistir a una iglesia luterana solo para hacer más relaciones para su negocio.[5]

Es por eso que la autenticidad en los cristianos individuales y dentro de la iglesia local es tan importante para alcanzar a Juan y María Sin-iglesia. Ellos quieren ver integridad en la manera en la que los cristianos se tratan entre sí, tratan con las personas fuera de la iglesia y viven su fe en el mundo.

COMBINAR LA CREENCIA Y LA CONDUCTA

Por supuesto, integridad puede ser una palabra difícil de definir. Es como la historia de algunos teólogos que estaban tratando de encontrar una definición precisa de la palabra, así que invitaron a un filósofo a la sala.

—Díganos, ¿qué es integridad? —le preguntaron.

El filósofo meditó en la pregunta.

—Integridad es cómo es uno cuando no hay nadie a su alrededor —recitó finalmente.

El panel le dio las gracias y luego hicieron pasar a un empresario y le pidieron su definición.

—En mi mundo, integridad quiere decir que una persona cumple lo que dice.

Después de darle las gracias, el panel invitó a un abogado para que los acompañara.

—¿Qué es integridad? —le preguntaron.

Los ojos del abogado recorrieron cautelosamente la habitación. Avanzó lentamente hacia la puerta, la abrió, miró hacia fuera para asegurarse de que nadie estuviera escuchando y entonces le puso el cerrojo. Cerró las ventanas y bajó las persianas.

—Díganme —susurró finalmente—, ¿qué *quieren* ustedes que signifique?

Pero Juan y María Sin-iglesia instintivamente saben lo que significa. Para ellos tener integridad significa que hay integración entre las creencias de una persona y su conducta. De hecho, Warren Wiersbe señala que la palabra «integridad» proviene de la raíz *entero,* que significa «entereza» e «intacto». Wiersbe añade:

«Integridad es en el carácter personal o corporativo lo que la salud es para el cuerpo o la visión 20/20 para los ojos. Una persona con integridad no está dividida (eso es *duplicidad*) ni meramente fingiendo (eso es *hipocresía*). Él o ella es "entero", la vida está "armada" y las cosas funcionan armoniosamente. Las personas con integridad no tienen nada que esconder ni nada que temer. Sus vidas son libros abiertos».[6]

UNA FE QUE TRANSFORMA

Eso es la integridad: una combinación de credo y carácter. Lamentablemente, un investigador ha llegado a la conclusión de que solo cerca del trece por ciento de los estadounidenses tienen lo que puede llamarse «fe que transforma», mediante la cual las creencias que profesan marcan una diferencia cotidiana consecuente en sus vidas.[7]

En otras palabras, que no solo digan que creen en la dignidad de la vida sino que se muestre en la manera en que tratan al necesitado y al que tiene una mala situación económica. No solo creen que la Biblia es la revelación de Dios al mundo sino que la estudian y la aplican. No solo creen que Dios quiere una relación con ellos sino que de manera coherente se relacionan con él en la oración.

No solo creen que es una buena idea que sus hijos aprendan de Dios sino que de manera activa los preparan en el aprendizaje de Dios. No solo creen que la iglesia es una comunidad del pueblo de Dios sino que participan en ella de manera regular. Su perspectiva espiritual influye en cada dimensión de su vida, incluyendo la manera en que hacen negocios, tratan a su cónyuge y manejan los conflictos.

Eso impresiona a Juan y a María Sin-iglesia, pero lo que los inquieta es ver personas que viven vidas que se parecen a la vida de mi chinchilla. Verás, mi familia es alérgica a los gatos y a los perros, así que hace unos años compramos una chinchilla que parece un cruce entre una ardilla y un conejo. Ya que estos son animales muy curiosos, necesitan estímulo mental. Así que todas las tardes mi hijo Kyle abre la jaula de Dusty y lo deja explorar parte de la casa y luego, al cabo de un rato, él chasquea sus dedos y Dusty gatea de nuevo hacia la jaula.

Así es la fe que tiene mucha gente. Mantienen su cristianismo enjaulado dentro de sí durante la semana para que no ande libremente e influya sobre su estilo de vida. Entonces, el domingo por la mañana, abren la jaula y dejan que su fe salga durante una hora más o menos, siempre con cuidado de volverla a encerrar antes de ir a la casa al final del servicio.

Cuando Juan y María Sin-iglesia detectan ese tipo de espiritualidad superficial, se dispara su alarma de hipocresía. Pocas cosas los repelen tanto como la gente que dice que Cristo es la persona más importante en sus vidas y, no obstante, su forma cotidiana de vivir revela el hecho de que apenas lo conocen.

Sin embargo, si ven a una persona que vive su fe de manera auténtica, es posible que se sientan atraídos fuertemente hacia Cristo. Eso fue lo que descubrió Glenn Heck.

Aunque lo criaron en una familia cristiana, su fe se fue a pique cuando estaba en la universidad, durante la década de 1940, y él comenzó a dudar de los fundamentos intelectuales de su fe. Cada vez más se convencía de que el cristianismo era un mito, hasta que encontró algunos estudiantes que vivían su compromiso cristiano con integridad.

El compañero de cuarto de Glenn, Rollin Reasoner, sin saberlo jugó un papel fundamental en el despertar de la fe de Glenn. Según un relato de la experiencia de Glenn:

> Rollin estada decidido a proseguir con su adoración personal sin hacer alarde de este frente a su escéptico compañero de cuarto. Así que, cada mañana de invierno, a las 3:00 a.m., mientras Glenn dormía con la ventana abierta, Rollin se ponía dos abrigos y se sentaba en su buró en comunión con Cristo.
>
> «Se sentaba allí cantando quedamente: "Jesús, yo descanso, yo descanso en el gozo de quien tú eres"» recuerda Glenn. «Al ver eso noche tras noche, finalmente llegué

a la conclusión de que uno no finge el cristianismo a las
3:00 a.m. en un cuarto helado».

Fue un momento decisivo que trajo a Glenn de
vuelta a una fe abierta y confiada en la verdad del
cristianismo.[8]

LO ESENCIAL: HONESTIDAD

La gente incrédula no está buscando perfección en los cristianos, solo honestidad. No quieren que finjan que sus vidas no
tienen problemas, solo quieren que admitan que ellos también
luchan. Cuando Juan y María Sin-iglesia ven una colección
de cristianos que se ocultan tras una fachada de perfección
es que empiezan a oler que algo se está ocultando.

William J. Murray relata la historia de un oficial del estado
en Missouri que salió en primera plana cuando lo arrestaron
por robar una botella de vino en un supermercado y luego
se la tomó escondido en el baño de la tienda. Cuando le preguntaron por qué lo hizo, le dijo a la policía: «Soy diácono de
los Bautistas del Sur y los diáconos de los Bautistas del Sur
no compran vino».

Durante años este hombre había ocultado su problema con
la bebida, incluso a sus amigos más cercanos de la iglesia. ¿El
motivo? «Yo creía que no debía tener faltas», dijo él.[9]

La Biblia dice que todos tenemos faltas.[10] Lo que hace
diferentes a los cristianos es que hemos sido perdonados y
estamos buscando, con la ayuda de Dios, vivir vidas cambia-
das. «No hay calumnia en la acusación de que la iglesia está
llena de pecadores», dijo R.C. Sproul. «Una afirmación así solo
alabaría a la iglesia por cumplir con su tarea de designación
divina».[11]

Admitir que somos pecadores es una señal de integridad
para Juan y María Sin-iglesia. Honestamente, ellos rechazan
el engaño piadoso de fingir que la vida cristiana está libre de
tentaciones, dificultades y fracasos.

LA RESPONSABILIDAD ES NUESTRA

Para muchos no cristianos la prueba de si una iglesia es íntegra tiene que ver con los asuntos financieros. Dicho sin rodeos, Juan y María Sin-iglesia quieren saber: *¿Te motiva tu corazón o tu billetera?*

No faltan las estadísticas para demostrar su preocupación acerca de cómo se manejan las finanzas. Por ejemplo, cuando George Gallup, Jr., realizó una encuesta nacional sobre la religión, descubrió que la razón número uno que dio la gente acerca de por qué han abandonado la iglesia fue «demasiada preocupación por el dinero», mencionada por casi cuatro de cada diez personas sin-iglesias.[12]

El encuestador George Barna entrevistó un amplio espectro de 906 adultos sin-iglesias y descubrieron que el cincuenta y uno por ciento cree que las iglesias están «demasiado preocupadas por el dinero».[13]

Cuando fui a la iglesia por primera vez, yo sospechaba que la verdadera meta del ministerio era desplumarme. De hecho, en secreto yo esperaba descubrir que la iglesia era una gran estafa ya que no solo tendría una historia de primera plana para el *Chicago Tribune*, sino que podría rechazar a la iglesia y a su Dios junto con ella. Pero poco a poco la iglesia desmanteló mi escepticismo.

Por ejemplo, a los recién llegados se les invitaba a que no contribuyeran a la iglesia. En el tiempo de la ofrenda, alguien diría: «Si usted está visitándonos hoy, nos alegra tenerle como nuestro invitado. Por favor, no sienta ninguna obligación de participar en esta parte del servicio. De hecho, esperamos que usted considere este servicio como nuestro regalo para usted. Esta ofrenda es una oportunidad para que los asistentes habituales inviertan tangiblemente en lo que Dios está haciendo aquí».

No había termómetro de recaudación de fondos en las paredes, ni sistemas de compromiso, ni juegos de bingo ni lavados de carros, ni trucos ingeniosos ni tácticas agresivas.

Los cristianos apoyaban el ministerio financieramente porque se les había enseñado que así es como Dios financia su obra en la iglesia local. Al eximir a los visitantes de la expectativa de dar, la iglesia les daba una señal que decía: *Nuestro programa es ayudarles, no ayudarnos a nosotros mismos.*

Un asunto de motivación

En un momento yo creía que había comprendido la táctica de la iglesia. Pasando por el lobby después de un culto vi una cabina donde estaban disponibles grabaciones del mensaje. «¡Con que sí!», me dije a mí mismo. «El pastor da una charla convincente e inspiradora y luego lo despluman a uno con una grabación de la misma. Todo el mundo sabe que hay gran ganancia en los casetes. ¡Así es como consiguen el dinero!»

Así que fui a la cabina:

—¿En cuánto venden esos casetes? —le pregunté a la mujer que estaba tras el mostrador.

—Un dólar y ochenta y siete centavos, más impuesto —dijo ella.

—Ah —contesté decepcionado porque no había descubierto su táctica. Después de todo, ¡un casete en blanco casi costaba eso!

—Pero —añadió ella rápidamente—, si no está a su alcance, simplemente puede llevárselo. Tome, ¿quiere llevar uno? Déjeme regalárselo.

—No, gracias —le dije mientras me alejaba. Pero entonces se me ocurrió una segunda pregunta.

—Déjeme preguntarle esto: ¿cuánto recibe el orador del $1.87?

—Nada —contestó ella.

—Oh.

Aquellas cintas podrían haberse cobrado más caro. Pero mantener el precio bajo ayudaba a asegurar a los escépticos como yo que la iglesia no estaba motivada por el dinero sino por una genuina preocupación por las personas.

Las iglesias pueden desactivar el escepticismo al ser abiertas con respecto a sus finanzas. Por ejemplo, en nuestra iglesia, si alguien viene al centro de visitantes y hace preguntas sobre los gastos de la iglesia, el voluntario inmediatamente le ofrece una copia del informe financiero de la iglesia que ha sido revisado por una firma de contabilidad independiente.

Como muchos ministerios, la iglesia es miembro del Concilio Evangélico de Responsabilidad Financiera, que hace cumplir normas de responsabilidad fiscal. El pastor principal de la iglesia ha congelado su salario, voluntariamente, a una cantidad razonable, y un porcentaje de cualquier libro publicado por el personal de la iglesia regresa al tesoro de la iglesia.

No estoy sugiriendo que todas las iglesias deban dar esos mismos pasos. Sin embargo, deben estar conscientes de que Juan y María Sin-iglesia están buscando cualquier evidencia de que los motivos de la iglesia son impuros.

Me recordaron eso cuando fui a hablar con los estudiantes de periodismo en una secundaria local. Durante el momento de preguntas y respuestas alguien me preguntó por qué había dejado una exitosa carrera periodística para trabajar en una iglesia. «¿Más dinero, eh?», me dijo.

Él y sus compañeros de aula asumían que mi decisión debía estar motivada por la economía. Cuando expliqué que mis ingresos se redujeron a la mitad después de entrar al ministerio, se quedaron atónitos y fueron más receptivos cuando les expliqué la verdadera razón por la que había cambiado de profesión.

Los adultos también son así. Para algunos, su escepticismo financiero necesita satisfacerse antes de estar dispuestos a escuchar el mensaje que tú o tu iglesia están diseminando.

Recuerdo que asistí a una entrevista entre una periodista de la revista *Time* y Bill Hybels. Durante la preparación de un artículo sobre la iglesia, ella repasó una lista de las mismas preguntas que están en las mentes de muchas personas que andan buscando:

- ¿Cuál es su salario?
- ¿Tiene usted una casa de vacaciones?
- ¿Qué tipo de carro tiene?
- ¿Cuánto pagó por su casa?
- ¿Es dueño de un avión?
- ¿Tiene un barco de vela?
- ¿Difiere su paquete de beneficios del que tiene el resto del personal?[14]

¡Esas solo son algunas de las preguntas que recuerdo! Por supuesto, la pregunta que ella no dijo era: ¿Usted está en esto por el dinero?

Aunque pocas iglesias atraen un escrutinio así por parte de los medios de prensa, *es crucial que todas las iglesias comprendan que están bajo el escrutinio de Juan y María Sin-iglesia.*

Cómo se manejan las finanzas es una prueba de acidez para muchos de ellos. Cuando se hace abiertamente, con responsabilidad e integridad, es decir, cuando hay integridad entre los principios bíblicos de la mayordomía y la manera en la que la iglesia maneja sus fondos, entonces se elimina un obstáculo para ellos al considerar el mensaje de la iglesia.

Todo esto significa que los que están en el liderazgo de la iglesia debe asegurarse de que sus prioridades sean correctas. «El ministerio requiere dinero, pero tenemos que ser cuidadosos para que el dinero no empiece a absorber el ministerio», dijo Wiersbe. «Cuando esto sucede, el ministerio se detiene y la organización se convierte en un negocio religioso».[15]

«Dame algo con lo que me pueda identificar»

¿**A**lguna vez has observado el lenguaje corporal de un escéptico durante un programa para los que andaban buscando? A menudo, mientras el orador está caminado hacia el frente, Juan y María Sin-iglesia lentamente cruzan sus brazos sobre el pecho, fruncen el ceño y se dejan caer en sus sillas.

Su señal es clara: *Dale, dispárame tu mejor tiro. Las defensas están a toda intensidad; vamos a ver si las puedes penetrar.*

Esa era mi actitud la primera vez que entré en un servicio para buscadores espirituales. Sí, la música, el drama y la multimedia me ayudaron a ser más receptivo a las ideas espirituales, pero cuando llegó el mensaje, a mí todavía me quedaba resistencia.

Yo esperaba una conferencia severa y carente de humor, o peor aun, regañona. Esperaba salir sintiéndome culpable como cuando iba a la iglesia siendo niño. Además, como había nacido después de la Segunda Guerra Mundial, no respetaba mucho a las figuras en autoridad. Mi actitud era: *Un ministro célebre que probablemente no está relacionado con el mundo real, ¿que pudiera decirme que tenga algún significado para mi vida?*

Pero ese primer domingo me quedé desarmado. El estilo y la sustancia del mensaje me tomaron por sorpresa. El sermón no solo me interesó y desafió, sino que tuvo éxito para lanzarme a mi viaje espiritual.

Mucha gente incrédula solo está esperando ese tipo de mensaje. De hecho, cuando a la gente incrédula se le preguntó qué podría atraerlos a la iglesia, la respuesta número uno que dio casi uno de cada cinco fue: mejores mensajes.[1] Pero, ¿cómo podemos motivar esto para que suceda? ¿Qué tipo de comunicación será la más eficaz para relacionarnos con Juan y María Sin-iglesia?

Yo sé lo que funcionó conmigo. De hecho, voy a describir siete características de los mensajes que escuché cuando era un buscador que me mantuvieron comprometido y haciéndome regresar hasta que recibí a Cristo. A propósito, varias de estas ideas podrían ser útiles para guiar a los cristianos mientras debaten temas espirituales en conversaciones personales con incrédulos.

- **Motivo # 1: Los títulos eran intrigantes.**

Eso parece trivial pero no lo es. Antes de cada culto al que iba a asistir, yo quería saber el título y el tema específico del mensaje. Y no era yo solo. Una encuesta mostró que el 54% de la gente incrédula está «muy» o «algo» interesada en conocer el título del sermón por adelantado.[2] La razón es, por supuesto, que el tiempo es un artículo precioso para Juan y María Sin-iglesia y ellos no quieren perder tiempo escuchando un mensaje sobre un tema irrelevante.

No estoy sugiriendo que las iglesias le pongan nombres graciosos a sus sermones, aunque estuve cerca de cruzar la línea cuando hice una parodia del título de la película *Honey, I Shrunk the Kids* [Cariño, he encogido a los niños], al titular un mensaje «Cariño, he encogido a nuestro Dios». Pero el título debe ser lo suficientemente intrigante como para asegurarle al escéptico que cosechará dividendos de su inversión de tiempo.

Algunos de los títulos de Bill Hybels que me han gustado a través de los años en nuestra iglesia son: «Echarle leña al fuego del matrimonio» (hasta los ateos quieren una mejor relación con su cónyuge), «Convertir casas en hogares» (los incrédulos, tanto como los cristianos, quieren familias entrañables), «La fe tiene sus razones» (un concepto intrigante para los escépticos), y «Dios también tiene sentimientos» (una nueva vuelta al pensar en Dios). Yo he hecho mensajes titulados «Las recompensas de correr riesgos espirituales», «Las afirmaciones escandalosas de Dios», «El Dios de la segunda oportunidad» y «Menos mal que no soy Dios».

«Alternativas al cristianismo» fue otro éxito. «Ese fue un título excelente, siempre y cuando tratemos con justicia los puntos de vista opuestos», dijo Hybels. «Yo podría haber llamado la serie "El peligro de las sectas" o "Por qué el cristianismo es la única religión sensible", pero esos títulos solo habrían atraído a gente que ya estuviera convencida. Desde las primeras palabras que la gente escucha de nuestro mensaje, necesitamos comunicar: "Esto es para ti. Esto es algo que te interesa escuchar"».[3]

Cuando hice una serie de mensajes sobre la evolución y los milagros la llamé: «Creer en lo increíble» porque quería relacionarme con la actitud que tienen los escépticos con respecto a esos temas. Cuando cuento la historia de mi peregrinaje espiritual durante un programa para gente que anda buscando, le llamo a esa charla «Sorprendido por la verdad de Dios» con la esperanza de que estimule la curiosidad.

En 1992, durante el revuelo nacional por el embarazo de una periodista imaginaria y soltera de la televisión llamada Murphy Brown, yo hice un mensaje titulado: «Lo que Jesús le diría a Murphy Brown». Luego seguí con «Lo que Jesús le diría a Bart Simpson», haciendo referencia al personaje animado que siempre anda en problemas, y luego uno titulado «Lo que Jesús le diría a Rob Sherman».

Quizá nunca hayas oído hablar de Rob, pero él es el ateo más connotado de Chicago y un conocido mío. Como vocero nacional de *American Atheists, Inc.* [Ateos estadounidenses, Inc.], él ha incitado a muchos cristianos al presentar demandas por asuntos religiosos. Ese servicio no solo atrajo a mucha gente incrédula a ver lo que Jesús podría decirle a una persona tan controversial como Rob, ¡sino que incluso Rob vino y trajo a su familia!

Hybels, quien ha sido mi mentor para hablarle al público incrédulo, puede pasar horas tratando de escoger títulos apropiados para sus mensajes. Cuando yo estoy trabajando en una serie, a veces le doy una docena de sugerencias para que me dé su opinión y la recibo de nuevo con «¿Qué otra idea tienes?» garabateado en la parte de arriba. Él me ha instado a pasar el tiempo necesario buscando un título convincente porque esos consumidores principales, Juan y María Sin-iglesia, no comprarán lo que no les interese.

Espero que consideres dar ideas para los títulos en tu iglesia. Algunos de los mejores que he escuchado los han sugerido la gente de la congregación. De hecho, el título sobre Murphy Brown fue propuesto en una sesión anual de lluvia de ideas para títulos de mensajes que se celebra con voluntarios de nuestra iglesia.

Además, si estás impartiendo una clase de Escuela Dominical o estás involucrado en la planificación de algún programa, considerar bien un título que sea atractivo a tu público de interés puede lograr mucho en marcar la pauta del programa.

- **Motivo #2: Los mensajes tenían un alto valor para el usuario.**

Mis amigos Mark y Heidi Mittelberg me describieron cómo pasaron un verano trabajando con una iglesia en Londres, yendo puerta por puerta para invitar a las personas a un culto. Después de varios días desalentadores en que los rechazaban, una mujer estuvo de acuerdo en acompañarlos ese domingo. Desafortunadamente, cuando llegaron al servicio, el título era «¿Puede un cristiano estar poseído por demonios?» Por supuesto, a la visitante el tema le pareció extraño e irrelevante. Fue un ejemplo desventurado de una iglesia que tenía buenas intenciones evangélicas pero ningún lugar para que los cristianos llevaran a los incrédulos a escuchar un mensaje diseñado especialmente para sus vidas.

Los mensajes más efectivos para los que andan buscando son aquellos que tocan sus necesidades. Juan y María Sin-iglesia quieren saber si un libro que tiene siglos de viejo realmente les puede dar ayuda práctica en las trincheras de sus vidas cotidianas.

Quieren saber si este los puede ayudar a tratar con sus heridas, desactivar su ira, resolver sus conflictos, aliviar sus temores, vencer su soledad, mejorar la crianza de sus hijos, arreglar sus relaciones, entenderse a sí mismos y lidiar con la vida en sentido general. Cuando los mensajes tratan esos temas de frente y, de igual manera, cuando se ofrecen aplicaciones concretas, la gente que anda buscando responde.

Esto fue lo que me sucedió a mí como buscador. Mientras escuchaba una serie de mensajes sobre cómo mejorar mi matrimonio, yo llegué a la conclusión de que las pautas de las Escrituras para el matrimonio tenían sentido. Por supuesto, la razón por la cual tenían sentido era porque venían de Dios. Pero aunque yo no estaba listo para aceptar esa premisa, estaba dispuesto a implementar los principios bíblicos sencillamente porque parecían muy razonables. Y cuando comencé a tratar a mi esposa de manera bíblica, ¿adivina qué pasó? ¡Nuestro matrimonio mejoró!

Cuando comencé a aplicar la sabiduría bíblica a la manera en que yo trataba con mi ira, vi que controlaba mis emociones. Cuando comencé a practicar el perdón de la manera en que lo manda la Biblia, mi amargura se alivió. Y según esto fue sucediendo una y otra vez en áreas de las finanzas, relaciones y cualidades del carácter, esto fue exponiendo la confiabilidad de las Escrituras.

En otras palabras, después de un tiempo me dije a mí mismo: «Quizá la Biblia tenga algo. Cuando trato de vivir de la manera en que esta dice que debo vivir, mi vida mejora. ¿De dónde salió toda esa sabiduría? ¿Es posible que la Biblia sea realmente una revelación de Dios?»

Mi conclusión final de que la Biblia es inspirada por Dios fue el resultado no solo de comprobar su confiabilidad histórica sino de experimentar personalmente su capacidad de cambiar mi vida positivamente, aunque todavía yo no era cristiano.

Así que al hablar a Juan y María Sin-iglesia, considera desafiarlos a hacer lo que sugirió el rey David: «Prueben y vean que el Señor es bueno».[4]

- **Motivo #3: El mensaje trataba tanto del *por qué* como del *qué*.**

Cuando yo vine a la iglesia veía el cristianismo como un conjunto complejo y restrictivo de reglas que se había impuesto para controlar la vida de la gente. Y, para ser honesto, no me interesaba cumplir con ninguna regulación que fuera a entorpecer mi estilo de vida más bien libre.

Pero lo que hizo eco en mí fue cuando un orador no solo dijo lo que Dios ordenaba sino que explicó por qué Dios asumía esa posición. Por ejemplo, durante mi mensaje sobre qué le diría Jesús a Murphy Brown, yo podía haber recorrido la lista de los mandamientos de Dios acerca de las relaciones extramatrimoniales y señalado la desaprobación sobre el hecho de que Murphy las había quebrantado.

Pero aunque dejé claro que ella sí había transgredido las leyes de Dios, también hablé bastante de por qué Dios nos puso limitaciones sexuales. Su motivo no era aplastar nuestro disfrute de la vida sino protegernos amorosamente del peligro porque le importamos mucho.

Al fin y al cabo, él comprende la devastación emocional que sufre la gente cuando se involucra íntimamente con una persona fuera de la seguridad de un matrimonio. Él comprende que la soledad puede ser el resultado cuando a la intimidad le sigue el abandono. Él comprende la culpa y la vergüenza que pueden perseguir a la gente luego de los encuentros sexuales que resplandecen durante unos instantes pero que luego se vuelven fríos. Él comprende los riesgos de las enfermedades de transmisión sexual. Él comprende que cuando ocurre un embarazo, muy a menudo es el padre quien desaparece y la madre se queda con la dura tarea de criar sola al hijo, y él comprende que criarse en una familia con uno solo de los padres hace que el hijo corra riesgos en prácticamente cada aspecto de la vida: emocional, intelectual, la conducta, los aspectos financieros e incluso físico.

Esa es una razón por la cual Dios puso límites a nuestra sexualidad, para evitar que nos hiriéramos a nosotros mismo. Cuando los comunicadores ayudan a Juan y María Sin-iglesia a entender que las directrices de Dios lo motivan su gran amor y preocupación por el bienestar, él se convierte en un Dios del que ellos quieren saber más.

- **Motivo #4: Los mensajes no eran farisaicos.**

Óyeme, yo estaba listo y esperaba que el pastor en aquel primer servicio para buscadores tuviera un enfoque de «más santo que nadie» al presentar su sermón. Cuando un orador muestra esa actitud, se convierte en blanco fácil para un cínico como era yo.

En lugar de escuchar el mensaje, me habría sentado allí, echándolo por tierra. «Seguro, aparece como este tipo santurrón que se cree que tiene todas las respuestas», habría pensado yo. «¡Pero apuesto a que echa flores cuando se le resbala el martillo y se aplasta el dedo! Apuesto a que patea al perro como lo hace todo el mundo. ¿A quién está tratando de engañar haciéndose pasar por el Sr. Perfecto?»

Pero este mecanismo de defensa se puso en cortocircuito cuando el orador se echó por tierra a sí mismo. A mí me asombraba cómo Bill Hybels hablaba en términos muy vulnerables acerca de sus defectos y fracasos, acerca de los aspectos de su vida en los que ha luchado y sobre las dudas con las que ha batallado a través de los años. ¡No pude tumbarlo de su pedestal porque nunca se subió en ninguno!

A la gente incrédula no le gusta que le hablen en tono condescendiente. Más tarde o más temprano calan a los líderes que están tratando de proyectar una falsa imagen pública. Responden mejor cuando los oradores les hablan como amigos y contemporáneos, con sinceridad y honestidad. Prefieren una charla sencilla mejor que una actuación esmerada.

Conozco algunos líderes de iglesia que sienten que ser transparentes en su hablar socavaría su autoridad en la iglesia. Por el contrario, se gana el respeto cuando los pastores dejan de fingir que están por encima de las luchas que tienen todos los demás.

Para Juan y María Sin-iglesia es un examen de credibilidad. Ellos se preguntan a sí mismos: «¿Este tipo va a confesar algo de cómo es realmente su vida? Porque si no, ¿por qué debo creer cualquier cosa que él me diga?»

- **Motivo #5: El mensaje hablaba mi idioma.**

Mi caricatura mental de los pastores era que ellos eran polillas académicas de libros que vivían en torres de marfil muy lejos del mundo real. Después de todo, muchos de ellos se vestían diferente, se graduaban de escuelas especiales, hablaban un idioma diferente y pasaban su tiempo estudiando un libro que se escribió en la antigüedad. Yo pensaba que si ellos estaban así de aislados de las realidades de mi mundo, ¿por qué debía escuchar lo que tenían que decir?

Al menos, ese era el estereotipo que yo tenía hasta que empecé a asistir a los servicios para gente que anda buscando. Allí escuché el lenguaje cotidiano. Cuando el orador oraba no usaba pronombres antiguos sino que le hablaba a Dios como si realmente lo conociera.

Cuando usaba historias para ilustrar los puntos de su mensaje, hablaba de montar en su moto Harley-Davidson, de hacer paracaidismo acrobático o de ver un juego de pelota. Cuando citaba a un experto, no era Agustín ni Spurgeon sino que a menudo era gente de fuera de las paredes de la iglesia, gente que yo conocía y espolvoreaba referencias a sucesos actuales y controversias de las que hablaba la gente en las cafeterías de la ciudad.

Esto comunicaba que él era un hombre modesto que vivía una vida activa e interesante, que tiene sabiduría de la calle y que estaba relacionado con el mismo mundo en que yo estaba. En otras palabras, él era el tipo de persona que me gustaría conocer. Y el hecho de que estuviera viviendo una vida cristiana me decía que era posible que alguien integrara una fe auténtica al mundo real.

También era cuidadoso al definir la terminología cristiana de manera que yo no estaba ahí sintiéndome como un ignorante. En nuestra sociedad, cada vez más secular, menos y menos personas vienen a la iglesia comprendiendo términos como «redención» o «justicia» o incluso con el conocimiento rudimentario de los personajes bíblicos.

Me alegró que cuando comencé a asistir a la iglesia, Bill definió la palabra «gracia». Yo solía pensar que gracia era simplemente algo como las gracias que los cristianos decían antes de comer. Yo pensaba que «sublime gracia» era una oración muy buena que alguien decía antes de la comida. Algo así como «¡Eso fue una gracia sublime, tío Bob! ¡Muy bien! ¡Vuelve a decir esa misma oración el próximo día de Acción de Gracias cuando oremos otra vez!»

Sin embargo, traducir el idioma cristiano a palabras comunes y corrientes tiene un lado irónico. Juan y María Sin-iglesia lo aprecian, pero algunos cristianos no. Alan Walker dijo: «En el evangelismo ha surgido una idolatría a las palabras. Hay muchas personas que si no escuchan la repetición de frases y palabras con las cuales están familiarizados, a veces reclaman absurdamente que no se está predicando el evangelio».[5]

Algunas veces esos tipos de comentarios injustos son un precio que hay que pagar para comunicarse significativamente con la gente irreligiosa.

- **Motivo #6: El mensaje respondía a *mis* preguntas.**

¿Alguna vez has notado que los cristianos son adeptos a responder el tipo de preguntas que hacen otros cristianos pero ineptos para responder el tipo de preguntas que los que andan buscando quieren que se respondan? Así que los cristianos acaban debatiendo puntos como este de si el bautismo debe ser por inmersión o aspersión y qué interpretación escatológica es correcta, mientras que los que buscan están alejándose de la iglesia.

Sin embargo, una cosa que a mí me impresionó en los servicios para gente que busca es que escuché mensajes que encaraban asuntos difíciles. Por ejemplo, la iglesia hizo una serie sobre la oración para ayudar a los buscadores a entender lo que significa comunicarse con su creador y una parte estuvo dedicada a la pregunta: «¿Y qué de las oraciones no contestadas?»

Entre la gente sin-iglesia esa es una de las preguntas principales en cuanto al tema de la oración y, sin embargo, el mensaje no le restó importancia al asunto ni fue injusto conmigo dándome respuestas fáciles. En cambio, el orador profundizó en el dolor y la frustración que se siente al creer que Dios lo obvia a uno y ofreció una respuesta sincera y bien razonada.

Como resultado, los que buscan no solo aprendieron sobre la oración no contestada, también aprendieron que los cristianos no tienen que sentir temor de hablar sobre los aspectos más controversiales de su fe. Eso contribuye grandemente a la credibilidad.

- **Motivo #7: Para sorpresa mía, parecía que yo le caía bien al orador.**

Para mí, ir a la iglesia era como aventurarme en territorio enemigo y yo me imaginaba que la gente se sentiría de la misma manera con respecto a mi presencia. Pensaba que iban a murmurar a mis espaldas: «¡Mira! Uno de ellos. ¡Uno de esos paganos que va camino del infierno! ¡Pronto, esconde los objetos de valor! ¡Protege a las mujeres!»

Pero el ambiente de la iglesia, y especialmente la actitud sutilmente expresada en los mensajes, era de aceptación. Yo sentía que en realidad le importaba al orador. Y así era. Para Hybels, una condición necesaria para comunicarse eficazmente con Juan y María Sin-iglesia siempre ha sido *gustarle* a los pastores:

«Si no es así, va a salir en nuestra predicación. Escucha atentamente los sermones en la radio o en la televisión y a menudo escucharás comentarios acerca de "esa gente mundana". Sin quererlo, estos oradores se alejan del oyente no cristiano; es nosotros contra ellos. Me pregunto si estos predicadores están convencidos de que a Dios le interesa la gente perdida. No es un misericordioso: "Digámosles que los amamos" sino un enojado «¡van a recibir lo que se merecen!" Esos predicadores pierden su oportunidad de hablar a los no cristianos porque la persona sin-iglesia inmediatamente siente: *No les caigo bien*».[6]

Eso es ir a los fundamentos, ¿verdad? El apóstol Pablo dijo: «Si hablo en lenguas humanas y angelicales, pero no tengo amor, no soy más que un metal que resuena o un platillo que hace ruido. Si tengo el don de profecía y entiendo todos los misterios y poseo todo conocimiento, y si tengo una fe que logra trasladar montañas, pero me falta el amor, no soy nada».[7]

A fin de cuentas, si alcanzar a Juan y a María Sin-iglesia no lo motiva nuestro amor hacia ellos, los resultados serán desalentadores. Si a uno realmente no le gusta la gente incrédula, nunca llegará a conocerlos lo suficientemente bien como para relacionarse con ellos de manera significativa.

El otro lado de la moneda es que mientras más nos interesen, más nos relacionaremos con ellos de manera natural. Y mientras más los conozcamos, más seremos capaces de entrar en sus mentes. Entonces, se hace más fácil determinar cómo ayudarlos mejor a comprender la asombrosa realidad de que el antiguo mensaje de Cristo es vitalmente relevante para sus vidas en nuestro siglo.

16

Comenzar tu aventura de evangelismo

Era el día de mi cumpleaños, así que programé una de mis actividades favoritas: almorzar con un escéptico espiritual.

Era un contratista exitoso y avispado cuya hija había comenzado a asistir a nuestra iglesia. Aunque él estaba a la defensiva cuando comenzamos nuestra conversación, pronto comenzó a hacer preguntas perspicaces acerca del cristianismo.

Mientras le presentaba la enseñanza bíblica sobre la salvación, yo podía ver un indicio de entendimiento en sus ojos. Al final él dijo: «Sabes, tengo cincuenta y tres años y nunca antes nadie me habló de la gracia».

Lo que se esperaba que fuera un almuerzo de una hora se estiró hasta las cuatro de la tarde. Al final, cuando estrechamos nuestras manos, él estaba claramente comprometido a buscar de manera sincera la verdad sobre Dios y yo estaba tambaleándome por el tipo de satisfacción que no tengo capacidad para describir.

¿Qué más podría yo haber hecho esa tarde que fuera más importante? Seamos honestos: no hay aventura más grande ni empresa más emocionante y ningún esfuerzo es más digno que comunicar a Cristo a gente irreligiosa.

Es por eso que espero que concluyas este libro no solo con una mejor comprensión de la mente de Juan y María Sin-iglesia sino con un compromiso renovado a alcanzar sus corazones con el evangelio. Oro para que captes la visión de cómo tus esfuerzos evangélicos individuales pueden multiplicarse cuando trabajas junto con tu iglesia para desarrollar servicios, programas y eventos que de manera *estratégica* y *eficaz* estén dirigidos a la gente que están buscando.

Hace poco vi una vez más la manera asombrosa en que este tipo de asociaciones puede tener impacto sobre las vidas. Yo estaba planeando impartir una clase de cuatro semanas para nuevos cristianos en nuestra iglesia e iba a dedicar la primera semana a un recuento minucioso del evangelio para asegurarme que realmente en la clase todo el mundo era cristiano. Así que la semana anterior mencioné en nuestros cultos para buscadores que cualquiera que sintiera curiosidad por lo que significa ser cristiano sería bienvenido en esa primera sesión.

No sé cuántos buscadores espirituales había entre las cuatrocientas personas que aparecieron para la clase. Sin embargo, pasé cuarenta y cinco minutos hablando minuciosamente del evangelio y luego ofrecí una oración de arrepentimiento y salvación para aquellos que estuvieran listos para poner su confianza en Cristo. Les pedí a todos los que habían recibido a Cristo esa noche que pusieran una X en su tarjeta de inscripción para poder identificarlos.

Yo sabía que el Espíritu Santo estaba haciendo algo por el alto nivel de atención de la clase y la manera en que después muchas personas me saludaron con lágrimas en sus ojos. Como me dijo un cristiano de la clase: «Yo sentí que Dios estaba obrando en muchas personas, así que mientras hablabas del evangelio, yo oraba todo el tiempo».

Después revisamos las tarjetas y encontramos que ¡ochenta y ocho personas habían entregado sus vidas a Cristo! Varias cartas tenían notas como: «Lee, ¡finalmente lo hice!» y «¡Gracias por desafiarme!»

Apenas pude dormir esa noche. Mi mente regresaba al versículo que dice: «...así mismo se alegra Dios con sus ángeles por un pecador que se arrepiente».[1]

¡Imagina la gran celebración celestial de esa noche!

Para mí ese incidente fue una confirmación más de cómo el método de una iglesia en función de los que andan buscando puede ayudar a los cristianos de manera individual en sus esfuerzos de traer a los incrédulos al reino de Dios. Considera lo que había sucedido:

- Los cristianos hicieron amistades auténticas con estos Juanes y María Sin-iglesia y estaban orando fervientemente para que el Espíritu Santo ablandara sus corazones.
- Los cristianos habían comunicado su fe de la mejor manera posible y luego invitaron a su amigo a asistir a uno de nuestros servicios diseñados para gente que anda buscando.
- Allí Juan y María Sin-iglesia descubrieron un lugar que hablaba su mismo idioma y que les daba el espacio que ellos necesitaban para examinar el cristianismo a su ritmo. Estaban lo suficientemente intrigados como para seguir viniendo.
- Al escuchar los principios cristianos para la vida, sin duda probaron algunos de esos y descubrieron que sí mejoraban sus vidas y eso le daba credibilidad a la fe. Vieron gente sincera que de manera entusiasta invitaba las preguntas sobre el cristianismo.
- Con el tiempo fomenté la confianza en ellos porque yo era una de las personas que a menudo estaba involucrada en estos servicios para buscadores. Ellos me consideraban alguien que les hablaba claro y que no se escondía tras una jerga religiosa. Así que cuando los invité a una clase donde podían dar el próximo paso para investigar el cristianismo, muchos respondieron.

En ese momento lo único que tuve que hacer fue explicar el evangelio en términos que ellos pudieran entender y llevarlos de la mano mientras cruzaban la línea de la fe. A los que todavía no estaban listos, los animé a continuar usando la iglesia como una fuente para dejar atrás cualquier obstáculo espiritual que estuviera impidiendo su progreso.

¡Eso es trabajo en equipo en el reino! Personas orando, personas relacionándose con los incrédulos, personas usando sus dones espirituales para crear servicios o programas orientados para los que andan buscando, ¡es una conspiración divina para alcanzar a Juan y María Sin-iglesia!

La pregunta con la que quiero terminar es esta: *¿Estás dispuesto a ser un conspirador?*

¿Estás dispuesto a darle la prioridad a la gente irreligiosa en tu vida para tener el tiempo y la inclinación de desarrollar relaciones significativas con ellos? Y, ¿está dispuesta tu iglesia a darles la prioridad, es decir, a dedicar sus recursos a crear lugares que sean sensibles para los que andan buscando; lugares donde la gente pueda llevar a sus amigos incrédulos?

Tú puedes estar seguro de esto: *Si Juan y María siguen siendo algo en lo que apenas se piensa, es muy probable que también sigan siendo incrédulos.*

Debes hacer un esfuerzo deliberado para alcanzarlos. Al leer este libro acabas de dar un paso para entender mejor su manera de pensar, pero será un esfuerzo perdido si este conocimiento no se traduce en una acción específica de evangelismo.

No dejes que la magnitud de la tarea te abrume. Jesús les dijo a sus discípulos que predicaran el evangelio a todas las naciones, pero que comenzaran donde ellos estaban: en Jerusalén.[2]

Así que empieza donde estás. Piensa en tres personas irreligiosas específicas de tu vida, no es una masa sin rostro de escépticos, sino en tres individuos que estén en tu esfera de influencia. Personas por las que puedes orar. Personas con quienes puedes profundizar una relación. Personas a quienes puedes llevar tu fe con el tiempo. Personas a las que puedes invitar a programas dirigidos a los que andan buscando. Haz de ellos tu campo misionero personal.

Espero que este libro te haya dado algunas ideas e inspiración para ayudarte en el proceso. Por favor, toma en serio lo que sugerí en el primer capítulo: considera en oración el material de este libro, aprovecha lo que es útil, deja a un lado el resto y luego embárcate en el próximo episodio de tu aventura continua del evangelismo relacional.

Al hacerlo, recuerda lo que escribió el rey David al comenzar el Salmo 40. Sus palabras ofrecen un final apropiado para este libro porque hace énfasis en la obra increíble e inmerecida que Dios ha hecho *en* nosotros y la tremenda obra que hará *por medio* de nosotros cuando le sigamos de cerca:

> Puse en el Señor toda mi esperanza;
> él se inclinó hacia mí y escuchó mi clamor.

> Me sacó de la fosa de la muerte,
> del lodo y del pantano;

> puso mis pies sobre una roca,
> y me plantó en terreno firme.

> Puso en mis labios un cántico nuevo,
> un himno de alabanza a nuestro Dios.

> Al ver esto, muchos tuvieron miedo
> y pusieron su confianza en el Señor.[3]

Notas

Capítulo 1

1. Freud, Sigmund, *The Future of an Illusion* [El futuro de una ilusión], Norton, New York, NY, 1961, p. 30.
2. Aldrich, Joseph C., *Life-Style Evangelism* [Evangelismo mediante el estilo de vida], Multnomah, Portland, OR, 1981, p. 19.
3. Romanos 8:28

Capítulo 3

1. McDowell, Josh, *Más que un carpintero*, Unilit, 1997.
2. McDowell, Josh, *Evidencia que exige un veredicto*, Editorial Vida, 1982.
3. 2 Pedro 1:16
4. 1 Juan 1:1
5. McDowell, Josh, *Más que un carpintero*, Unilit, 1997 (para comentarios acerca de este tópico ver las pp. 51-53 del inglés,).
6. Hechos 2:22 (énfasis del autor)
7. Hechos 2:32
8. Hechos 2:41
9. 1 Corintios 15:14
10. McDowell, Josh, *Más que un carpintero*, (para comentarios acerca de este tópico ver las pp. 70-71 del inglés).
11. Juan 20:28
12. Marcos 14:61
13. Ver Marcos 14:62
14. Marcos 14:64
15. McDowell, Josh, *Evidencia que exige un veredicto*, pp. 62-63.
16. Sherwin-White, A.N., *Roman Society and Roman Law in the New Testament* [La sociedad y las leyes romanas en el Nuevo Testamento], Baker, Grand Rapids, MI., 1978, pp. 186-93.
17. Moreland, J.P., *Scaling the Secular City* [Escalar la ciudad secular], Baker, Grand Rapids, MI., 1987, pp. 150-51.

18. McDowell, Josh, *Evidencia que exige un veredicto*, (p. 166 del inglés).
19. Stoner, Peter W., *Science Speaks* [Habla la ciencia], Moody Press, Chicago, 1969, p. 107.
20. Ibid., p. 109.
21. Lucas 24:44
22. Morison, Frank, *Who Moved the Stone?* [¿Quién movió la piedra?], Lamplighter, Grand Rapids, MI, 1958. Reimprensión de la edición de 1938, Faber & Faber, Ltd., Londres, p. 193.
23. Linton, Irwin H., *A Lawyer Examines the Bible* [Un abogado examina la Biblia], Baker, Grand Rapids, MI, 1943, p. 36.
24. Greenleaf, Simon, *An Examination of the Testimony of the Four Evangelists by the Rules of Evidence Administered in the Courts of Justice* [Un examen del testimonio de los cuatro evangelistas, usando las reglas de evidencia de los tribunales de justicia], Frederick D. Linn & Co., Jersey City, NJ, 1881.
25. Ver 1 Corintios 15:6
26. Morris, Henry M., *The Bible and Modern Science* [La Biblia y la ciencia moderna], Moody, Chicago, 1968, p. 95.
27. Kennedy, D. James, *Por qué creo*, Editorial Vida, Miami, FL, 1982, (p. 33 del inglés).
28. Para un resumen de la evidencia de Jesús fuera de la Biblia ver Gary R. Habermas, *The Verdict of History: Conclusive Evidence for the Life of Jesus* [El veredicto de la historia: Evidencia concluyente para la vida de Jesús], Thomas Nelson, Nashville, TN, 1988.
29. Ezequiel 36:26, 28
30. National and International Religion Report [Informe nacional e internacional de la religión], 19 de octubre de 1992, p. 8.
31. Jeremías 29:13
32. Juan 16:8
33. Ver Romanos 3:11
34. Santiago 5:16

Capítulo 4

1. Gallup, George, Jr., *The Unchurched American ... 10 Tears Later* [El norteamericano sin iglesia ...10 años más tarde], Princeton Religion Research Center, Princeton, NJ, 1988 p. 2; George Gallup, Jr. y Jim Castelli, *The People's Religion: American Faith in the '90s* [La religión del pueblo, la fe norteamericana en los años 90], McMillan, New York, NY, 1989, pp. 137-38; y George Barna, *Never On A Sunday* [Nunca el domingo], Barna Research Group, Glendale, CA, 1990, p. 34. Hay alguna variedad en cuanto a estos hallazgos y acerca de cómo se define

«sin iglesia». Gallup considera que las personas no tienen una iglesia si no son miembros ni asistieron a un culto durante los seis meses anteriores con excepción de los días festivos religiosos especiales. La definición de Barna es una persona que no ha asistido a un culto de adoración durante un mes típico.

2. Woodward, Kenneth L., et al., «Talking To God» [Hablar con Dios], *Newsweek*, 6 de enero de 1992, p. 39.

3. Patterson, James y Peter Kim, *The Day America Told the Truth* [El día que el pueblo norteamericano habló la verdad], Prentice Hall, New York, NY, 1991, p. 201.

4. Woodward, Kenneth L., et al., *Talking To God* [Hablar con Dios], p. 39.

5. Ibid.

6. Barna, George, *Never On A Sunday*, p. 3.

7. Gallup, George, Jr., *The Unchurched American ... 10 Years Later*, p. 30.

8. Ibid.

9. Hebreos 10:25

10. Stott, John R.W., *Cristianismo básico*, Certeza Unida, Buenos Aires, Argentina, 1971, (p. 7 del inglés).

11. Barna, George, *Never On A Sunday*, p. 3, (énfasis en el original).

12. George Barna, *The Barna Report, 1992-1993* [El informe Barna, 1992-1993], Regal, Venture, CA, 1992, p. 69.

13. Woodward, Kenneth L. et al., *Talking To God*, p. 39.

14. Patterson, James y Peter Kim, *The Day America Told the Truth* [El día que América dijo la verdad], p. 25.

15. Ibid., p. 200.

16. Ibid., pp. 25-26.

17. Cornell, George W., «Situation Ethics Still Finding Favor» [La ética situacional todavía encuentra favor], *The Arlington Heights (IL) Daily Herald*, 23 de mayo de 1992, sec. 5, p. 4.

18. Associated Press [Prensa Asociada], *Church Lacks Hold Over Baby Boomers* [La iglesia no tiene influencia entre la generación del boom], *The Chicago Tribune*, 5 de junio de 1992, sec. 2, p. 7.

19. Collins, Gary L. y Timothy E. Clinton, *Baby Boomer Blues* [Lo triste en cuanto a la generación del boom], Word, Dallas, 1992, p. 39.

20. Barna, George, *The Church Today* [La iglesia actual], Barna Research Group, Glendale, CA, 1990, p. 29.

21. «Did They Know Why They Were Celebrating Easter?» [¿Supieron por qué celebraron la Semana Santa?], *Emerging Trends* [Tendencias nuevas], abril de 1991, p. 5.

22. Barna, George, *The Frog in the Kettle* [La rana en la olla], Regal, Venture, CA, 1990, p. 41.
23. Berman, Phillip L., *The Search For Meaning* [La búsqueda del significado], Ballantine, New York, NY, 1990, p. 188.
24. Robinson, Martin, *A World Apart* [Un mundo aparte], Monarch, Turnbridge Wells, Inglaterra, 1992, p. 99.
25. Coffins, Gary R. y Timothy E. Clinton, *Baby Boomer Blues*, p. 93.
26. Kampion, Drew y Phil Catalfo, *All In The Family: What Do You Tell Your Children About Faith, Spirit, And The Meaning Of Life* [Todo queda en la familia: Qué decir a sus hijos acerca de la fe, el espíritu y el significado de la vida], *New Age Journal* [Revista de la nueva era], Julio/Agosto del 1992, p. 56.
27. Ver Douglas Groothuis, *That's Your Truth, I've Got My Own* [Aquello es tu verdad, yo tengo la mía], *Moody Monthly* [Revista mensual de Moody], marzo de 1988, p. 21.
28. Berman, Phillip L., *The Search for Meaning*, pp. 177-83.
29. Murren, Doug, *The Baby Boomerang* [La generación del bumerang], Regal, Venture, CA, 1990, p. 155.
30. Gallup, George, Jr., *The Unchurched American...10 Tears Later*, p. 26.
31. Murren, Doug, *The Baby Boomerang*, p. 157.
32. Smith, David W., *Men Without Friends* [Hombres sin amigos], Thomas Nelson, Nashville, TN, 1990, p. 55.
33. Levinson, Daniel, et al., *The Seasons of a Man's Life* [Las temporadas de la vida de un hombre], Alfred A. Knopf, New York, NY, 1978, p. 335.
34. Smith, David W., *Men Without Friends*, pp. 24-31.
35. Swindoll, Charles, *¡Baje la guardia!*, Editorial Vida, 1987, [pp. 20-21 del inglés].
36. 1 Samuel 18:1
37. 1 Timoteo 1:2
38. Proverbios 18:24
39. Smith, David W., *Men Without Friends*, p. 31.
40. Gálatas 6:2
41. Inrig, Gary, *Quality Friendships* [Amistades de calidad], Moody Press, Chicago, 1981, p. 19.

Capítulo 5

1. Patterson, James y Peter Kim, *The Day America Told the Truth*, p. 216.
2. Ibid., 5.
3. Mateo 20:28

4. Haggai, John, *Lead On!* [¡Sigue liderando!], Word, Dallas, 1986, p. 71.

5. Schaller, Lyle E., *It's a Different World* [Es un mundo aparte], Abingdon Press, Nashville, TN, 1987, pp. 26-27.

6. Barna, George, *The Frog in the Kettle*, p. 143.

7. Barna, George, *The Barna Report, 1992-1993*, pp. 190-93.

8. O'Connor, Roy, «Apple Chief Sculley Finally Making the Company His Own» [Jefe del Apple por fin se adueña de la compañía], *The Chicago Tribune*, 1de junio de 1991, sec. 4, p. 1.

9. Patterson, James y Peter Kim, *The Day America Told the Truth*, p. 230.

10. Ibid., p. 236.

11. Barna, George, *Never On A Sunday*, p. 24.

12. Gallup, George, Jr. y Jim Castelli, *The People's Religion* [La religión de la gente], p. 146.

13. Murren, Doug, *The Baby Boomerang*, p. 54, (énfasis en el original).

14. Collins, Gary R., y Timothy E. Clinton, *Baby Boomer Blues*, p. 99.

15. Associated Press dispatch [Despacho de la prensa asociada], «Church Lacks Hold Over Baby Boomers», *The Chicago Tribune*, junio 5, 1992, sec. 2, p. 7.

16. «Here Come the Baby Boomers» [Allí viene la generación del boom], *Emerging Trends*, junio 1991, p. 5.

17. Gallup, George, Jr., *The Unchurched American ... 10 Years Later*, p. 36.

18. Barna, George, *The Frog in the Kettle*, p. 119.

19. Gallup, George, Jr., *The Unchurched American ... 10 Years Later*, p. 8.

20. Barna, George, *What Americans Believe* [Lo que creen los norteamericanos], Regal, Ventura, CA, 1991, p. 280.

21. «Making Sense of the Men's Movement» [Entender los movimientos de los varones], *Focus on the Family* [Enfoque en la familia], junio de 1992, p. 4.

22. «The Promise Keepers» [Guardianes de la promesa], *Focus on the Family*, junio de 1992, p. 4.

23. Dethmer, Jim, «What is a Man?» [¿Qué es el hombre?], Seeds Tape Ministry, South Barrington, IL, 1991, Tape C9117.

24. Yorkey, Mike y Peb Jackson, «Finding New Friends on the Block» [Encontrar nuevos amigos en la manzana], *Focus on the Family*, junio de 1992, p. 3.

25. Gálatas 3:28

26. Bilezikian, Gilbert, *Beyond Sex Roles* [Más allá de los papeles de los géneros], Baker, Grand Rapids, MI, 1985.

27. Juan 14:6

28. Kampion, Drew, y Phil Catalfo, «All In The Family: What Do You Tell
    Your Children About Faith, Spirit, And The Meaning Of Life», *New
    Age Journal*, Julio/Agosto de 1992, pp. 54-59.
29. Barna, George, *Never On A Sunday*, p. 16.
30. Sproul, R.C., *Reason to Believe* [Razón para creer], Lamplighter, Grand
    Rapids, MI, 1982, pp. 35-36.
31. Barna, George, *The Frog in the Kettle*, p. 137.
32. Barna, George, *Never On A Sunday*, p. 3.
33. Collins, Gary L. y Timothy E. Clinton, *Baby Boomer Blues*, p. 74.
34. «The Case of the Missing Boomers» [El caso de los boomers ausentes],
    Ministry Currents [Corrientes del ministerio], enero-marzo de 1992, p.
    1.
35. Barna, George, *The Barna Report, 1992-93*, pp. 92, 94.

Capítulo 6

1. Este recuento se basa en la historia de Larry Mueller en «Heroes for
   Today; The Man and the Mountain Lion» [Héroes de la actualidad;
   el hombre y el puma], *Reader's Digest*, enero de 1989, pp. 108-09.
   Originalmente lo publicó *Outdoor Life* [Vida a la intemperie], diciembre de 1986.
2. Juan 4:1-6
3. Mateo 11:19
4. Juan 4:7-9
5. Juan 4:10-15
6. Ver Juan 4:25, 26
7. Ver Juan 4:16-19
8. Ver Juan 1:43-50
9. Ver Juan 2:1-11
10. Ver Juan 2:23
11. Mateo 11:4, 5
12. Strobel, Lee y Bill Hybels, «The Case for Christ» [El caso de Cristo],
    Seeds Tape Ministries, South Barrington, IL, 1992, Tape Album
    AM9215. *El caso de Cristo*, Editorial Vida, Miami, FL, 2000.
13. 1 Pedro 3:15b
14. Lucas 9:20b
15. Algunos recursos preliminares: Cliffe Knechtle, *Give Me an Answer*
    [Déme una respuesta], InterVarsity Press, Downers Grove, IL, 1986;
    Paul Little, *Know Why You Believe* [Saber por qué crees], edición
    revisada y actualizada, InterVarsity Press, Downers Grove, IL, 1988;
    Norman Geisler y Ron Brooks, *When Skeptics Ask: a Handbook on
    Christian Evidences* [Cuando los escépticos preguntan: Un manual

de evidencias cristianas], Victor Books, Wheaton, IL, 1990; Josh McDowell, *Más que un carpintero*; R.C. Sproul, *Reason to Believe* [Razón para creer], Lamplighter, Grand Rapids, MI, 1978; D. James Kennedy, *Por qué creo*, Editorial Vida, 1982.

16. Little, Paul, *How To Give Away Your Faith* [Cómo regalar tu fe], edición expandida y acualizada, InterVarsity Press, Downers Grove, IL, 1988, pp. 109-27

17. Juan 4:28-30

18. Barna, George, *What Americans Believe*, Regal, Ventura, CA:, 1991, p. 274.

19. Juan 4:35

20. Juan 4:39

21. Juan 4:41

22. Juan 4:32-34

Capítulo 7

1. Ver Deuteronomio 4:29; Proverbios 8:17; Jeremías 29:13; Mateo 7:7, 8; Lucas 11:10; Hebreos 11:6.

2. American Scientific Affiliation, *Modern Science and Christian Faith* [La ciencia moderna y la fe cristiana], Van Kampen, Wheaton, IL, 1945.

3. Linton, Irwin H., *A Lawyer Examines the Bible* [Un abogado examina la Biblia], Baker, Grand Rapids, MI, 1943.

4. Olsen, Viggo, *The Agnostic Who Dared to Search* [El agnóstico que se atrevió a buscar], Moody Press, Chicago, 1990.

5. Ver Bob Chuvala, «A Russian Atheist Finds Jesus» [Un ateo ruso encuentra a Jesús], *The Christian Herald* (Noviembre/Diciembre 1991), p. 27.

6. Lucas 19:10

7. 2 Pedro 3:9

8. Vitz, Paul C., «The Psychology of Atheism» [La sicología del ateísmo], *Truth: An International, Inter-disciplinary Journal of Christian Thought* [La verdad: una revista internacional, interdisciplinaria del pensamiento cristiano], Vol. 1, 1958, p. 29.

9. Murray, William J., *My Life Without God* [Mi vida sin Dios], Thomas Nelson, Nashville, TN, 1982, p. 8.

10. Murray, William J., *The Church Is Not For Perfect People* [La iglesia no es para personas perfectas], Harvest House, Eugene, OR, 1987, p. 36.

11. Guest, John, *In Search of Certainty* [En búsqueda de la certeza], Regal, Ventura, CA, 1983, p. 49.

12. Ibid., p. 51.

13. Knechtle, Cliffe, *Give Me an Answer* [Déme una respuesta], InterVarsity Press, Downers Grove, IL, 1986, pp. 88-89.
14. Huxley, Aldous, *Ends and Means* [Fines y medios], Chatto & Windus, Londres, 1969; pp. 270, 273.
15. Romanos 10:13
16. Barna, George, *The Church Today*, Barna Research Group, Glendale, CA, 1990, p. 11.
17. Énfasis del autor. Adopté este enfoque de comentarios acerca de Juan 1:12 en algunos escritos sin publicar de Paul Little. Agradezco a su viuda, Marie Little, el permitirme repasarlos al igual que su amistad y colaboración en el evangelismo.
18. 2 Corintios 5:17
19. Marcos 2:17

Capítulo 8

1. Peterson, Eugene, *Traveling Light* [Viajar con poco equipaje], InterVarsity Press, Downers Grove, IL, 1982, p. 45.
2. Juan 15:13
3. Filipenses 4:6
4. Kayser, Larry y Rob Wilkins, «A Wing and a Prayer» [Un ala y una oración], Seeds Tape Ministry, South Barrington, IL, 1989, Tape C8915, contiene un relato del secuestro.
5. Collins, Gary, *You Can Make a Difference* [Puedes hacer una diferencia], Zondervan, Grand Rapids, MI, 1992, p. 252.
6. Santiago 4:17
7. Ver Jueces 6:15
8. Jueces 6:12
9. Collins, *You Can Make a Difference*, p. 16.
10. Ver 1 Corintios 12:7
11. Hansel, Tim, *Holy Sweat* [Sudor santo], Word, Dallas, 1987, p. 73.

Capítulo 9

1. 2 Corintios 6:14
2. Eclesiastés 4:9, 10
3. 1 Pedro 3:15
4. Ver 1 Pedro 3:1-2
5. Berry, Jo, *Beloved Unbeliever* [Incrédulo querido], Zondervan, Grand Rapids, MI, 1981, p. 58.
6. Ezequiel 36:26

7. Ver Victor Goertzel y Mildred George Goertzel, *Cradles of Eminence* [Cunas de eminencia], Little Brown, Boston, 1962.
8. Romanos 5:3-5

Capítulo 10

1. 1 Corintios 9:22
2. Para un comentario provechoso acerca de esta distinción, ver Millard Erickson, *Christian Theology* [Teología cristiana], Baker, Grand Rapids, MI, 1985, p. 112-20.
3. Mateo 28:19-20
4. Dethmer, Jim, *Seeker-Sensitive or Seeker-Targeted?* [¿Sensibles a los buscadores o con las mirillas en el buscador?], Seeds Tape Ministry, South Barrington, IL, 1992, Tape CL850.
5. Murren, Doug, *The Baby Boomerang*, p. 191.
6. Gallup, George, Jr., *The Unchurched American ... 10 Years Later*, p. 27.
7. Dethmer, *Seeker-Sensitive or Seeker-Targeted?*
8. Hunter, George G. III, *How To Reach Secular People* [Cómo alcanzar las personas seculares], Abingdon Press, Nashville, TN, 1992, p. 155.
9. Dethmer, *Seeker-Sensitive or Seeker-Targeted?*
10. Murren, *The Baby Boomerang*, pp. 39, 191.
11. Hybels, Bill, *Seven-Step Philosophy* [La filosofía de siete pasos], Seeds Tape Ministry, South Barrington, IL, 1990, Tape C9002.
12. Ibid.
13. Can This Be a Church? [¿Será esto una iglesia?], Kensington Community Church, Troy, MI, 1991, p. 2.
14. De una entrevista por teléfono con el Rev. Trevor Waldock, de la Iglesia Waterfront, Southampton, Inglaterra, 22 de Septiembre de 1992.
15. Colosenses 4:5

Capítulo 11

1. Barna, George, *Never On A Sunday*, p. 34.
2. Ibid.
3. Ibid.
4. Ibid., p. 26.

Capítulo 12

1. Schaeffer, Franky, *Addicted to Mediocrity* [Adictos a la mediocridad], Crossway, Westchester, IL, 1981, p. 11.
2. Murren, Doug, *The Baby Boomerang*, p. 188.

Capítulo 13

1. Brierley, Peter, «*Christian*» *England: What the English Church Census Reveals* [La Inglaterra «cristiana»: Lo que revela el censo de la iglesia inglesa], MARC Europe, Londres, 1991, pp. 22, 59.
2. Ibid, 47. La asistencia promedio a una iglesia protestante en Inglaterra no pasa de setenta y cinco personas.
3. Robinson, Martin, *A World Apart: Creating a Church for the Unchurched* [Un mundo aparte: Crear una iglesia para los que no asisten a iglesias], Monarch, Turnbridge Wells, Inglaterra, 1992, ver pp. 157-69 para un relato acerca de cómo comenzó la iglesia Waterfront.
4. Ver Malaquías 1:14
5. Schaeffer, Franky, *Addicted to Mediocrity*, Crossway, Westchester, IL, 1981, p. 45. Ver también H.R. Rookmaaker, *Art Needs No Justification* [El arte no necesita justificación], InterVarsity Press, Downers Grove, IL, 1981 y Leland Ryken, editor, *The Christian Imagination* [La imaginación cristiana], Baker, Grand Rapids, MI, 1985.
6. Beach, Nancy, «A Passion for Excellence» [Una pasión para la excelencia], Willow Creek, julio/agosto de 1991, p. 30.
7. Génesis 1:31
8. De *Roots* [Raíses], un panfleto que publicó la Unión Bautista de Gran Bretaña, 1992.
9. Ibid.
10. Peters, Thomas J. y Robert H. Waterman, Jr., *In Search of Excellence: Lessons from America's Best-Run Companies* [En búsqueda de la excelencia: Lecciones de las empresas norteamericanas mejor administradas], Harper & Row, New York, NY, 1982.

Capítulo 14

1. Kim, James Patterson y Peter, *The Day America Told the Truth*, Prentice Hall, New York, NY, 1991, p. 143.
2. «No Comment Department» [El departamento «no comentario»], *Christianity Today*, 5 de octubre de 1992, p. 19.
3. «Clergy Abuse» [Abuso de los cleros], USA Today, 19 de octubre de 1992, p. 3A.
4. Hirsley, Michael, «Silence Is Broken: Victims of Sexual Abuse by Clergy Seek Strength and Answers at Conference» [El silencio se terminó: Víctimas de abuso sexual de parte de cleros buscan fortaleza y respuestas en una conferencia], *The Chicago Tribune*, 19 de octubre de 1992, sec. 2, p. 1.

5. Sproul, R.C., *Reason to Believe*, Lamplighter, Grand Rapids, MI, 1982, pp. 83-84.
6. Wiersbe, Warren W., *The Integrity Crisis* [Crisis de la integridad], Oliver Nelson, Nashville, TN, 1988, p. 21.
7. Gallup, George H., Jr. y Timothy K. Jones, *The Saints Among Us* [Los santos entre nosotros], Moorehouse, Ridgefield, CN, 1992, p. 13.
8. McCasland, David con Roy Irving, «The Education of a Doubter» [La educación de un escéptico], *Power for Living* [Poder para vivir], julio/agosto de 1991, p. 7.
9. Murray, William J., *The Church Is Not For Perfect People* [La iglesia no es para personas perfectas], Harvest House, Eugene, OR, 1987, pp. 45-46.
10. Ver Romanos 3:23
11. Sproul, R.C., *Reason To Believe*, p. 79.
12. Gallup, George, Jr. y Jim Castelli, *The People's Religion: American Faith in the '90s*, p. 144.
13. Barna, George, *Never On A Sunday: The Challenge of the Unchurched*, p. 14.
14. Ver Barbara Dolan, «Full House At Willow Creek: A Multimedia Appeal to the "Unchurched Harrys"» [Casa llena en Willow Creek: Un atractivo multimedia para los «Juanes sin iglesia»], *Time*, 6 de marzo de 1989, p. 60.
15. Wiersbe, Warren, *The Integrity Crisis*, p. 105.

Capítulo 15

1. Barna, George, *Never On A Sunday*, p. 24-25.
2. Ibid., 28.
3. Hybels, Bill, «Speaking to the Secular Mind» [Hablarle a la mente secular], *Leadership/88*, trimestre del verano, 1988, p. 31.
4. Salmo 34:8
5. Walker, Alan, *The Whole Gospel for the Whole World* [El evangelio completo para el mundo completo], Abingdon, Nashville, TN, 1957, p. 59.
6. Hybels, Bill, «Speaking to the Secular Mind», p. 30.
7. 1 Corintios 13:1-2

Capítulo 16

1. Lucas 15:10
2. Ver Lucas 24:47
3. Salmo 40:1-3

Nos agradaría recibir noticias suyas.
Por favor, envíe sus comentarios sobre este libro
a la dirección que aparece a continuación.
Muchas gracias.

Editorial Vida
Vida@zondervan.com
www.editorialvida.com

Printed in the USA
CPSIA information can be obtained
at www.ICGtesting.com
LVHW051531210724
785408LV00008B/74